Raiko Hannemann

Die unerträgliche Leichtigkeit des Vorurteils
Zu einer Funktionalisierung des historischen Antisemitismus im gegenwärtigen Geschichtsdiskurs

Raiko Hannemann hat Geschichte, Philosophie und Politikwissenschaft an der Humboldt-Universität zu Berlin studiert. In seinem Promotionsprojekt sowie als freier Autor und Historiker beschäftigt er sich mit den Themenkomplexen Politische Theorie, DDR-Geschichte, NS-Geschichte, Geschichte der Moderne und Antisemitismusforschung.

Raiko Hannemann

Die unerträgliche Leichtigkeit des Vorurteils

Zu einer Funktionalisierung des historischen Antisemitismus im gegenwärtigen Geschichtsdiskurs

Neofelis Verlag

Bibliografische Information der Deutschen Nationalbibliothek
Die Deutsche Nationalbibliothek verzeichnet diese Publikation in der Deutschen Nationalbibliografie; detaillierte bibliografische Daten sind im Internet über http://dnb.d-nb.de abrufbar.

www.neofelis-verlag.de

Umschlaggestaltung: Marija Skara
Druck: PRESSEL Digitaler Produktionsdruck, Remshalden
Gedruckt auf FSC-zertifiziertem Papier.
ISBN: 978-3-943414-63-9

Inhalt

Der Antisemitismus als Volksbewegung war stets, was seine Anstifter den Sozialdemokraten vorzuwerfen liebten: Gleichmacherei.

(Theodor W. Adorno / Max Horkheimer: *Dialektik der Aufklärung*)

Prolog
Rechtfertigungen im von ‚Ideologie' erleichterten Zeitalter

Bei einem Museumsbesuch im Haus der Wannseekonferenz vor vielen Jahren fiel mir auf, dass in der dortigen Ausstellung Adolf Hitlers berüchtigte Reichstagsrede vom 30. Januar 1939 falsch zitiert wurde. Auf dem entsprechenden Tafelelement war folgender Wortlaut zu lesen:

> Wenn es dem internationalen Finanzjudentum in- und außerhalb Europas gelingen sollte, die Völker noch einmal in einen Weltkrieg zu stürzen, dann wird das Ergebnis nicht der Sieg des Judentums sein, sondern die Vernichtung der jüdischen Rasse in Europa.[1]

Ohne Hinweis auf Weglassungen fehlte der Teil des Zitats, der vor der „Bolschewisierung der Erde und damit de[m] Sieg des Judentums" ‚warnte'.[2] Im Gespräch mit einem Museumsmitarbeiter erwähnte ich den vermuteten Flüchtigkeitsfehler, der inhaltlich bedeutend, aber sicher umgehend korrigierbar sei. Man versicherte

1 Vgl. Haus der Wannseekonferenz. Raum 7 – Der Weg zum Massenmord an den Juden Europas. http://www.ghwk.de/fileadmin/user_upload/pdf-wannsee/ausstellung/raum-7.pdf (Zugriff am 01.07.2013), S. 2.

2 Das vollständige Zitat lautet: „Wenn es dem internationalen Finanzjudentum in- und außerhalb Europas gelingen sollte, die Völker noch einmal in einen Weltkrieg zu stürzen, dann wird das Ergebnis nicht die Bolschewisierung der Erde und damit der Sieg des Judentums sein, sondern die Vernichtung der jüdischen Rasse in Europa." (Adolf Hitler: Reichstagsrede vom 30. Januar 1939. In: Max Domarus (Hrsg.): *Hitlers Reden und Proklamationen 1932–1945*, Bd. 2: Untergang (1939 bis 1945). Würzburg: Domarus 1963, S. 1047–1067, hier S. 1057–1058.)

mir, es werde an die verantwortlichen Historiker des Hauses weitergeleitet.

Vor kurzem, also Jahre später, fiel mir jedoch erneut das fehlerhafte Zitat auf. Nochmals wandte ich mich an das Museum im Berliner Südwesten, das mir umgehend versicherte, mein Anliegen an die verantwortlichen Historiker weiterzuleiten.

*

Anlass und Ausgangspunkt des vorliegenden Essays bot Götz Alys 2011 erschienenes Buch *Warum die Deutschen? Warum die Juden?*, das ich als Symptom allgemeiner Entwicklungen in Geschichtsdiskurs und Gesellschaft überhaupt verstehe. Im Buch möchte Aly nach eigenen Angaben ergründen, wie ausgerechnet „die Juden" zum Mordobjekt ausgerechnet „der Deutschen" werden konnten. Antworten sucht er in der Geschichte des deutschen Antisemitismus zwischen 1800 und 1933. Seine Schrift läuft – soviel sei vorweggeschickt – auf die Thesen hinaus, dass 1. die bisherige Antisemitismusforschung nicht zur Aufklärung, sondern Verdrängung der Geschichte beigetragen habe und 2. die Geschichte des Antisemitismus in erster Linie eine des Sozialneids und der sozialutopischen Sünden gewesen sei. Neben der (theoretisch arbeitenden) Forschung geraten vor allem Sozialdemokratie und Sozialismus ins Visier der eingängig formulierten Studie. Der Historiker und Kolumnist der *Berliner Zeitung* interveniert damit nicht zuletzt in aktuelle sozialpolitische Debatten und ergreift Partei als scharfzüngiger Tadler der Gewerkschaften und des politischen Sozialismus.

Angesichts der Forschungserkenntnisse der letzten 60 Jahre wäre Widerspruch sowohl gegen die im Buch formulierte Pauschalkritik an der Forschung als auch gegen die These von der sozialdemokratischen Urheberschaft des eliminatorischen Antisemitismus zu erwarten. Doch eine grundlegende und ausführliche Replik aus Wissenschaft und Politik (von wenigen Ausnahmen abgesehen) ist bisher ausgeblieben. Stattdessen kann Aly mit Sympathie aus unterschiedlichsten ‚Lagern' rechnen: Den einen gilt er u. a. dank seiner Vergangenheit im Westberliner linksradikalen Milieu der 1970er Jahre noch immer als ‚linker Rebell', der – trotz öffentlicher neoliberaler Bekenntnisse[3] – eine treue Leserschaft in Teilen der

3 Vgl. etwa Götz Aly: Rentensolidarität von Jung und Alt. In: *Berliner Zeitung*,

politischen deutschen Linken findet. Andere (viele selbst einmal ‚links' Gewesene) schätzen ihn als Konvertiten, der, nunmehr in der „Berliner Republik" angekommen, als ‚Insider' die Wahrheit über die Verderbtheit linker Träumereien schonungslos aufdecke. Diese scheinbar so unterschiedlichen LeserInnengruppen werden erreicht, wenn der Nationalsozialismus – wie in Alys jüngsten Büchern geschehen – als die Folge einer Sozialdemokratisierung der Gesellschaft interpretiert wird.

Doch obwohl Aly „den Schwarzen Peter an die SPD weiter[reicht]"[4], bleiben Gewerkschaften und die 150-jährige SPD angesichts solcher Attacken auf ihre Geschichte stumm. Ob dies damit in Verbindung zu bringen ist, dass man sich ohnehin von der eigenen (Früh-)Geschichte lieber distanziert, kann hier nicht entschieden werden. Bei der Attacke gegen die Sozialdemokratie mag indes einigen GewohnheitskritikerInnen von links das Herz aufgehen. Denjenigen aber, die die Institution *SPD* kritisch sehen, weil man ihr das Abrücken vom Emanzipatorischen vorwirft, sei gesagt, dass sie im ehemaligen „68er" Götz Aly gewiss keinen Gesinnungsgenossen finden werden. Denn seine Thesen folgen, wie zu zeigen sein wird, antiemanzipatorischen Vorurteilen, die von berechtigter Kritik an der Arbeiterbewegung analytisch wie politisch zu scheiden sind. Auch sein Bestseller *Hitlers Volksstaat* von 2005, in dem der NS-Staat als sozialistischer Umverteilungsstaat erscheint, hätte bereits einem/r (nicht zwingend der Partei zugehörenden) SozialdemokratIn Unbehagen bereiten können.

Allein Teile der etablierten Geschichtswissenschaft legten gegen *Hitlers Volksstaat* durchaus Einspruch ein, konzentrierten sich aber (von Ausnahmen abgesehen) meist auf die Infragestellung der *methodischen* Arbeitsweise des Autors, dem mit ähnlicher Begründung 2011 eine Professur an der Freien Universität Berlin verwehrt wurde.[5] Doch Alys Erfolg ergibt sich auch daraus, dass der

31.08.2010. http://www.berliner-zeitung.de/archiv/von-goetz-aly--historiker-renten solidaritaet-von-jung-und-alt,10810590,10739634.html (Zugriff am 13.07.2013).

4 Patrick Bahners: Ein Historiker im Kampf gegen den Egalitarismus. In: *Frankfurter Allgemeine Zeitung*, 12.09.2011. http://www.faz.net/aktuell/feuilleton/buecher/2.1719/holocaust-forschung-ein-historiker-im-kampf-gegen-den-egalitarismus-11165114.html (Zugriff am 13.07.2013).

5 Vgl. Jacques Schuster: Götz Aly und die Intoleranz. In: *Die Welt*, 22.03.2011. http://www.welt.de/print/die_welt/kultur/article12914846/Goetz-Aly-und-die-Intoleranz.html (Zugriff am 03.03.2013).

inzwischen stark zweckrationalisierten Universitätswissenschaft im Falle eines solch hochpolitischen Buches statt inhaltlicher Kritik häufig lediglich die Beanstandung mangelnder ‚wissenschaftlicher Standards' einfällt. Während Aly der deutschen zeitgeschichtlichen Forschung in aller publizistischen Leichtigkeit sogar Geschichtsverdrängung vorwirft, scheut sie vielfach die *politische* Debatte.

Generell lässt sich sagen, dass die argumentative Auseinandersetzung gleichsam mit offenem Visier und einem humanistischen Maß an Unerschrockenheit im heutigen, vorgeblich von ‚Ideologie' erleichterten Zeitalter schlicht nicht mehr gewagt wird. So ist es zu dem eigenartigen Stand gekommen, dass *Hitlers Volksstaat* auf der einen Seite von der ‚etablierten Wissenschaft' zwar beanstandet wurde, ja z. T. durchfiel. Auf der anderen Seite aber gilt das Buch auch dank öffentlich subventionierter Popularisierung, etwa als Sonderausgabe der Bundeszentrale für politische Bildung (bpb),[6] aber vor allem aufgrund heutiger diskursiver Konstellationen längst auch in Universitätsseminaren als ‚Standardwerk'. Ähnlich verhält es sich mit dem ebenso bei der *bpb* als Sonderausgabe erschienenen *Warum die Deutschen? Warum die Juden?*,[7] wobei die deutsche *scientific community* sich bisher mit Kritik stärker zurückhält, obwohl Aly auch hier vor dem in aller Deutlichkeit vorgetragenen Angriff nicht zurückschreckt.

Jenseits methodischer Zurechtweisungen hat es vereinzelt aber doch Kritik aus der Wissenschaft gegeben, vor allem an Alys These, der deutsche Antisemitismus entspringe einem von ökonomisch erfolgreichen „Juden" provozierten Sozialneid. Hannah Ahlheim bescheinigt dem Autor, der „Versuchung" nicht widerstanden zu haben, das „Stereotyp vom ‚Reichtum der Juden'" aus seiner „Plausibilität" zu erklären.[8] Auf den Punkt bringt es Stefanie Schüler-Springorum: Im Buch wimmle es „nur so von flinken, kecken, quicken, beweglichen, schlagfertigen, intelligenten und natürlich reichen Juden". Aly laufe Gefahr, „die antisemitischen Zerrbilder

6 Vgl. Götz Aly: *Hitlers Volksstaat. Raub, Rassenkrieg und nationaler Sozialismus.* Bonn: bpb 2005.

7 Götz Aly: *Warum die Deutschen? Warum die Juden?* Bonn: bpb 2012.

8 Vgl. Hannah Ahlheim: Das Vorurteil vom ‚raffenden Juden'. In: Juliane Sucker / Lea Wohl von Haselberg (Hrsg.): *Bilder des Jüdischen: Selbst- und Fremdzuschreibungen im 20. und 21. Jahrhundert.* Berlin / Boston: de Gruyter 2013, S. 221–240, hier S. 222–223.

[…] zu reproduzieren".[9] Sehr klar verdeutlicht Schüler-Springorum ferner, dass sich Alys Buch gegen seinen „Lieblingsfeind, die Sozialdemokratie" richtet.[10]

In den Feuilletons und Bestsellerlisten findet das Buch dagegen ein überwiegend positives Echo. Weder der im Buch vorgenommenen Stereotypisierung von ‚Juden' noch der Delegitimierung der Sozialdemokratie wird bisher spürbar widersprochen; eher fliegen Aly, wie zu zeigen sein wird, Ovationen des Dankes für publizistischen „Mut" entgegen, wie es bei der Ludwig-Börne-Preisverleihung an Aly 2012 hieß.[11]

Daher wird hiermit ein Diskussionsbeitrag vorgelegt, der analytisch wie politisch Einspruch einlegt und sich in seiner Form an die Tradition der „Anti-Bücher" anlehnt. 1877 veröffentlichte Friedrich Engels eine Schrift, die unter dem Namen „Anti-Dühring" Bekanntheit erlangte, weil sie einerseits die in dieser Zeit populären Thesen des einflussreichen Universitätsprofessor Eugen Dühring kritisierte und andererseits anhand dieser grundsätzliche gesellschafts- und wissenschaftstheoretische Überlegungen entwickelte. An der Intention dieses berühmten Vorbildes möchte sich dieser Essay orientieren und ist daher nicht vorrangig auf die Richtigstellung einzelner Aussagen Alys aus. Er möchte vielmehr gesellschaftliche und diskursive Fragen problematisieren, die sich sowohl in Alys Büchern als auch in ihrer (kritischen wie begeisterten) Rezeption verdichten.

‚Warum Aly? Warum ein ganzes Buch?', könnte erwidert werden. Oder: ‚Warum ausgerechnet auf einen Autor unter vielen reagieren?' Ein Widerspruch, der ‚Ross und Reiter' ideologischer Gegenwart benennt, mag angesichts der modischen Auflösung von Wahrheit und Subjekt bei gleichzeitigem ‚Integrationsdruck' unter kollektive ‚Identitäten' und der daraus resultierenden, weit verbreiteten Konfliktangst, insbesondere gegenüber ‚Autoritäten', Abwehrreflexe

9 Stefanie Schüler-Springorum: Rezension zu Aly, G. Warum die Deutschen? Warum die Juden? Gleichheit, Neid und Rassenhass. Frankfurt a. M.: S. Fischer, 351 Seiten. In: *Gruppenpsychotherapie und Gruppendynamik* 48,3 (2012), S. 347–349, hier S. 348.

10 Ebd.

11 Vgl. Jens Jessen: Ein Ruhestörer, der die Wahrheit ans Licht bringt. In: *Die Zeit*, 03.06.2012. http://www.zeit.de/kultur/literatur/2012-06/aly-boernepreis-laudatio/komplettansicht (Zugriff am 20.03.2014).

auslösen. Dennoch soll hier die dem *Phänomen Aly* diskursiv gewährte Autorität nicht nur erklärlich werden; es wird hier also keine rein deskriptive Phänomenologie vorgelegt. Stattdessen fließen Kommentar, Stimmungsbericht und gesellschaftsanalytische Reflexion zu einem Essay zusammen, der Alys Auftreten u. a. in den Rollen des geschichtspolitischen Medienakteurs und Historikers als für aktuelle politische Entwicklungen symptomatisch und daher kritisierbar hält.

Der Text soll Analytisch-Theoretisches mit politischer Debatte vereinen und ist daher Essay im Wortsinn, versucht er doch, eine Debatte zu provozieren und zugleich mit Begriffen zu hantieren, die in den letzten 20 Jahren zwar nicht an Relevanz verloren haben, diskursiv aber aus der Mode geraten sind. Alys kratzbürstiger Attitüde, die keine Scheu vor dem offenen Wort zeigt, wohl aber in der Offenlegung ihrer Motive, soll mit offenem Wort erwidert werden. Die folgenden Ausführungen berühren Fragen der heutigen Situation der NS- und Antisemitismusforschung, der Geschichtspolitik, der aktuellen Debatten um soziale Ungleichheit und Feindbilder. Den/die LeserIn erwartet weder eine Geschichte des Antisemitismus und der Sozialdemokratie noch eine wissenschaftstheoretische Abhandlung. Aus Gründen der Transparenz sei ferner darauf hingewiesen, dass aus der ethischen Perspektive der „kritischen Theorie" heraus sowie überwiegend mithilfe ihrer Ansätze argumentiert werden wird, was dem/der LeserIn hier und da Geduld und Offenheit auch für möglicherweise ungewohnte, aber für die Antisemitismusforschung zentrale Begrifflichkeiten abverlangen wird.

Aufgrund der Diktion in Alys Büchern, der ungenierten Angriffslust und der teils euphorischen Zustimmung in Medien und Publizistik, kam mir Milan Kunderas Nachdenken über Nietzsches *Ewige Wiederkehr des Gleichen* in den Sinn. Nietzsche fragte, wie man wohl handelte, wenn sich alles unendliche Male wiederholte und somit allem unendliche Schwere zukäme. Statt Schwere scheint im Phänomen Aly eher ein Gefühl der Erleichterung sich Ausdruck zu verleihen. Ich dachte an die ersten Seiten des Romans *Die unerträgliche Leichtigkeit des Seins*, wo Kundera Zweifel an der Moralität einer Welt anmeldet, in der alles vergeht und dadurch ‚leicht' sei, so katastrophal, so barbarisch es auch gewesen sein möge. Demnach würden alle Dinge auch in der von Menschen gemachten Geschichte durch ihre Vergänglichkeit ‚leichter', so als sei nach dem unumgänglichen Verlust der Schwere auf unerträglich leichte Weise alles erlaubt, weil es vorbeigeht. So falsch mir Alys Thesen schienen, so unerträglich wurde mir die sich darin unbekümmert exponierende Erleichterung, die geradezu spielerische Leichtigkeit einer Thesenfabrikation und ihre ebenso gleichsam schwebende ‚Salonfähigkeit'.

So kam es zu diesem Text, dessen Entstehung jedoch nicht ohne Zutun folgender Personen möglich war. Ihnen bin ich zu Dank verpflichtet. Zu nennen sind da Frank Schlöffel und Matthias Naumann, die mir nicht nur fachlich kompetente Diskussionspartner waren, sondern mit dem Neofelis Verlag die Veröffentlichung dieses als ‚fixe Idee' gestarteten, streitbaren Buches ermöglichen. Zu nennen sind ferner die besten kritischen und inspirierenden Diskussionspartner und Motivatoren, die ich mir wünschen kann: Anne-Kathrin Krug und Sebastian Michaelides sowie Dr. Thomas Bryant, dessen freundschaftliches und dennoch fachlich kompromissloses Lektorat unverzichtbar war, und insbesondere Anna Gomer, die mit mir wochenlang geduldig Zeile für Zeile durch den Text ging. Für die wissenschaftliche und kritische Beratung habe ich ferner meinem ‚Doktorvater' Prof. Dr. Gerd Dietrich zu danken, der mir nicht nur fachlich beratend zur Seite stand, sondern die Buchveröffentlichung auch mit hohem persönlichen Einsatz förderte.

Von Herzen danke ich meinen lieben Eltern, die mir mit ihrem unzerstörbaren Urvertrauen in ihren Sohn stets zur Seite standen und stehen. Und meiner wundervollen Adi gilt meine Liebe, auch dafür, dass sie gemeinsam mit mir unter den denkbar ungünstigsten materiellen Verhältnissen eines typischen ‚prekären Nachwuchshistorikers' auch die quälenden Phasen des Zweifels während des Schreibens durchstand und dennoch nicht nachließ, mich zu motivieren und fachlich zu unterstützen.

Berlin, Oktober 2014

I.
Ideologie der Ideologielosigkeit, deutsche Befindlichkeiten in der Historiographie

> Die bisherige Geschichte kann nicht eigentlich verstanden werden, verständlich sind in ihr nur Individuen und einzelne Gruppen, und auch diese nicht ohne Rest, da sie kraft ihrer inneren Abhängigkeit von einer unmenschlichen Gesellschaft auch im bewussten Handeln noch weitgehend mechanische Funktionen sind.[1]

In einer euphorischen Buchbesprechung rühmt der Feuilletonist der *Süddeutschen Zeitung* (*SZ*) Gustav Seibt *Warum die Deutschen? Warum die Juden?* als das wohl „provozierendste" Buch des Kolumnisten und Historikers Götz Aly. Sein provokantes Forschungsergebnis, das „Sozialpolitiker […] aufschreien" lassen werde, resultiere, so lobt Seibt, aus „seit einem Vierteljahrhundert" betriebener „quellennah[er]" NS-Forschung.[2] Solche oder ähnliche Sympathiebekundungen des deutschen Feuilletons, das den erfolgreichen „Außenseiter", den „Deutsche Hochschulen [nicht] mögen"[3], ins Herz geschlossen zu haben scheint, erregen wiederum die ‚Netz-community'. Ein Teilnehmer dieser dunkel-anonymen

1 Max Horkheimer: Traditionelle und kritische Theorie. In: Ders.: *Traditionelle und kritische Theorie. Vier Aufsätze*. Frankfurt am Main: Fischer 1968, S. 12–64, hier S. 28.

2 Gustav Seibt: Judenfeinde wie wir. Ursachen des Holocaust. In: *Süddeutsche Zeitung*, 12.08.2011. http://www.sueddeutsche.de/kultur/ursachen-des-holocaust-judenfeinde-wie-wir-1.1130473? (Zugriff am 03.03.2013).

3 Schuster: Götz Aly und die Intoleranz.

‚Öffentlichkeit' erhebt auf der *SZ*-Website (wohl unter Pseudonym) seine Stimme und pflichtet Seibt und Aly bei:

> Der Neid ist in Deutschland unglaublich[.]
> Wer in Deutschland Vermögen hat, der wird vom deutschen Biedermann angefeindet. Das war schon immer so.
> Leute jüdischen Glaubens scheinen besonders gute Kaufleute und dementsprechend vermögend zu sein – und damit sind und waren sie von Haus aus Objekt von Neid.
> Vermögen, Geld und andere private Güter gelten in Deutschland als negativ besetzt. Das merkt man jeden Tag auch in der Tagespolitik, man merkt, dass der Kommunismus aus Deutschland kommt.
> Die linken Politiker machen jeden Tag Stimmung gegen Besserverdienende etc. Man brauche nur die ‚Reichen' hoch besteuern, und schon sind alle Probleme gelöst.
> Aus diesem Gebräu aus Spießertum, Sozialneid, Sündenbocksyndrom und Volksverhetzung muss wohl auch in der Vergangenheit der Holocaust entstanden sein.[4]

Was ist geschehen? Welches Schwungrad haben Aly und Seibt da angestoßen? Anonymus erklärt, dass „Leute jüdischen Glaubens […] besonders gute Kaufleute und dementsprechend vermögend" gewesen seien. Nun, das klingt nach dem bekannten Teilinventar antisemitischer Weltvorstellungen. Durch die Brille klassisch politisch-topographischer Ordnungsvorstellungen müsste man eine solche Auslassung als eine antijüdische Attacke aus dem ‚rechten Lager' deuten. Dies scheint sich zu erhärten, wenn der Verfasser außerdem „die linken Politiker" dafür verurteilt, dass sie „jeden Tag Stimmung gegen Besserverdienende" schürten.

Es kommt einem aber auch in den Sinn, weil es nachgerade zum ‚Wissen der Zeit' gehört, dass auch sog. ‚Linke' nicht frei von antisemitischen Denkmustern sein müssen. Dies macht sich der hier unvorsichtigerweise ins ‚rechte Lager' einsortierte, aber „linke Politiker" verabscheuende Leser offensichtlich klar und wettert verwirrenderweise gegen das „Spießertum". Dem deutschen „Spießertum" nämlich – einst eigentlich Angriffsobjekt der politischen ‚Linken' in Deutschland – wirft er vor, den Juden ihre vermeintliche Gabe der Reichtumsakkumulation zu neiden. Die (freilich nicht näher

4 Vgl. Ingo_Pudding: Online-Leserkommentar zu „Judenfeinde wie wir", 12.08.2011. http://www.sueddeutsche.de/kultur/ursachen-des-holocaust-judenfeinde-wie-wir-1.1130473?commentspage=all:2:#comments (Zugriff am 03.03.2013).

definierte) ‚Linke' betreibe „Volksverhetzung" „gegen Besserverdienende" und zerfließe in „Sozialneid". In Anknüpfung an Seibt und Aly steht es dann auch endlich klar vor Augen: Aus linkem „Spießertum" musste „der Holocaust entstanden sein". Der antisemitisch und antisozialistisch gestimmte Anonymus – wohl der neue Typus des (digitalen) Anti-Spießertums – bekennt offen seine fragwürdige Sympathie für „Leute jüdischen Glaubens", die „besonders gute Kaufleute und dementsprechend vermögend" seien, und sieht nicht etwa Antisemitismus, Nationalismus und Rassismus als ursächlich für Auschwitz, sondern den „Sozialneid" der ‚Linken'. In diesem Geschichtsbild scheint in Auschwitz zur höchsten Blüte gelangt, was einst mit Marx begonnen hatte. Und nur die Armeen der westlichen Bürgerlichkeit konnten dies stoppen. Dieses elektronische ‚Gezwitscher' eines sich aus dem Dunkel der Netzdemokratie meldenden, digitalen Rebellen, der sich vermutlich im Kampf gegen die spießig-linke ‚political correctness' sieht, beruft sich auf Seibt, der Alys Buch emphatisch als Augen öffnendes Standardwerk empfiehlt.

Was ist geschehen? In *Warum die Deutschen? Warum die Juden?*, in Seibts Rezension und im Beitrag des anonymen Internetusers exponieren sich empfindlich-idiosynkratisch und aufmüpfig-kämpferische ‚Bürger' der ‚Zivilgesellschaft', die gegen ein vermeintliches Kartell von sozialdemokratischen Gleichmachern und ‚*PC*'-Wächtern anschreiben. Und Götz Alys Bücher liefern womöglich die nötigen Stichworte: Im 2005 veröffentlichten Buch *Hitlers Volksstaat* erklärte er den Nationalsozialismus zum ‚Sozialismus'. 2008 deutete er in *Unser Kampf. 1968* das antibürgerliche Revoluzzertum der gesamten „68er-Studentenbewegung" zu einer zweiten faschistischen Jugendrevolte um. In *Warum die Deutschen? Warum die Juden?* nun wiederholt Aly seine Thesen und fügt sie zur Globalthese einer deutschen Misere zusammen: Die Deutschen neigten zum Sozialismus und verweigerten sich der Bürgerlichkeit; all dies führte nach Auschwitz. Hier nun soll in der Vorgeschichte des NS vorrangig eine deutsche Neigung zum Antikapitalismus nachgewiesen werden. Zu beklagen sei eine Sündengeschichte der Sozialpolitik, die von Marx über Bismarcks Sozialgesetzgebung, von der Bebelschen SPD bis zum Antisemitismus eines Stoecker oder Naumann, von der NS-„Volksgemeinschaft" über die DDR bis zum bundesrepublikanischen Sozialstaat reiche.[5] Diese ‚Kriminalgeschichte' wird mit einer gleichsam germanologischen Grundkonstante, dem typischen „Sozialneid" der Deutschen, erklärt. Das Gegenmodell dazu glaubt Aly im Verhalten „der Juden" zu erkennen, die sich freiheitsliebend, risikofreudig und keinerlei Hang zur ‚Gemütlichkeit' zeigten. Wie zu demonstrieren sein wird, liegt für Aly die Quintessenz dieses ethno-kulturologisch gezeichneten Dualismus aus jüdisch-bürgerlichem Wirtschaftliberalismus vs. christlich-deutsch-antibürgerlicher ‚Volksgemeinschaft' letztlich in der unversöhnlichen Auseinandersetzung namens ‚Freiheit oder Sozialismus'.

Gereizte Stimmungen

Es darf hier – und dazu sollen einige Überlegungen angestellt werden – nicht übersehen werden, in welches diskursive und gesellschaftliche Umfeld sich diese Konstruktionen eingliedern. Ferner ist zu beachten, dass Alys Texte der letzten Jahre nur verstanden werden können vor dem Hintergrund einer deutschen Geschichtswissenschaft, die ihrerseits der Totalität des (sozioökonomischen, -psychologischen und dispositiven) Bestehenden nicht entfliehen kann.

Bei Aly, Seibt und dem digitalen Anonymus fällt die konsequente synonyme Verwendung der Termini *Sozialismus*, *Kommunismus*, *Sozialstaat*, *Volksgemeinschaft*, *Kollektivismus*, *Totalitarismus* und deren assoziative Verknüpfung mit Antisemitismus und Auschwitz auf. Seit einiger Zeit verbalisiert sich auf diese Weise ein altbekanntes und ungebrochen wirkendes ideologisches System des antisozialistischen Ressentiments, auf das im Laufe der Ausführungen näher einzugehen sein wird. Dass Ressentiment überhaupt im Spiel ist, wirft indes Fragen nach der gesellschaftlichen ‚Stimmung' insgesamt auf. Die Psychoanalyse hat darauf hingewiesen, dass Ressentiment nicht ohne Aggression einhergeht. Sowohl in der heutigen veröffentlichten Meinung als auch an den leicht empör- und reizbaren digitalen ‚Stammtischen im Netz' scheint sich verstärkt Ressentiment als allgemein aggressive Stimmung Bahn zu brechen.

5 Vgl. Götz Aly: *Warum die Deutschen? Warum die Juden? Gleichheit, Neid und Rassenhass.* Frankfurt am Main: Fischer 2011, S. 13–14.

Verschiedene Richtungen bürgerlichen Ideologisierens geraten zunehmend aneinander.

Da gibt es die kleinbürgerliche, verängstigt-wütende Entrüstung über die ‚Exzesse' in der letzten ‚Finanzkrise' und die enormen Verteilungsunterschiede bei Einkommen, Eigentum, Aufstiegschancen usw. Sie empört sich über die eigene soziale Deprivation, geißelt mit (nicht immer nur) latent antisemitischem Unterton die „Finanzmafia"[6] und beklagt das „Schrumpfen der Mittelschicht"[7]. Hilfloses moralisches Echauffieren vermischt sich mit der kleinbürgerlichen Verzweiflung an der Aussichtslosigkeit, das erträumte bürgerliche Leben führen zu können. Diese Stimmungen mengen sich wiederum unter weitere sehr verschiedene Formen und Motivationen des Protests, der die individuell so unterschiedlich erfahrene, oft aber unverstandene Ohnmacht gegenüber heutigen Zuständen offenbart.

Die Stimmung ist zunehmend aggressiv auch bei den durchaus unter Druck stehenden großbürgerlichen Milieus, die ihre gesellschaftlichen Stellungen mit nicht weniger ressentiment-durchsetzten Angriffen gegen jede nur kleinste Kritik am Bestehenden verteidigen. Aus den Reihen der eher weniger Prekären stammen verbale Angriffe auf die KritikerInnen der Finanzbranche, die zur Delegitimierung des Protests versuchen, ihn ahistorisch und mit nicht weniger antisemitischem Unterton mit der Verfolgung von Jüdinnen und Juden gleichzusetzen. So verglich etwa der Volkswirt Hans-Werner Sinn 2007/08 die Kritiken an Banken und Hedgefonds mit der antisemitischen Hetze nach dem Zusammenbruch der New Yorker Börse 1929. Damals habe es „in Deutschland die Juden getroffen, heute sind es die Manager".[8]

6 Sahra Wagenknecht: Das ist ein kalter Putsch gegen das Grundgesetz! (Rede in der Bundestagsdebatte zum Europäischen Stabilitätsmechanismus ESM und Europäischen Fiskalpakt am 29.06.2012). http://www.linksfraktion.de/reden/das-kalter-putsch-gegen-grundgesetz (Zugriff am 01.03.2013).

7 Stefan Reinecke: Die Linkspartei ist das Echo des Wandels in der SPD. In: *die tageszeitung* (*taz*), 27.09.2008. https://www.taz.de/1/archiv/print-archiv/printressorts/digi-artikel/?ressort=sw&dig=2008%2F09%2F27%2Fa0390&cHash=63c17c540d0916801093396cc76159c1 (Zugriff am 08.08.2014).

8 Hans-Werner Sinn: „1929 traf es die Juden – heute die Manager". In: *Der Tagesspiegel*, 27.10.2008. http://www.tagesspiegel.de/wirtschaft/finanz/hans-werner-sinn-1929-traf-es-die-juden-heute-die-manager/1357144.html (Zugriff am 30.10.2012).

Durchaus muss man festhalten, dass die Kritik an der Finanzbranche nicht selten an volkskollektivistische Rhetorik anknüpft. Das zeigt nicht zuletzt die allgemeine Wut über die „virtuelle Wirtschaft", die der „Realwirtschaft" und damit den Menschen schade. Es zeigt sich in den personifizierenden Angriffen auf die globalen „Finanzkapitalisten", Hedgefondmanager und Ratingagenturen auf der einen Seite und im Idealisieren der ‚ehrlichen Arbeit' des ‚kleinen Mannes' und des regional verwurzelten ‚mittelständischen Unternehmers' auf der anderen. Es zeigt sich auch im Schüren der Angst vor einer Verschwörung eines wurzellosen internationalen Kapitals gegen „das Volk" und den Staat. Zu vernehmen war dies sowohl in Teilen der *Linkspartei*, der Stimme der abgerutschten Kleinbürger, als auch im deutschen, durch die globale wirtschaftliche Monopolisierung unter Druck geratenen Mittelstand.

Als jedoch der damalige führende „Wirtschaftsweise" Hans-Werner Sinn – das Sprachrohr des ‚Sozial ist, was Arbeit schafft', also desjenigen wirtschaftsliberalen Denkens, dessen Ursprünge auf die politische Programmatik des Nationalliberalismus vertreten etwa in der Weimarer Deutschnationalen Volkspartei (DNVP) zurückreichen[9] – den Versuch unternahm, mittels historischem Vergleich und unter Ausnutzung einer vermuteten moralischen Kraft der NS-Opfer die vielgestaltige Empörung nach der Pleite von Lehman Brothers zu diskreditieren, vollzog sich eine neue ideologische Amalgamierung. Der Versuch der Diffamierung jedweden sozialen Protests durch eine Gleichsetzung von Sozialkritik und Judenverfolgung ist zweifellos mehr als nur ein weiterer ‚historischer NS-Vergleich' im nachkriegsdeutschen Verdrängungsdiskurs. Hinter der hier dargelegten diskursiven Linie verbergen sich Entwicklungen, die u. a. sowohl etwas mit der Nicht-Durcharbeitung der deutschen Geschichte zu tun haben als auch mit den zunehmenden sozial-psychischen Drücken, die sich aus der massenhaften selbst- und fremdbestimmten Einpassung der Individuen in den sich verschärfenden ‚Wettbewerb' der Arbeitswelt ergeben.

In veröffentlichter Meinung und politischem Betrieb weiß man, an die durch Bedürfnisverdrängung beschädigte ‚Geisteswelt'

9 Vgl. Alfred Hugenberg: Rundfunkansprache zur Reichstagswahl am 31. Juli 1932, 28.07.1932. http://www.dhm.de/lemo/jahreschronik/1932 (Zugriff am 01.11.2014).

anzuknüpfen. Diffuser Allmachtsfantasie, die zu Sublimierung bzw. Handeln drängt, wird ein neuer Stolz deutscher Welt-Größe zur Seite gestellt. Einher geht dies mit einer sich verschärfenden und handgreiflich werdenden Abwertung von „Südeuropäern“[10], ‚Muslimen‘ (s. u.) und „Hartz-IV-Schmarotzern“[11]. Hier verschmelzen diachrone deutsche Entitäten mit der synchron sich auch weltweit vollziehenden Klimax des Unbehagens. In ‚unruhigen Zeiten‘ trifft dies insbesondere auf die einst als sozial befriedet geltenden, ‚postindustriellen‘ westlichen Gesellschaften zu. Angesichts dessen deuten sowohl die Idealisierung deutscher Mittelständischkeit als Gegenkonzept zum globalen Finanzkapitalismus als auch die Gleichsetzung der in die Kritik geratenen Manager mit den Opfern antisemitischer Verfolgung auf eine aggressive Verschärfung gesellschaftlicher Tonlagen hin, denen, wenn überhaupt, häufig nur hilf- und sprachlose Kritik gegenübertritt.

Begriffsangst und Kritik im Zeitalter der Ideologielosigkeit

Soziale Monstrositäten, ungerichtetes Unbehagen, Ideologie, festgefahrene gesellschaftliche und politische Verhältnisse gedeihen in Gegenwart einer allenthalben wirksamen Begriff- und Kritiklosigkeit im „sich vollendenden Kapitalismus“[12]. Zumindest diejenige ‚postmoderne‘, ‚dekonstruktivistische‘, sog. ‚postideologische‘ *Kritik*, die mit ‚Kritik‘ nicht mehr die Überwindung des Falschen intendiert, hat – auch unter Druck freilich – *Wahrheit* und *Utopie* abgeschworen und sich damit selbst für obsolet erklärt. „Der emanzipatorische Schwung vergangener Jahrzehnte scheint uns […] verlorengegangen zu sein“, stellt eine hilflose ‚postutopische Linke‘ fest,[13] wenig überraschend nach Jahrzehnten dekonstruktivistischer Entterminologisierung. Mit dieser begrifflichen Selbstentwaffnung der Kritik indes ist dem *Unbehagen* die *Hoffnung*, der widerspenstigen, nach Selbsterlösung strebenden *Praxis* die *Ou-Topie* genommen

10 Merkel kritisiert urlaubsfreudige Südeuropäer. In: *Der Spiegel*, 18.05.2011. http://www.spiegel.de/politik/deutschland/euro-krise-merkel-attackiert-urlaubsfreudige-suedeuropaeer-a-763247.html (Zugriff am 03.03.2014).

11 Die üblen Tricks der Hartz-IV-Schmarotzer. In: *Bild*, 17.10.2005, S. 1.

12 Vgl. Raiko Hannemann: Subversives Denken im sich vollendenden Kapitalismus. In: *Nebulosa* 3 (2012), S. 138–152.

13 Heinrich Geiselberger: Einleitung. In: Ders.: (Hrsg.): *Und jetzt? Politik, Protest und Propaganda*. Frankfurt am Main: Suhrkamp 2007, S. 7–18, hier S. 7.

geworden, während es den *Ideologen* total(itär)er kapitalistischer Vergesellschaftung dies ausnutzend gelungen ist, nunmehr ausgerechnet ihre Kritiker des „Totalitarismus" zu bezichtigen. Möglich wird dies im Zeitalter der *Ideologie der Ideologielosigkeit*, in dem die *links-rechts*-Schemata der einstigen liberalen Phase, die im Nationalsozialismus unwiederbringlich beendet wurde, durch *Alternativlos*-Schemata im sich vollendenden Kapitalismus ersetzt worden sind.
Katalytisch wirkte dabei die nach 1945 beschleunigte Verwandlung einst emanzipatorischer und kritischer Ansätze in Theorie und Praxis in Relativismus, düster-mythischen Zynismus oder heroisch-ästhetischen Subjektivismus. Die antihumanen Fehlleistungen, ja monströsen Verbrechen real existierender Volksrepubliken, die ‚kommunistisch', ‚sozialistisch' und gleichzeitig ‚national' und ‚antikosmopolitisch' sich gerierten, leisteten dazu ihren Beitrag. Die unheilvollen Vermischungen von bürgerlich-autoritärer bzw. bäuerlich-traditionaler Ideologie mit scheinmarxistischer Rhetorik und schließlich der Untergang volksrepublikanischer Formen moderner Nationalstaatlichkeit samt ihrer ‚Wissenschaft' des *Marxismus-Leninismus* (ML) ließen das an Begriffe geknüpfte, auf Künftiges und Besseres gerichtete Denken als unmoralisch erscheinen.
Damit einher geht ein allseitiger Verfall des *Begriffs*. Die Verbindungen zwischen Wort, Begriff und Praxis sind vernichtet; *Sprache* ist in *Gerede* umgeschlagen. Im Zeitalter der ‚Ideologielosigkeit' hat die Wissenschaft, einst auf Mythenzerstörung angesetzt, ihrerseits ein dementsprechendes magisches Sprachverständnis entwickelt und fürchtet seitdem das *Wort*, das sie vom *Begriff* nicht mehr zu unterscheiden in der Lage ist. Ihr bangt nicht mehr wie einst vor dem *bösen Blick*, wohl aber vor dem *bösen Wort. Kommunismus*, *Sozialismus*, *Marx*. Der (Gesellschafts-)Kritik fehlt heute das Vokabular, will sie sich dem ‚Ideologie'-Vorwurf nicht aussetzen. Der Praxis fehlt heute Kritik und Begriff. Mit ‚antiideologischen' Talismanen bewaffnet, die sich in einem zweckrationalistischen und neutralistischen Jargon manifestieren, versucht Wissenschaft, dem *bösen Wort* auszuweichen und verliert sich in einem un*begriff*enen Relativismus multipler Welten. Diesem Relativismus werden dann anti-aufklärerische ‚postideologische' Mythologien (Wirtschaftsweisheit, Heideggerianismus, biologistische Psycho-Anthropologie usw.) oder Positivismus (empirische Sozialforschung, Komparatistik usw.)

entgegengesetzt. Das Diktum vom „Ende der Geschichte“[14], vom „Abschied des Prinzipiellen“[15], ja in gewisser Weise auch Postmoderne und Postmarxismus wurden zu den zugleich unwahren und wahren Abbildern der totalsten Vergesellschaftung bzw. Integration der Menschen in die vollendete Gesellschaft der *Ideologie der Ideologielosigkeit.*

Der moralische Bankrott des *Marxismus-Leninismus*, der für sich einerseits in Anspruch nahm, für einen ursprünglich auf Künftiges gerichteten Humanismus zu sprechen, aber andererseits in seiner Funktion als Ideologie die Herrschaftsformen, die er rechtfertigte, als längst verwirklichten Humanismus zu deklarieren hatte, musste sich zu einer diskursiven Verhärtung der identitären Verwendung der Termini *Sozialismus*, *Marxismus*, *Utopie*, *Zentralismus*, *Planwirtschaft*, *Etatismus* usw. sowie zu einer umfassenden Amnesie hinsichtlich ganzer Theoriesysteme auswachsen. Dies lässt sich an den heutigen Universitäten – den vermuteten Orten von Wissenschaft und Theorie – sehr eindrucksvoll erfahren. Die *Ideologie der Ideologielosigkeit* und die als alternativlos geltende politische Praxis haben nicht nur zu einer fast totalen Verunmöglichung von (wissenschaftlicher) Kritik an Bestehendem geführt, weil das Bestehende als Wirkliches ‚natürlich‘ erscheint, während die Kritik an ihm mittels dekonstruktivistischer Attitüde als ‚Ideologie‘ verdammt wird. Beide korrespondieren zugleich mit der Begriffs- und Kategorienverwirrung innerhalb der totalitarismustheoretischen Weltanschauung, die sich (z.T. zu unrecht) auf Theorieansätze bei Hannah Arendt, in Deutschland aber stärker auf Carl J. Friedrich[16] beruft und spätestens seit 1990 zu einem bestimmenden Diskurs entwickelte. Die totalitarismustheoretische ‚Gesinnung‘ hat die bestehenden Widersprüche zwischen Kapital und Arbeit, zwischen den Geschlechtern oder zwischen rassistisch-autoritären Mehrheiten und zur Verfolgung markierter Minderheiten begrifflich abgeschafft. Zugleich diffamiert sie eine Verhaltensweise, die auf menschlichere Ver-

14 Francis Fukuyama: *The End of History and the Last Man.* New York: Free Press 2006.

15 Odo Marquard: *Abschied vom Prinzipiellen.* Stuttgart: Reclam 1981.

16 Hannah Arendt: *Elemente und Ursprünge totaler Herrschaft.* Frankfurt am Main: Büchergilde Gutenberg 1958; Carl J. Friedrich: Der einzigartige Charakter der totalitären Gesellschaft. In: Bruno Seidel / Siegfried Jenker (Hrsg.): *Wege der Totalitarismusforschung.* Darmstadt: WBG 1968, S. 179–196.

hältnisse hinaus will als ‚Totalitarismus'. Sie kennt die Utopie nur noch als albtraumhafte Dys-Topie, die in Faschismus und Kommunismus zu bitteren Realitäten geworden sei. Inklusive ist die Barbarei der Shoah, als Ausgeburt des „Totalitarismus" – mitgehangen, mitgefangen. (Eine ähnliche Form des alle Qualitäten nivellierenden und herrschaftspositivistischen Universalismus war auch der *Marxismus-Leninismus*, der zwischen ‚Sozialfaschismus', ‚Kosmopolitismus', ‚Zionismus' und ‚Faschismus' nicht unterscheiden und keine Alternative zu seiner ‚Wissenschaft' dulden konnte. Der andere Universalismus, die *Ideologie der Ideologielosigkeit*, ist dem heute Bestehenden jedoch adäquater, sodass er dem einstigen Konkurrenten einen prominenten, ja essentiellen Platz in seinem historischen Kuriositätenkabinett der ‚überwundenen Totalitarismen' verschaffen konnte.)

Exkurs
Pfade totalitarismustheoretischer Historisierung: Zu einigen Trends in Teilen der deutschen Zeitgeschichte

Die – mitnichten richtungslose – *Ideologie der Ideologielosigkeit* hat in der deutschen Geschichtswissenschaft, die ohnehin nicht gerade für ihre progressive Theoriefreudigkeit bekannt ist, einen Alliierten gefunden. Seit den 1980er Jahren wird in der NS-Forschung der Theorie, nun häufiger entwertet bspw. als „Stereotypen aus dem politikwissenschaftlichen Begriffs-Vokabular" oder als „aus der Perspektive […] der jüdischen Erfahrung" motivierte einseitige Historiographie, „Historisierung" entgegengehalten.[17] Der „deutsche Historiker" müsse, so forderte Martin Broszat bekanntermaßen, mit strenger Wissenschaftlichkeit „der historischen Gerechtigkeit […] Genüge tun" und eine „nüchterne" Distanz zur NS-Epoche herstellen.[18] Jüdischen Historikern unterstellte er dagegen eine emotionale Subjektivität, die als Erinnerungsimpuls zwar verständlich sei, aber „wesentliche Zugänge der geschichtlichen Erkenntnis" versperre.[19] Saul Friedländer widersprach dieser aus durchsichtigen Gründen konstruierten Dichotomie aus ‚deutscher

17 Vgl. Martin Broszat / Saul Friedländer: Historisierung des Nationalsozialismus? Ein Briefwechsel. In: *Die Zeit*, 22.04.1988, S. 18–19.

18 Vgl. ebd.

19 Ebd.

Objektivität' und ‚jüdischer Emotionalität' und warnte vor der „Wiederkehr einer Form von Historismus".[20] Augenscheinlich verlieh Broszats „empirischer Pathos"[21] einem Wunsch nach nationaler Entlastung Ausdruck. Heute ersehnen nicht unerhebliche Teile der deutschsprachigen Zeitgeschichte mehr denn je den Selbstbefreiungsschlag vom angeblichen allseitigen Tabu-Regime, das sich nach 1945 aufgebaut habe. In diesen Diskurs gehört auch Alys *Warum die Deutschen? Warum die Juden?* Bevor indes en détail darauf einzugehen sein wird, sollen zunächst an weiteren Beispielen die Auswirkungen der Historisierungsdebatte auf die Forschung veranschaulicht werden.

Neue deutsche Verallgemeinerung

Der viel beachtete Historiker Christian Gerlach forderte unlängst für die Genozidforschung, die „von modellorientierten nordamerikanischen Sozialwissenschaftlern gegründet worden" sei, sich von „großzügige[n] Theorien" freizumachen. Stattdessen könne nur „mit emsiger Archiv- und Detailarbeit" erreicht werden, „die Diskussion zu versachlichen".[22] Zugleich müsse die „so genannte Holocaustforschung" die Shoah stärker in „vergleichender Perspektive" zu anderen Massengewaltereignissen sehen.[23] Die Forschung sei verständlicherweise bisher stark von einer gleichsam schwerfälligen Opfermoral belastet, der mit ‚Historisierung' begegnet werden müsse. Entsprechend setzt Gerlach einem moralisierenden Denksystem, das eine „Trennung von ‚Tätergeschichte' und ‚Opfergeschichte'" vorsehe und eher die „gesellschaftliche Funktion […] der Suche nach kollektiver Identität"[24] erfülle, sein ‚historisierendes' Konzept der „extrem gewalttätigen Gesellschaften" entgegen, das von Identitätskonstruktionen frei sei. Das vorgeblich

20 Broszat / Friedländer: Historisierung des Nationalsozialismus?

21 Nicolas Berg: *Der Holocaust und die westdeutschen Historiker. Erforschung und Erinnerung.* Göttingen: Wallstein 2003, S. 40.

22 Vgl. Jörg Baberowski / Mihran Dabag / Christian Gerlach / Birthe Kundrus / Eric D. Weit: Debatte: NS-Forschung und Genozidforschung. In: *Zeithistorische Forschungen / Studies in Contemporary History* (Online-Ausgabe) 5,3 (2008). http://www.zeithistorische–forschungen.de/16126041-Debatte-3-2008 (Zugriff am 01.05.2013), Abs. 19.

23 Vgl. ebd., Abs. 19.

24 Vgl. ebd., Abs. 14.

übliche Täter-Opfer-Schema sei unanalytisch und diene vor allem politischen Gruppennarrativen oder Nationalmythen. Diese Abstraktion einer historischen Gewaltsituation, die pointiert Wesen und Gerichtetheit einer Barbarei verdeutlicht – also: Theorie –, lehnt Gerlach per se als „ideologisch“ ab, da sie dem Kontinuum der ‚Fakten‘ nicht gerecht werde.[25]

Stattdessen will Gerlach sich durch enttheoretisierende Verallgemeinerung und spatiale wie chronologische Vergrößerung der vermuteten moralischen Bevormundung entziehen. Und tatsächlich kann der generalisierende Vergleich deutscher mit anderen weltweit zu suchenden Verbrechen bei der Entlastung von widrigen, weil geographisch, zeitlich und familiär so nahen Konkretheiten helfen. Das Konkrete wird bei Gerlach durch die anthropologisierende Universalspekulation der „extrem gewalttätigen Gesellschaften“ ersetzt. In den, wenn auch verschiedensten Massenmordgeschehen des 20. Jahrhunderts lassen sich ihm zufolge prinzipiell gemeinsame Merkmale erkennen. Dem Wesen nach sei „NS-Deutschland [mit] dem Osmanischen Reich, der Sowjetunion, Kambodscha, Ruanda, Osttimor, Indonesien, Ostpakistan/Bangladesh usw.“ vergleichbar, ja identisch. Es sei ausgemacht, dass in den universell zu betrachtenden „‚extrem gewalttätigen Gesellschaften‘ […] mehrere Bevölkerungsgruppen Opfer von Massengewalt [werden], an der sich aufgrund unterschiedlicher Motive, Werte und Interessen breite Bevölkerungsgruppen unterschiedlicher Herkunft zusammen mit Staatsorganen beteiligen.“[26] Anlässe, politische Ziele und Konstellationen von Massengewalt, in deren charakteristischen Teufelskreislauf eine in Krisis geratene Gesellschaft typischerweise hineinschlittern könne, werden somit als bloße Äußerlichkeiten zweitrangig. Immer wirke dagegen, sei es im Armenien-Völkermord des untergehenden Osmanischen Reiches, sei es im NS als Resultat einer ‚deutschen Krise‘, das immer gleiche Ensemble anthropologischer Faktoren:

25 Vgl. Christian Gerlach: *Extremely Violent Societies. Mass Violence in the Twentieth-Century World.* New York: Cambridge UP 2010, S. 4–5.

26 Baberowski / Dabag / Gerlach / Kundrus / Weit: Debatte, Abs. 14–15.

> Greed, hope for social ascent, war-related misery and dispair account to no small degree for mass involvement in turning on Armenians (and other middlemen minorities in history) in many forms […].[27]

Dieses zyklisch-anthropologisierende Herangehen, das u. a. die ‚Todsünde' „Habsucht" als Erklärungsmuster anbietet und zugleich die je singulären Voraussetzungen unterschiedlichster Massengewaltszenarien nivelliert, erinnert stark an Oswald Spenglers mythologisch-organizistische Zyklentheorie über das „wunderbare Werden und Vergehen" von „aufblühenden und alternden Kulturen [und] Völkern", die als „Lebewesen höchsten Ranges wachsen in einer erhabenen Zwecklosigkeit […], wie die Blumen auf dem Felde".[28] Spenglers ästhetisierend-pessimistischer und antiemanzipatorischer „Relativismus", der der „Historie" die „Gestalt des Weltgeschehens" gegenüberstellt,[29] verfängt mit nüchternerer Tonlage auch in Gerlachs „Historisierung", der eine ähnlich organizistische Geschichtsphilosophie zugrunde zu liegen scheint: Gerate eine ‚Gesellschaft' in eine extreme Krisensituation und dadurch in eine gleichsam ‚organisch-vitale Disbalance', könne es zu Massengewalt kommen, die typischerweise „Beschleunigung" erfahre, sich dann auszehre und schließlich „ihr Verebben" erlebe.[30] Das Individuum – schon gar nicht das konkret historische Subjekt-Objekt – muss sich in dieser Vorstellung von Gesellschaft lediglich mit der Rolle als Partikel des Grundstoffs eines organischen Ganzen begnügen.

Diskursiv dominant gewordene Interpretationen des ursprünglich kritischen Poststrukturalismus,[31] die sich heute spielerisch-

27 Gerlach: *Extremely Violent Societies*, S. 13.

28 Vgl. Oswald Spengler: *Der Untergang des Abendlandes. Umrisse einer Morphologie der Weltgeschichte*, Bd. 1: Gestalt und Wirkung. München: Beck 1920, S. 29.

29 Ebd., S. 34–35.

30 Vgl. Baberowski / Dabag / Gerlach / Kundrus / Weit: Debatte, Abs. 15.

31 Gemeint sind (post- bzw. vor-)kritische Ansätze, die sich vormachen, die Moderne hinter sich lassen und das Bestehende ‚kreativ' nutzen zu können zum persönlichen Glück, das Ausdruck sei (nicht Praxis). Damit verbunden sind voluntaristische Hoffnungen (und Forderungen), die auf eine Wirklichkeitsformung (des ‚Individuums' – nicht Subjekts) durch Präsentation, Virtualität, Konsum usw. setzen, weil Gesellschaft als Summe von ‚Lebensformen' vorgestellt, das Subjekt-Objekt in ‚Performanz' aufgelöst wird. Metaphysisch verstandene ‚Macht' wird – wenn überhaupt – problematisiert, ohne jedoch Herrschaftsverhältnisse zu kritisieren. Kritische Stichworte liefert Robert Kurz: Weinkenner aller Länder, vereinigt euch! Postmodernismus. Lifestyle-Linke und die Ästhetisierung der Krise. In: *Krisis* 20 (1998). http://www.exit-online.org/textanz1.php?tabelle=autoren&index=22&posnr=141&backtext1=text1.php (Zugriff am 05.03.2014), S. 56–87.

ästhetisierend zwar jeder Festlegung verweigern, dennoch aber vorgeben, Geschichtsmythen ‚dekonstruieren' zu wollen, konnten dieser Renaissance der Geschichtsmythologie nichts entgegensetzen. Im Gegenteil: Geschichtsspekulatives, meist skeptizistisch-pessimistisches Denken ist en vogue und adaptiert nicht selten gerade jene (wort-)spielerisch-leichte Attitüde, ohne die ursprünglich kritische Intention des Dekonstruktivismus übernehmen zu müssen. Dies wird deutlich etwa am neuerlichen Erfolg demographisch-biologistischer Spekulationen, die Kriege als „Vermehrungskonflikte", als einen gleichsam notwendig autohygienischen „Abbau von youth bulges", von „überzähligen Söhnen" erklären wollen.[32] Auch die Mythologisierung der „Geschichte im Gedächtnis"[33] zeugt davon, die bei Eliminierung des konkreten Menschen die Hypostasierung des „Gedächtnisses" betreibt und ihm mehr Interesse entgegenbringt als demjenigen, wovon es sich einen Reim machte und macht.[34] Diese Renaissance des voraufklärerischen Mythos' in der Wissenschaft hat ferner eine weit über ‚systeminterne' akademische Methodengeschmäcker hinausreichende Bedeutung. Sowohl die Mythisierung von Krieg und Gedächtnis, als auch die „Historisierung" der Shoah durch geschichtsspekulative Universalisierung findet in einem deutschen, d. h. national sich verstehenden diskursiven Kontext statt. Die Idee „Deutschland", die Auschwitz birgt, ist anscheinend nicht durch den Schock der hinter sich gebrachten Barbarei erschüttert oder gar gefährdet worden, sondern fordert unbeeindruckt ihre „Meistererzählung", die ihr die Geschichtswissenschaft traditionell zu liefern hat.[35]

Nun wird man zu Recht einwenden können, dass die gesellschaftlichen Bedingungen, die die singuläre Barbarei der Shoah ermöglichten, auch andernorts bestanden und bestehen. Das zeigten bereits die sozialempirischen Forschungsarbeiten des Instituts für Sozialforschung im US-amerikanischen Exil, aus denen der Terminus

32 Gunnar Heinsohn: *Söhne und Weltmacht: Terror im Aufstieg und Fall der Nationen.* Zürich: Orell Füssli 2003, hier S. 10, 13, 133.

33 Vgl. Aleida Assmann: *Geschichte im Gedächtnis.* München: Beck 2007.

34 Vgl. dazu Harald Weilnböck: „Das Trauma muss dem Gedächtnis unverfügbar bleiben". Trauma-Ontologie und anderer Miss-/Brauch von Traumakonzepten in geisteswissenschaftlichen Exkursen. In: *Mittelweg 36* 16,2 (2007), S. 2–64.

35 Vgl. Stefan Berger: Narrating the Nation: Die Macht der Vergangenheit. In: *Aus Politik und Zeitgeschichte*, 1–2/2008, S. 7–13, hier S. 7.

des *autoritären Charakters* und die berühmte *F-Skala* hervorgingen. Die oben beschriebenen Tendenzen in der deutschen Geschichtswissenschaft weichen dennoch der Frage aus, die Aly, wie unten zu zeigen ist, nur zu stellen vorgibt: „Warum die Deutschen?" Sie müssen mit der Tatsache konfrontiert werden, dass in Deutschland die Voraussetzungen für die Barbarei nicht nur bestanden, sondern dass sie geschah. Dass sie sich zutrug, auf Deutsch, durch Deutsche mit ihrem Staat, ihrer Ökonomie, ihrem „Genius"[36], ist an sich singuläre Qualität. Solange eine deutsche Historiographie auf das Fortbestehen einer ‚deutschen' Geschichte insistiert, muss sie und eine Gesellschaft, die als ‚deutsche' sich dartut, damit konfrontiert werden. Gerlachs synchrone und diachrone Einpassung der Shoah in eine Universalgeschichte der Massenmorde, der „extrem gewalttätigen Gesellschaften", versucht dem zu entkommen, weil sie sowohl konkret-singulare als auch historisch-objektiv wirksame Qualitäten einebnet, ganz im Sinne des gesellschaftlich adäquaten Äquivalenzprinzips. Der (kritischen) Theorie wirft man zuweilen parteilichen Holismus und Ideologie vor. Gleichzeitig wird ihr eine relativierende Scheintheorie, wie die der „extrem gewalttätigen Gesellschaften", entgegengesetzt. Mit Adornos Kritik der idealistischen Gleichmacherei sei hier erwidert:

> Es ist eben jenes Weitergehen und nicht Verweilenkönnen, jene stillschweigende Zuerkennung des Vorrangs ans Allgemeine gegenüber dem Besonderen, worin nicht nur der Trug des Idealismus besteht, der die Begriffe hypostasiert, sondern auch seine Unmenschlichkeit, die das Besondere, kaum dass sie es ergreift, schon zur Durchgangsstation herabsetzt und schließlich mit Leiden und Tod der bloß in der Reflexion vorkommenden Versöhnung zuliebe allzu geschwind sich abfindet – in letzter Instanz die bürgerliche Kälte, die das Unausweichliche allzu gern unterschreibt.[37]

Und darin eben liegt der Anspruch von Theorie, die dem Konkreten des Gegenstandes ebenso seine Aufmerksamkeit zu schenken hat wie dem Objektiven, welches jedoch zum ahistorisch Allgemeinen verschieden ist.

Gerlachs Universalismus reiht sich indes auch in die seit Jahrzehnten diskursiv wirksame Totalitarismustheorie ein, deren ursprüngliches

36 Peter Watson: *Der Deutsche Genius. Eine Geistes- und Kulturgeschichte von Bach bis Benedikt XVI*. München: Bertelsmann 2010.

37 Theodor W. Adorno: *Minima Moralia. Reflexionen aus dem beschädigten Leben. Gesammelte Schriften*, Bd. 4. Frankfurt am Main: Suhrkamp 1984, S. 90.

Prinzip es war – etwa in der „Kommunismusforschung"[38] –, mit einer „einseitigen Betonung formaler Übereinstimmungen zwischen Kommunismus und Faschismus von den sehr verschiedenen gesellschaftlichen Inhalten beider Systeme"[39] zu abstrahieren. Sie ist dualistisches Denken und Nivellierung durch Vergleich. Warum jenseits des modernen Äquivalenzprinzips der sog. ‚Kalte Krieg' zum Gleichmachen motivierte und der ausgeprägt manichäistischen Totalitarismustheorie im ‚Westen' (die ihr Gegenstück in der Imperialismustheorie im ‚Osten' hatte) diese starke diskursive Stellung einräumte, ist einsichtig. Besonders aber nach 1989/91 hat sie eine ungeheure Blütezeit erlebt – auch und besonders in der englischsprachigen Historiographie. Daniel Goldhagens neuere Arbeit über Völkermorde[40] spricht ebenso für die Virulenz dieses Denkens wie das im Moment viel beachtete Werk Timothy Snyders *Bloodlands*[41]. Dort legt er die mythologische „Konstruktion einer Geschichtslandschaft"[42] vor, die das ‚Blut' aller (!) „Opfer von Krieg und Gewaltherrschaft"[43] nachgerade organisch in sich aufgesogen habe; es ist eine gleichsam im Namen des ‚spatial turn' betriebene historiographische Einebnung der Qualitäten von Kommunismus und Nationalsozialismus.

Bei aller Ähnlichkeit zur angelsächsischen Totalitarismusvorstellung fällt beim deutschen Historiker Gerlach (dessen englischsprachige Veröffentlichung nicht darüber hinwegtäuschen kann) doch die ausdrückliche Stellungnahme gegen eine „moralisierende" Genozidforschung und ihre Täter-Opfer-Dualismen auf. Seine Einordnung von NS und Stalinismus in die Reihe „extrem

38 Vgl. bspw. Stéphane Courtois et al. (Hrsg.): *Das Schwarzbuch des Kommunismus. Unterdrückung, Verbrechen und Terror.* München: Piper 2004; oder Hitler-Stalin-Komparatistiken wie bspw. Alan Bullock: *Hitler und Stalin. Parallele Leben.* Berlin: Siedler 1999; Richard Overy: *Die Diktatoren: Hitlers Deutschland, Stalins Russland.* München: DVA 2005.

39 Richard Saage: *Faschismustheorien.* München: Beck 1981, S. 19.

40 Daniel Jonah Goldhagen: *Worse than War: Genocide, Eliminationism, and the Ongoing Assault on Humanity.* New York: Public Affairs 2009.

41 Timothy D. Snyder: *Bloodlands: Europe between Hitler and Stalin.* New York: Basic Books 2010.

42 Vgl. Jürgen Zarusky: Timothy Snyders „Bloodlands". Kritische Anmerkungen zur Konstruktion einer Geschichtslandschaft. In: *Vierteljahrshefte für Zeitgeschichte* 60,1 (2012). S. 1–31.

43 Schriftzug der „Neuen Wache" in Berlin, der 1993 den vorherigen des „Mahnmals für die Opfer des Faschismus und Militarismus" ersetzte.

gewalttätiger Gesellschaften" ist nicht nur auf eine Dämonisierung des Kommunismus ausgerichtet – was nicht mehr nötig scheint –, sondern will den Nationalsozialismus durch Universalisierung „historisieren" (übrigens nicht unähnlich dem universalisierenden Faschismusbegriff des ML) und bestätigt dabei einen spezifischen Trend in der deutschen Geschichtswissenschaft, die ausgerechnet der oft nichtdeutschsprachigen Genozid- und Holocaustforschung die Singularitätsthese ausreden will.[44] Bei Gerlach diffundiert der Nationalsozialismus in einem Kontinuum sich immer wieder abspielender Massengewalt, die nicht gut und böse, nicht Täter, nicht Opfer, nicht Staat und Mehrheit gegen Minderheit kenne, sondern verwirrende Konstellationen zwischen verschiedensten Akteuren. Opfergruppen erscheinen in dieser Sichtweise als Subjekte und nicht als rein passive Objekte des Massentötens.[45] Das Subsumieren der Shoah unter das Allgemeine sich mit anthropologischer Gewissheit bildender Gewaltgesellschaften hat eine im Vergleich zu Goldhagen oder Snyder andere Dimension. Snyder etwa, der sowjetischen Partisanen „illegale" (also typisch ‚stalinistische') Gewalt im Kampf gegen die deutsche Besatzung vorwirft,[46] folgt der Totalitarismustheorie insofern, dass er Ähnlichkeiten diktatorischer Regime aufzeigen will, die man dann der transatlantischen Demokratie mit ihrer Wirtschaftsordnung entgegenstellen kann. Zwar setzt auch Gerlach NS und ‚Kommunismus' totalitarismustheoretisch in eins. Die anthropologisierende Eingliederung des NS in ein scheinbar unendlich sich wiederholendes Geschehen des Massenmordens aber befreit die ‚Idee' der ‚deutschen Nation' vom singulären ‚Makel' der Shoah.

Interessant an Gerlachs Ausführungen ist, und das unterscheidet ihn von konservativer deutscher Geschichtswissenschaft, dass bestimmte als diskursiv belastet geltende Begrifflichkeiten Anwendung zu finden scheinen. Dies zeigt sich besonders in der Hervorhebung von Krisen, die vor allem als sozioökonomische der Arbeitslosigkeit und/oder materiellen Not dargestellt werden. In

44 Vgl. Sybille Steinbacher / Fritz-Bauer-Institut (Hrsg.): *Holocaust und Völkermorde. Die Reichweite des Vergleichs* (= *Jahrbuch zur Geschichte und Wirkung des Holocaust* 16). Frankfurt am Main: Campus 2012.

45 Vgl. Gerlach: *Extremely Violent Societies*, S. 4–5.

46 Vgl. Snyder: *Bloodlands*, S. 233–234.

diesem scheinbar materialistischen Ansatz geht es jedoch nicht etwa um eine Kritik des Kapitalismus. Vielmehr erscheint die Krise als das Verhängnis einer Gesellschaft, die nicht mehr ihren normalen bürgerlichen Gang gehe; als verschwinde in der Krise die bürgerliche Rationalität hinter einer Eskalation des Irrationalen.[47] „Extrem gewalttätige Gesellschaften“ werden als Abnormalitäten einer ansonsten friedlichen bürgerlichen Normalität verstanden; das Massensterben ist extra-geschichtliches Extrem.
Doch was bringt diesem Modell zufolge eine ‚stabile‘ bürgerliche Gesellschaft aus dem Tritt? – Schicksal? Äußere Einflüsse? Die Antworten sucht Gerlach in der ‚Natur des Menschen‘, die fehlerhafte äußere wie innere Akteure hervorbringen kann, welche das organische Gleichgewicht einer Gesellschaft stören. Dabei wird die gleichsam *ante mortem* bestehende systemimmanente Gewalt ‚organischer‘ Herrschaftsverhältnisse hinterm Nebel der antimoralischen „Historisierung“ verborgen. Ob stalinistischer Terror oder nationalsozialistischer Vernichtungskrieg, beide werden als Beispiele für sich hin und wieder ereignende krankhafte Ausstiege aus dem ‚gesunden‘ Zustand der bürgerlichen Gesellschaft verstanden. Mit diesen Operationen befreit Gerlach die bürgerliche Gesellschaft von der moralischen Last der Verbrechen ihrer konsequentesten Daseinsform. Als solle der immer noch bestehende ‚Normalzustand‘, der ‚Lauf der Dinge‘, nicht aus Scham, sondern eher im Brustton kathedrischer Gewissheit vom hässlichen Gesicht seiner reinsten real existierenden Ausformung distanziert werden. Nach Gerlach sind folglich auch die Deutschen, der Staat und die Juden während einer Krisensituation in einen gewalttätig-dynamischen Ausnahmezustand, in ein nicht mehr aufzuhaltendes Verhängnis hineingeraten. Ein wahrhaft entlastendes Angebot.

Eine „strikt empirische“ Allianz gegen moralisierende „Ideologie“

Auch die jüngeren Texte Götz Alys bedienen sich, wie zu zeigen sein wird, der entlastungsmotivierten Methodik der Scheintheorie und „Historisierung“. Zugleich aber – und darin unterscheidet er sich von Gerlach – scheut Aly keineswegs das offen aggressive Vorurteil, das, wie ebenso zu zeigen ist, explizit der Sozialdemokratie bzw. Arbeiterbewegung jede moralische Berechtigung abspricht.

47 Vgl. Gerlach: *Extremely Violent Societies*, S. 12, 123, 266–278.

Die Attacke bezieht dabei ihre Argumente aus einer vorgeblich quellengeleiteten Geschichtsforschung, die z. T. durchaus auch kritische Wirkungen gezeitigt haben mag, weil Aly (auch zusammen mit Gerlach)[48] in früheren Studien wie *Vordenker der Vernichtung* (1991) oder *„Endlösung"* (1995) wichtige Quellen erschloss, die insbesondere die alt-konservative Geschichtsforschung rigoros zu ignorieren pflegte. Inzwischen aber, nachdem der Ideologie-*Begriff* selbst völlig in *Ideologie* umgeschlagen ist und zur parolenhaften Projektionsfläche mit sachlichem Anstrich wurde, die sich zur Denunziation jedweder Gesellschaftskritik eignet, erfüllt dieser ‚Antiideologimus' vor allem ideologische Funktionen. Entsprechend lobte Aly bereits 1997 Gerlachs Arbeit als „genial", da sie „strikt empirisch" vorgehe und nicht dem „Primat des Ideologischen" folge.[49] Und das Buch *Warum die Deutschen? Warum die Juden?* soll ähnlich ‚unideologisch' die wahren Ursachen der Shoah enthüllen und gerät dabei zum Handstreich gegen *die* theoretisch arbeitende Forschung, die der Geschichtsverdrängung bezichtigt wird. Ins Schussfeld rückt insbesondere der längst (von anderen) ‚erledigte', aber als Popanz aufgeblasene „Marxismus", sodass der ähnlich fühlende konformistische ‚Tabubrecher' Seibt Aly dankbar bescheinigt, dass man „schärfer […] marxistischen Auslagerungen der Schuld zum Klassenfeind nicht entgegentreten" könne.[50]

Vorwürfe gegen bestimmte Forschungsrichtungen erhebt, wie schon Broszat in den 1980er Jahren, auch Gerlach, der, überzeugt von der Interessenlosigkeit seiner (deutschen) Historiographie, der ideologischen Instrumentalisierung der Forschung durch bestimmte Interessengruppen entgegenwirken wolle. Ohne konkret zu werden, beklagt er eine Art lobbyistischen Einfluss von Opfergruppen, die die Genozidforschung zur Konstruktion kollektiver Narrative nutzten.[51] Bei Aly sind derartige Attacken seit

48 Vgl. Götz Aly / Christian Gerlach: *Das letzte Kapitel. Der Mord an den ungarischen Juden*. Frankfurt am Main: Fischer 2004.

49 Vgl. Götz Aly: Der 12. Dezember 1941. In: *Berliner Zeitung*, 13.12.1997. http://www.berliner-zeitung.de/archiv/der-historiker-christian-gerlach-belegt-dass-hitler-an-diesem-tag-die-grundsatzentscheidung-zur-vernichtung-aller-europaeischen-juden-traf-der-12--dezember-1941,10810590,9374572.html (Zugriff am 04.03.2013).

50 Seibt: Judenfeinde wie wir.

51 Vgl. Gerlach: *Extremely Violent Societies*, S. 255–265.

jeher konkreter: Im Jahr 2000 bspw. bezichtigte er in der damaligen „Entschädigungsdebatte" „jüdische Organisationen des Westens" der Bildung eines „Kartells", das bei der Verteilung gegen die Interessen der NS-Opfer nach dem „Prinzip Wassersuppe" vorgehe, das bereits in den Konzentrationslagern praktiziert worden sei, als die „SS die Wassersuppe einfach zwischen die Häftlinge […] [stellte] und […] so regelmäßige Balgereien [provozierte], die mit dem Sieg der Stärksten enden mussten."[52] Auch in *Warum die Deutschen? Warum die Juden?* wird Klientelismus beklagt. Jedoch sind es nicht mehr „jüdische Organisationen", denen Alys Empörung gilt, sondern („marxistische") Theoretiker. Deren bisherige Forschungen seien die Antwort auf die Frage, warum Jüdinnen und Juden ins Zentrum des Hasses gerieten, schuldig geblieben. Worauf diese Einschätzung beruht, wird nicht ersichtlich. Eine Auflistung der Literatur aus Geschichtswissenschaft, Philosophie, Psychologie, Soziologie usw., der Alys Kritik wohl gilt, fehlt.

Als Rebell gegen die Universitätswissenschaft könnte der Autor freilich aus prinzipiellen Gründen auf einen umfassenden wissenschaftlichen Apparat verzichtet haben. Denn sowohl theoretische Vorüberlegungen als auch der schwerfällige Schreibstil deutscher Wissenschaft finden sein Missfallen, weshalb ihm die Anerkennung des deutschen Universitätsbetriebs verwehrt werde. Dagegen ernte *Warum die Deutschen? Warum die Juden?* international Zustimmung. So habe der sich Geschasst-Fühlende einen „begeisterten Brief" vom israelischen Historiker Yehuda Bauer erhalten.[53] Schwer nachzuvollziehen wäre eine solche Ehrenbekundung allemal, betritt Alys Buch doch weder Neuland noch zeigt es neue Quellenperspektiven auf. Durch Simplifizierung und Ignoranz gegenüber der einschlägigen Forschung fällt es, wie deutlich werden wird, weit hinter den Forschungsstand zurück. Es wird zu problematisieren sein, dass Alys

52 Vgl. Götz Aly: Das Prinzip Wassersuppe. In: *Berliner Zeitung*, 03.03.2000. http://www.berliner-zeitung.de/archiv/das-prinzip-wassersuppe,10810590,9765142.html (Zugriff am 04.03.2013). Vgl. Matthias Naumann: Antisemitismus in der Entschädigungsdebatte Ende der 1990er Jahre, 29.08.2008. http://www.wollheim-memorial.de/de/antisemitismus_in_der_entschaedigungsdebatte_ende_der_1990er_jahre#cite_f (Zugriff am 20.03.2014).

53 Vgl. Götz Aly: Wehler in der Sackgasse. In: *Frankfurter Allgemeine Zeitung*, 20.12.2011. http://www.faz.net/aktuell/feuilleton/holocaust-forschung-wehler-in-der-sackgasse-11573268.html (Zugriff am 13.06.2013).

„strikt empirische" Arbeitsweise, die keine epistemologische Reflexion kennt und sich von der Semantik der Quellen nicht lösen (und daher nicht kritisieren) kann, nicht nur an mangelnder Abstraktionsfähigkeit leidet. Die Standards analytischer Sorgfalt und theoretischer Reflexion werden aus einer geschichtspolitischen Intention heraus verletzt. Und dass nicht einmal versucht wird, dies wenigstens notdürftig zu verschleiern, spricht nicht nur für Alys Selbstbewusstsein, sondern – so meine zentrale These – für dasjenige einer gegenwärtigen Tendenz der Geschichtspolitik, die mit ihrem Vertreter in einer derartigen Überzeugung von der eigenen moralischen Überlegenheit auftritt, dass sie selbst den ‚spielerisch-leichten' Umgang mit antisemitischem Vorurteil nicht mehr scheut.

II.
Antisemitismusforschung mit „Judenfrage"

> Nicht erst das antisemitische Ticket ist antisemitisch, sondern die Ticketmentalität überhaupt.[1]

> Akzeptiert man eine Verleumdung und gibt sie an andere weiter, so nimmt man an einem verbalen Pogrom teil.[2]

Alys zentrale These zum Ursprung des Antisemitismus basiert auf der Annahme eines Antagonismus aus Freiheit und Gleichheit. Anders als in anderen europäischen Gesellschaften sei bei „den Deutschen" die Parole der Französischen Revolution „Freiheit, Gleichheit, Brüderlichkeit" „eigentümlich verdreht" aufgefasst worden. Statt einer „freiheitlichen" habe sich eine unheilvolle und der „Freiheit" feindlich gesinnte Tradition des materiellen Gleichmachens durchgesetzt. (Ökonomische) ‚Individualität' sei den „Deutschen" unerträglich gewesen, sodass ihnen der umverteilende Staat schon bald über das Eigentum ging.[3] Trotz seiner Theorieverdrossenheit zeigt Aly hier überraschend das Bemühen, diese Kollektivpsychologie mithilfe eines Ansatzes zu stützen, der, in den 1920er Jahren entstanden, das Phänomen *Antisemitismus* zu ergründen versucht. In Arnold Zweigs psychoanalytisch angeregtem

1 Theodor W. Adorno / Max Horkheimer: *Dialektik der Aufklärung*. Frankfurt am Main: Fischer 2006, S. 217.

2 Ernst Simmel: Antisemitismus und Massen-Psychopathologie. In: Ders. (Hrsg.): *Antisemitismus*. Frankfurt am Main: Fischer 1993, S. 58–100, hier S. 75.

3 Vgl. Aly: *Warum die Deutschen?*, S. 13–14.

Essay-Band *Caliban* von 1926 glaubt er die Begrifflichkeiten zur Decodierung der ‚deutschen Psyche' mit ihrem Hang zu materiellem „Egalitarismus" vorzufinden.

> Je mehr sich die so verstandene Gleichheit im allgemeinen Bewusstsein einnistete, desto ausgeprägter wurde der Differenzaffekt, die Abstoßung nicht gleicher Gruppen, zumal dann, wenn diese Schnelligkeit, Witz, Klugheit und Erfolg auszeichneten.[4]

Aly bezieht sich hier auf Zweigs Begriff vom „Differenzaffekt". Zweig, der eben gerade nicht fragt, „was der Jude ist, [...] sondern was der Antisemitismus ist" – „Das Wesen des Juden ist für das Zustandekommen von Antisemitismus ganz außer acht zu lassen." –,[5] analysiert auf der Grundlage seines psychoanalytischen Verständnisses das Phänomen der Gruppenbildung und der damit einhergehenden kollektiv-identitären Abgrenzung von anderen Gruppen. Dabei zeige sich zum einen der „Differenzaffekt", also „triebhafte Erregung und Abstoßung [...], mit welcher Menschengruppen entwertend reagieren".[6] Hinzukomme zum anderen eine kollektive „Überbetonung der Wichtigkeit und Vollkommenheit der eigenen Gruppe für das Weltall", der „Zentralitätsaffekt".[7] Anders als es Aly suggeriert, ging es Zweig, der zwar über einen anthropologischen Hang zur Gruppenkonstruktion spekuliert, nicht um in ihrem sozioökonomischen Verhalten bestimmbare Interessengruppen. Seine Kritik richtete sich vielmehr gegen Gruppenkonstruktionen, Rassen- und Nationalideologien und nicht gegen „Gleichheit", wohl aber gegen den „Affekt der Verschiedenheit".[8] Alys Thesen stehen ganz im Widerspruch zu Zweig, der sich gegen religiös-ethnisch begründete Volkstypologien wendet. Aly identifiziert stattdessen, wie folgend zu zeigen sein wird, auf der einen Seite ein qua sozioökonomischem Erfolg bestimmbares Kollektiv, dessen religiös-ethnisches Wesen nützlich sei: die „jüdischen Deutschen" bzw. „Juden". Denen stehe auf der anderen Seite ein Kollektiv entgegen, das sich durch ökonomisches Unvermögen und

4 Aly: *Warum die Deutschen?*, S. 14.

5 Arnold Zweig: *Caliban oder Politik und Leidenschaft*. Berlin / Weimar: Aufbau 1993, S. 34, 26.

6 Vgl. ebd., S. 13.

7 Vgl. ebd.

8 Vgl. ebd., S. 16.

unflexible Gemütlichkeit auszeichne: „die christlichen Deutschen". Im Zusammenleben dieser beiden ‚Volksgruppen', so Alys These zur Genese des Antisemitismus, musste die eine Seite im Vergleich zur anderen sich ihrer Unterlegenheit gewahr werden, was einen Konflikt begründete, der sich zu einem mörderischen Antisemitismus auswuchs.

Trotz seines „strikt empirischen" Vorgehens und seiner terminologischen Abenteuerlust lassen sich durchaus prinzipielle Denkmuster in Alys Antisemitismus-‚Theorie' extrapolieren:

Der sich auf Sigmund Freud berufende Arnold Zweig und andere haben sich bereits vor 1933 mit dem allgegenwärtigen Antisemitismus in ihren Gesellschaften auseinandergesetzt. Freud etwa ging davon aus, dass entwickelte Gemeinwesen nur gebildet werden können, wenn die vom Entdecker des Unbewussten für anthropologisch-konstant gehaltenen Aggressionsneigungen, welche einer Gemeinschaftsbildung entgegenstünden, kollektiv auf eine äußere Gruppe umgeleitet werden. Diese Art der Triebverdrängung entpuppe sich als unerlässlich für den Zivilisationsprozess. Bereits im Mittelalter sei daher Juden und Jüdinnen als kollektiv markierte Gruppe die Funktion des Blitzableiters der gesammelten und in der Kulturgemeinschaft nicht befriedigten Aggressionen zugekommen. So richteten sich nach Freud – und Zweig – die individuell entstehenden, kollektiv akkumulierten und nur kollektiv ausagierbaren Aggressionen immer wieder gegen ‚Juden'.[9] Die Aggression fand dieser Interpretation zufolge ihre Entladungsmöglichkeit jedoch nicht in einer wirklichen sozial konkurrierenden Gruppe, denn für die Aggression sei nicht ein direkter Widerspruch zwischen zwei sozial und kulturell verschiedenen Kollektiven ursächlich. Vielmehr suchte eine gesellschaftliche Spannung nach massenhafter Entladung im Hass gegen eine als ‚andere' definierte Gruppe.

In der Zeit des Nationalsozialismus sind weitere, z.T. weiterführende Ansätze entstanden, die dem Rätsel der aggressiven Versessenheit auf das ‚Jüdische' auf die Spur kommen wollten. Die Mehrzahl der Erklärungsversuche suchte in der jeweils verfolgenden Gruppe die Gründe für die Hatz auf Jüdinnen und Juden.

9 Vgl. Sigmund Freud: Das Unbehagen in der Kultur. In: Ders.: *Gesammelte Werke*, Bd. 14: Werke aus den Jahren 1925–1931. Frankfurt am Main: Fischer 1948, S. 419–506, hier S. 470–475.

Auch Freud und etwa Hannah Arendt suchten, der aufklärerischen Tradition verpflichtet, zwar auch in der Entwicklungsgeschichte der jüdisch-nichtjüdischen Verflechtungen nach Anhaltspunkten. Allerdings interessierten sich sowohl Freud als auch Arendt eher für die Genese eines jüdischen Kollektivs in einer nichtjüdischen Umgebung. Freuds späte, religionskritisch motivierte Überlegungen zum Antisemitismus in *Der Mann Moses und die monotheistische Religion* sind auf die antike Entwicklung des Judentums und Antijudaismus konzentriert, wobei auch hier die Ursachen für antijüdische Affekte letztlich in psychologischen Prozessen auf Verfolgerseite gesucht werden.[10]

Ähnlich religions- bzw. traditionskritisch motiviert sind auch Arendts Überlegungen, die das Entstehen einer Gruppendifferenz zwischen ‚Juden' und ‚Nicht-Juden' in die frühe Neuzeit datiert.[11] Arendt glaubte, dass frühneuzeitliche „Juden" wegen ihres „einzigartigen Verhältnisses zum Staatsapparat und damit zum Zentrum politischer Macht" und „wegen ihrer faktisch bestehenden Getrenntheit von der Gesellschaft und familienartigen Abgeschlossenheit" unfreiwillig Stichworte lieferten.[12] Die über Jahrhunderte ausgebildete Differenz sei dann aber im Zuge der Erosion vormoderner Strukturen in der aufkommenden bürgerlichen Gesellschaft in Westeuropa und Deutschland aufgelöst worden. Dennoch hätten sich, ungeachtet der sich ändernden und stark heterogenen jüdischen Wirklichkeit im Zuge der Emanzipations- bzw. Assimilationsprozesse, bestimmte Stereotype sowie Selbst- und Fremdzuschreibungen erhalten, die dem modernen Antisemitismus zuarbeiten konnten.[13]

In Zusammenhang mit Freud und Arendt weist Klaus Holz auf die Problematik von „Korrespondenztheorien", die die Ursachen des Antisemitismus aus der realen Interaktion zwischen zwei Gruppen, „zwischen ingroup und outgroup, Mehrheit und Minderheit oder aus tatsächlichen Besonderheiten der Juden, ihrer

10 Vgl. Sigmund Freud: Der Mann Moses und die monotheistische Religion. In: Ders.: *Gesammelte Werke*, Bd. 16: Werke aus den Jahren 1932–1939. Frankfurt am Main: Fischer 1950, S. 101–246.

11 Arendt: *Elemente und Ursprünge totaler Herrschaft*, S. 17–47.

12 Vgl. ebd., S. 46–47.

13 Vgl. ebd., S. 88–111.

Berufsstruktur, Religion usw." herleiten.[14] In der heutigen Antisemitismusforschung sei dagegen weitestgehend unstrittig, „dass sich der moderne Antisemitismus nicht aus Konflikten etwa um materielle Ressourcen zwischen jüdischer und nicht-jüdischer Bevölkerung erklären lässt."[15] Daher könne

> von ausgearbeiteten, konsequent korrespondenztheoretischen Ansätzen [...] in der Antisemitismusforschung nicht die Rede sein. Der Grund liegt auf der Hand. Führt man antisemitische Vorurteile auf Eigenheiten der Juden zurück, so wären diese Vorurteile als begründet anzusehen: Die Juden sind tatsächlich so. Das wäre kein Beitrag zur Antisemitismusforschung, sondern zum Antisemitismus.[16]

Jean-Paul Sartre formulierte passend:

> Die Erfahrung ist also weit davon entfernt, den Begriff des Juden hervorzubringen, vielmehr ist es dieser, der die Erfahrung beleuchtet; existierte der Jude nicht, der Antisemit würde ihn erfinden.[17]

Aly jedoch ignoriert die Problematik korrespondenztheoretischen Denkens, da er Antisemitismus auf das konkrete Wirken von Juden und Jüdinnen und ihr Verhältnis zu Nichtjuden zurückführt, statt die Wirkung des antisemitischen Wahns, der einen solchen Dualismus erst herstellt, auf die soziale Praxis zu beleuchten. Seine Thesen basieren auf der Annahme eines wirklichen Konflikts, der sich ergeben habe aus einer seit ca. 1800 bestehenden sozioökonomischen Konkurrenz oder, im Jargon der Eigenverantwortlichkeitsideologie gesagt: aus einem Wettbewerb zwischen Nichtjuden und Juden, wobei letztere Fähigkeiten besäßen, die ihnen Wettbewerbsvorteile verschafften. Ein zwischen beiden, vom Autor unscharf, aber doch ethnisch-religiös typologisierten Gruppen[18] entstandener Unterschied in Tempo und Erfolg bei der Anpassung an die Moderne sei letztlich in einen mörderischen Sozialneid ausgeartet. Alys völkerpsychologische Thesen nehmen dabei erkennbar keinen Bezug auf die Antisemitismusforschung. Weder finden Theorien zu den seit der Antike eingeübten antijüdischen Prägungen in der

14 Klaus Holz: *Nationaler Antisemitismus. Wissenssoziologie einer Weltanschauung.* Hamburg: Hamburger Edition 2001, S. 62.

15 Ebd.

16 Ebd.

17 Jean-Paul Sartre: *Überlegungen zur Judenfrage.* Reinbek: Rowohlt 1994, S. 12.

18 Vgl. Aly: *Warum die Deutschen?*, S. 22.

europäischen Kulturgeschichte Erwähnung noch Überlegungen zum sich seit 1871 im Deutschen Reich ausprägenden antidemokratischen „kulturellen Code" oder gar zu Entfremdungsprozessen in modernen Gesellschaften.[19]

In Alys Bild vom jüdisch-nichtjüdischen ‚Wettbewerb' unterscheiden sich beide Gruppen durch ihre kulturell-religiösen Traditionen, die bei der Bewältigung der neuen Herausforderungen im Übergang von der frühneuzeitlichen zur modernen Gesellschaft kollektive Unterschiede zeitigten. In der erfolgreichen Nutzung der durch die Moderne sich eröffnenden Chancen habe sich besonders die „jüdische" Gruppe hervorgetan. Wie und durch wen es zum historischen Wandel der Verhältnisse indes kam, wird nicht diskutiert. Stattdessen entsteht der Eindruck, als sei die neue moderne „Freiheit" über beide Großgruppen als Verhängnis gekommen, was dem „jüdischen" Kollektiv jedoch weitaus weniger Probleme bereitet habe, als den „träge[n] Christen"[20]. In den Augen des Autors markierten sich „Juden" mit ihrer guten Bildung und ausgeprägten ‚Wettbewerbsfähigkeit', ihrer erfolgreichen Betätigung in Handel und Finanzbranche sowie in den Medien, der Kunst und der akademischen Welt gleichsam selbst. Die von den Antisemiten gestellte „Judenfrage" ergab sich – so muss man das lesen – sowohl aus dem Erfolg „der Juden" als auch dem reagierenden „Neid" unfähiger ‚Nichtjuden': „Im Gegensatz zu den meisten Christen emanzipierten sich die Juden jedoch selbst, und das im Eiltempo. Sie nutzten die ihnen zugestandenen Möglichkeiten zielstrebig."[21] Und diese Zielstrebigkeit erkläre sich aus der jüdischen Religion und Bildungstradition selbst. Bereits in der Jugend bilde sich ein entscheidender Unterschied heraus, denn anders „als die meisten ihrer christlichen Altersgenossen wurden die jüdischen Knaben in aller Regel seit

19 Vgl. Freud: Der Mann Moses; Adorno / Horkheimer: *Dialektik der Aufklärung*; Sartre: *Überlegungen zur Judenfrage*; Shulamit Volkov: *Antisemitismus als kultureller Code.* München: Beck 2000; Moishe Postone: Antisemitismus und Nationalsozialismus. In: Ders.: *Deutschland, die Linke und der Holocaust. Politische Interventionen.* Freiburg: Ça Ira 2005, S. 165–194. Detlev Claussen: *Grenzen der Aufklärung. Die gesellschaftliche Genese des Antisemitismus.* Erw. Neuausgabe. Frankfurt am Main: Fischer 2005. Zum Überblick vgl. Samuel Salzborn: *Antisemitismus als negative Leitidee der Moderne. Sozialwissenschaftliche Theorien im Vergleich.* Frankfurt am Main / New York: Campus 2010.

20 Aly: *Warum die Deutschen?*, S. 82.

21 Ebd., S. 37.

jeher alphabetisiert, wenn auch auf Hebräisch und mit religiösen Inhalten.“[22]

> Jüdische Jünglinge lernten zu abstrahieren, zu fragen, nachzudenken. Sie schulten den Verstand am Umgang mit Büchern, im gemeinsamen Lesen und Auslegen und im kontroversen Debattieren der heiligen Schriften. So trieben sie geistige Gymnastik [...]. Zudem beherrschten Juden meistens zwei oder drei Sprachen mit ihren unterschiedlichen Grammatiken und Ausdrucksfinessen.
> Die jüdischen Deutschen zeigten sich weniger bedächtig, feierlich und gehorsam als die christlichen, eher beweglich, witzig und keck.[23]

Zur Illustration dieser völkercharakterologischen Aufstellung zitiert Aly den christlichen Wiener Handelsschullehrer Dr. Ottokar Němeček, der 1913/14 die Schulleistungen von jüdischen und christlichen Kindern untersuchte und feststellte, dass in „den Fächern Deutsch, Französisch, Englisch und Geschichte“ und bei den „Noten für Mathematik, Chemie und Physik, ebenso in den kaufmännischen und juristischen Fächern“ jüdische Schüler „durchweg bessere Leistungen [als christlich-deutsche]“[24] erzielten. Němeček bezeugte eine „‚größere Reife der jüdischen Schüler auf dem Gebiete der abstrakten [!] Gedankenarbeit‘“.[25] Hinsichtlich der Noten in Betragen und Fleiß jedoch schnitten „die jüdischen Schüler [...] bedeutend schlechter ab als die christlichen.“[26] Unkommentiert und ohne jegliche (kritische oder zumindest analytische) Distanz zur Quelle fährt Aly fort: „Die Ursachen dafür sah Němeček ‚in der größeren Lebhaftigkeit der Juden, die als Schwätzer und Ruhestörer – wie jeder Lehrer bestätigen wird – die christlichen Mitschüler überragen.‘“[27]
Nach einer kritischen Kontextualisierung dieser Aussagen eines ‚Erziehers‘ aus dem antisemitisch verseuchten Wien am Vorabend des Ersten Weltkrieges sucht man vergeblich. Und wie sehr das städtische Kleinbürgertum zu Antisemitismus neigte, zeigt etwa der Fall des deutschen Lehrers Hermann Ahlwardt, der zu einem wichtigen

22 Ebd.
23 Ebd., S. 38, 49.
24 Alle Zitate dieses Absatzes ebd., S. 46–47.
25 Ebd., S. 47.
26 Ebd., S. 46.
27 Ebd., S. 47.

Antisemiten avancierte.[28] Doch statt etwa Zusammenhänge aus antisemitischer Neigung und Berufsgruppe zu reflektieren, möchte Aly hier vielmehr die Aura einer ‚Stimme der Zeit' nutzen, um die von ihm nicht infragegestellte Wahrnehmung von ‚Juden' als freche, faule und das Abstrakte und Kaufmännische beherrschende Konkurrenz zu illustrieren. Diese ‚strikte Empirie' des ‚authentischen Zeugnisses' soll die gruppentypologische These von den in der Moderne überlegenen ‚Juden', was eine antisemitische Reaktion provoziert habe, belegen: „[…] die Nichtjuden spürten die Differenz und reagierten darauf heftig."[29] Während also Holz 2001 für die Antisemitismusforschung noch feststellen konnte, dass es keine „konsequent korrespondenztheoretischen Ansätze"[30] gegeben hat, so kann dies zumindest für Alys Buch nicht mehr gelten.

Wie geht Aly im Detail vor? Die Geschichte des modernen Antisemitismus lässt er mit den napoleonischen Kriegen und der Auflösung des Heiligen Römischen Reiches deutscher Nation beginnen. Mit der französischen Besatzung, die der Autor als eine der grausamsten Perioden der deutschen Geschichte schildert,[31] seien die Ideen der Moderne mit Gewalt in die deutschen Gebiete gelangt. Der preußische Staat wurde so zu Reformen genötigt, die gemeinhin mit Gestalten wie von Hardenberg, vom Stein und den Humboldt-Brüdern assoziiert werden. Neben dem (real noch bis Ende des Jahrhunderts dauernden) Abbau der Leibeigenschaft, der Einführung der Gewerbefreiheit und Auflösung der Zünfte, den Militär-, Staats- und Bildungsreformen sei es auch zu Verbesserungen für die jüdische Bevölkerung gekommen.[32] Aly vertritt (pauschal für alle deutschen Gebiete) die These, dass sich die anfängliche Begeisterung für die Französische Revolution im Bürgertum angesichts des despotischen französischen Besatzungsregimes in eine antifranzösische, aggressiv deutschnationale Stimmung verwandelt und als Tradition festgesetzt habe.[33]

28 Vgl. Paul W. Massing: *Vorgeschichte des politischen Antisemitismus*. Frankfurt am Main: EVA 1959, S. 88–95.

29 Aly: *Warum die Deutschen?*, S. 47.

30 Holz: *Nationaler Antisemitismus*, S. 62.

31 Vgl. Aly: *Warum die Deutschen?*, S. 76–79.

32 Vgl. ebd., S. 26, 51–52.

33 Vgl. ebd., S. 55–64.

Es kann hier gar nicht en détail diskutiert werden, welche Rolle die eklatante (ökonomische und bewusstseinsmäßige) Zurückgebliebenheit großer Teile des deutschsprachigen (und äußerst heterogenen) Bürgertums für die Abneigung emanzipatorischen Gedankenguts spielte. Nicht nur Marx verwies im Exil auf das deutsche Hinterweltlertum. Goethe zog es nach Italien, Heine nach Frankreich, Hegel in den Idealismus und Kant in die innere Abgeschiedenheit. Andere flüchteten in den Blauen Dunst der Romantik. Nach Aly waren es brutale französische Revolutionstruppen und nicht etwa die damaligen deutschen Verhältnisse, die das spärlich entwickelte Bürgertum in eine antimoderne ‚Bewegung des deutschen Geistes' drängten. Durchaus adäquat dagegen ist Alys Bild des altständischen Adels, der seine Privilegien zerrinnen sah und daher eine antifranzösische, antimoderne Haltung pflegte.[34] Doch beide soziologisch so verschiedenen Gruppen beobachteten, Aly zufolge, mit Argwohn einen rasanten Aufstieg der Juden, die die neuen Möglichkeiten umgehend für sich zu nutzen gewusst hätten. Als Beleg bemüht der Autor unzählige Statistiken und Zahlenbeispiele, um nachzuweisen, dass ‚Juden' überproportional urban lebten, bessere Bildungskarrieren hinlegten, erfolgreichere Geschäftsleute waren usw. Folgend wird zu problematisieren sein, wie auffallend dem Autor daran gelegen ist, zu belegen, dass in erster Linie „die Juden" von der Moderne – die wie eine Rechtsreform erscheint – profitierten, weil sie aus der eigenen traditionellen Seins-Weise den einschlägigen ‚Geist' mitbrachten.

‚Wer Jude ist, …' – Bestimmungen des ‚Jüdischen'

Aly formuliert eine Völkercharakterologie, die sich aus den jüdisch-religiösen Praktiken ableitet. Neu ist dies freilich nicht. Im christlichen Antijudaismus hatte man aus (vorgestellten und tatsächlichen) Praktiken von Jüdinnen und Juden verschiedenste Untaten imaginiert.[35] Dieser Vergleich, der keiner ist, hinkt nicht. Es muss nämlich der Punkt gesehen werden, dass hier aus den vorgeblich kollektiven jüdischen Praktiken Gruppeneigenschaften abgeleitet werden, die, ob positiv oder negativ konnotiert, die vorgestellte

34 Vgl. ebd., S. 51–54.

35 Vgl. Wolfgang Benz: *Was ist Antisemitismus?* Bonn: bpb 2004, S. 65–82.

und seit Jahrhunderten als Minderheit verfolgte Gruppe erneut historisch und gesellschaftlich fremd-definieren. Die Dazugezählten werden für ein mögliches künftiges kollektives Objekt markiert. Wenn Götz Aly also – mit welcher Verehrung auch immer – aus den vermuteten Praktiken einer ethnisch-kulturell (fremd-)definierten Minderheit, wie unten eingehender zu untersuchen ist, gruppenspezifische Eigenschaften wie Geschäftssinn, Intellektualismus, Urbanität, sexuelle Gewandtheit usw. ableitet, so bewegt sich diese Charakterologie in gefährlicher Nähe zum antisemitischen Ressentiment. Dies ist umso mehr dann der Fall, wenn sich in der Argumentation die ‚den Juden' in Jahrhunderten antisemitischer Kultur zugeordneten Eigenschaften permanent wiederholen und damit bewusst oder unbewusst in Kauf genommen wird, dass semantische Muster blind verstanden und automatisierte Assoziationsketten ausgelöst werden.

Die Unterscheidung zwischen „jüdischen" und „christlichen Deutschen" trifft Aly nach eigenem Bekunden anhand ihrer „religiöse[n] Tradition", obwohl ihm bewusst sei, dass einige GruppenvertreterInnen sich trotz säkularer Einstellungen als ‚Juden' verstanden.[36] Angesichts dieser ‚Komplexität' verzichte er daher auf eine „theoretisch wünschenswerte sprachliche Präzision", die er „nur um den Preis geschichtsfremder Künstelei durchhalten könnte."[37] Auf einen jüdisch-christlichen Dualismus seit dem 19. Jahrhundert besteht er jedoch; so müssen seine nachgerade intuitiv-stereotypen Gruppencharakterisierungen beibehalten werden, da sie die Grundlage seiner Herangehensweise bilden. Auf diese Weise verwickelt sich der Autor notwendigerweise unentwegt in begriffliche Probleme, die dann auch nur ähnlich willkürlich und intuitiv gelöst werden können. Der wirkliche, gesellschaftlich virulente ‚Religionskonflikt' dieser Zeit zwischen den verschiedenen Herrschaftsfraktionen um ganz profane Privilegien, zwischen Katholizismus und Protestantismus, sowie die zentrale Bedeutung der protestantischen Wende für die Moderne bleiben völlig unbeleuchtet. Damit zeigt sich Aly, dessen Aufmerksamkeit nur „strikt empirischen"

36 Vgl. Aly: *Warum die Deutschen?*, S. 22.

37 Vgl. ebd.

Befunden gilt, die seine Thesen stützen, wenig interessiert am Zusammenhang von Herrschaft und Ideologie.[38]

Die begriffliche Unklarheit, die geradezu als methodische Errungenschaft gegen „geschichtsfremde Künstelei“ ins Feld geführt wird, hat den Vorteil, dass es ganz der politischen Motivation und Willkür des Autors obliegt, wer einer Gruppe zuzuordnen ist und wer nicht. Objekt ist der Zugeordnete. Die vage, aber dualistische Gruppendefinition ermöglicht dem Autor entsprechend seiner politischen Intention, auf die unten noch einzugehen ist, historische Figuren wie Karl Marx oder Rosa Luxemburg aus der Gruppe „der Juden“ auszuschließen und ihr Werk und Wirken den Neidkulturen der „christlichen Deutschen“ zuzurechnen. Karl Marx etwa, den der Autor permanent mit antisemitischen Figuren wie Jakob Friedrich Fries und Franz Mehring[39] in Verbindung bringt, wird in das typisch „christlich-deutsche“ Erbe des Neids einsortiert. Seine Herkunft wird freilich nicht thematisiert (Marx’ Vater, Heinrich, stammte aus einer bedeutenden Rabbinerfamilie und war 1822 zur Konversion gezwungen, um im preußischen Staatsdienst weiterarbeiten zu können). Bei Aly wird Marx gleichsam zum ‚Gesinnungsdeutschen‘. Ohnehin uninteressiert zeigt sich der Autor an jüdischen ArbeiterInnen und der jüdischen Arbeiterbewegung in Mittel- und Osteuropa, dem Bundismus etwa.[40]

Dagegen werden andere historische Persönlichkeiten, wie Moses Mendelssohn, der „als Seidenfabrikant wohlhabend, als Philosoph berühmt“[41] geworden sei, oder der „erfolgreiche Bankier“ und „liberale Reichtagsabgeordnete Ludwig Bamberger“,[42] sogar der „Vorsitzende der SPD-Reichstagsfraktion“ und „Berliner Textilunternehmer Paul Singer“,[43] zu den „jüdischen Deutschen“ gezählt. Nach welchem Kriterium Personen wie Mendelssohn,

38 Dies unterscheidet ihn radikal von Marxens und Max Webers Überlegungen zum Zusammenhang von Moderne und Protestantismus, der weder jemals als beherrschte Minderheit auftrat noch ethnisch definiert wurde, aber den Werten des Bürgertums entsprach.

39 Vgl. ebd., S. 62, 127–136.

40 Vgl. z. B. Ludger Heid: *Ostjuden – Bürger, Kleinbürger, Proletarier. Geschichte einer jüdischen Minderheit im Ruhrgebiet*. Essen: Klartext 2011.

41 Aly: *Warum die Deutschen?*, S. 38.

42 Ebd., S. 70, 47.

43 Ebd., S. 125.

Bamberger und Singer, anders als Marx, in die Gruppe der „jüdischen Deutschen" eingeordnet werden, macht Aly nicht transparent. Die stereotype Vorstellung drei so unterschiedlicher Personen als „Unternehmer" ist hingegen auffällig. Sie erscheinen als illustre Exempel für „jüdischen Unternehmergeist" oder den „wirtschaftlichen Elan der Juden".[44]

Mit der Konstruktion eines jüdisch-nichtjüdischen Antagonismus läuft Aly Gefahr, der antisemitischen Versuchung zu objektivierender Gruppenmarkierung nachzugeben.[45] In der Antisemitismusforschung kann es allerdings gerade nicht darum gehen, die Gruppe der Opfer, die aufgrund von Verfolgung und Vernichtung als Gruppe erst wahr wurde,[46] retrospektiv, wenn auch positiv verbrämt, mit den einstigen mörderischen Fremdzuschreibungen zu identifizieren. Die ‚Judenfrage' ist nicht eine Frage der „Juden", sondern eine antisemitisch gestellte, die für die Leidtragenden vermittels Bedrohung und Bedrängung freilich zur realen, sie betreffenden wird. Sie wird aber zur Frage, zu einem ‚Problem', weil sie Antisemiten aushecken und bestimmen, „wer Jude ist und wer nicht". Wer zum Zielobjekt der antisemitischen Leidenschaft[47] wird, bestimmt sich nicht etwa über ein subjektives, persönliches Bekenntnis zu einer jüdischen Geschichte, Religion, Schicksalsgemeinschaft, Nation usw. oder etwa über eine reale Praxis der jüdischen Religion. Der Antisemit kennt keine handelnden Subjekte, kämpft er doch selbst mit seiner zur Objektivität verstümmelten Existenz. Reale Praxis ist dem Antisemiten irrelevant. Wer zum ‚Juden' wird, definiert die antisemitische Praxis, die Erfassung, Diffamierung, Verfolgung und Gewalt der Antisemiten.

Götz Aly verwechselt das historisch-kulturell tradierte, ins kollektive Unbewusste eingeschriebene Bild vom ‚Juden' mit einer tatsächlich sich selbst als Juden und Jüdinnen verstehenden Gruppe, deren Mitglieder sich aus verschiedensten Gründen (kulturelle, religiöse, nationale Kollektiverfahrungen usw.) einem Kollektiv zugehörig fühl(t)en. Er verwechselt die Geschichte des antisemitischen Ressentiments mit der jüdischen Geschichte. Blieb auch die

44 Aly: *Warum die Deutschen?*, S. 26, 203.

45 Vgl. Ahlheim: Das Vorurteil vom ‚raffenden Juden', S. 222–223.

46 Vgl. Adorno / Horkheimer: *Dialektik der Aufklärung*, S. 177.

47 Sartre: *Überlegungen zur Judenfrage*, S. 10.

generationenübergreifende Erfahrung von Verfolgung und Diskriminierung, insbesondere nach der Shoah, nicht ohne Folgen für die je subjektive ‚Identität' des Individuums, so sind dennoch Fremdzuschreibung und Objektivierung von Menschen streng von der subjektiven Selbstidentifikation zu unterscheiden, ließ auch der permanente Druck des Antisemitismus seinem Objekt kaum eine Wahl. Während also eine wirkliche Praxis des Judentums von den antisemitischen Gewalt- und Zwangsverhältnissen nicht unberührt bleiben konnte, war diese für das antisemitische Vexierbild vom ‚Juden' notwendig irrelevant, hat es doch seinen Ursprung in den jeweils herrschenden gesellschaftlichen Verhältnissen. So spielt in den meisten Theorien zum Antisemitismus statt der Bestimmung der Opfergruppe die Problematisierung falschen Bewusstseins eine Rolle. Sozialpsychologische Pathologien werden erkannt, Ableitungsvorgänge von Aggressionen, kulturell erlernte Handlungsmuster beschrieben. Der Antisemitismus ist von realen gesellschaftlichen Widersprüchen und wirklichen Konfliktkonstellationen zu unterschieden.

Eine analytische, wenn man so will aufklärerische Betrachtung des modernen Antisemitismus führte notwendig auf die Untersuchung der gesellschaftlichen Bedingungen, in denen er entsteht und gedeiht. Adorno verwies im Rahmen der Untersuchungen über den „autoritären Charakter" in den USA der 1940er Jahre darauf, dass eine umfassende Theorie des Antisemitismus letztlich „auf nichts weniger als auf eine Theorie der modernen Gesellschaft als Ganzer hinauslaufen würde."[48] Eine solche Theorie müsste den fundamentalen gesellschaftlichen Widerspruch, in dessen Inneren das mörderische Vexierbild vom ‚ewigen Juden' als falsches Bewusstsein unentwegt erzeugt wird, verstehen und durch Kritik aufzuheben suchen. Insofern kann die Frage „Warum die Juden?" nicht eine Frage nach dem Charakter ‚der Juden' oder ihrer Praxis sein, sondern nur eine Frage nach der gesellschaftlichen und historischen Konstellation, die sich ‚den Juden' erfindet.

Aly jedoch geht anders vor. Statt den Ursachen des Antisemitismus auf die Spur zu kommen, nimmt er ihn beim Wort. Weder entlarvt er seine Vorurteile, noch setzt er sie kritisch zur Wirklichkeit

48 Theodor W. Adorno: *Studien zum autoritären Charakter*. Frankfurt am Main: Suhrkamp 1973, S. 108–109.

in Beziehung. Vielmehr entnimmt er dem Stereotyp den Stoff, aus dem er eine Konfliktsituation konstruiert. Aly glaubt aus den Äußerungen des Antisemiten, dasjenige „jüdische Verhalten“ ableiten zu können, das diesen unbändigen Zorn provozierte. Im konstruierten christlich-jüdischen Konflikt ergreift der Autor umgehend Partei für die Seite der „jüdischen Deutschen“ und moniert die Scheu der Nichtjuden vor dem Risiko, wirft ihnen mangelnde Anpassungsfähigkeit an die Härten der modernen Gesellschaft vor. Erstere seien erheblich erfolgreicher mit den Herausforderungen der Moderne zu Rande gekommen, sodass bei Aly „Juden“ wie für die Moderne geschaffen erscheinen. „Da die Juden dieser [bürgerlich-kapitalistischen] Klasse weit überproportional angehörten“, werden sie a priori als ideale Vertreter des bürgerlich-kapitalistischen Typus vorgestellt.[49] Das habe wiederum antibürgerlichen „Sozialneid“ provozieren müssen.

Antisemitische Literatur war häufig bemüht, irrationale Ängste und Aggressionen gegenüber ‚Juden‘ mit Zahlen und Statistiken ‚wissenschaftlich-empirisch‘ zu rechtfertigen. Antisemiten fühlten sich bedrängt, bedroht, übertrumpft, abgehängt. Sie vermuteten eine nicht mehr rückgängig zu machende allgemeine Machtkonzentration in ‚jüdischer Hand‘, was in Zahlen und Statistiken sichtbar werde. Sie sahen sich als ‚Volksaufklärer‘. Um so erstaunlicher ist, dass in *Warum die Deutschen? Warum die Juden?*, einem Beitrag zur Antisemitismus-Forschung, so ausufernd Wert darauf gelegt wird, „empirisch“ zu belegen, dass ‚Juden‘ tatsächlich Virtuosen, ja Gewinner der Moderne gewesen seien.

Für Alys Völkertafeldenken ist es allerdings notwendig, den deutschen Nichtjuden nicht nur Sozialneid angesichts des ‚jüdischen Erfolgs‘ zu unterstellen. Da der in Alys Thesen so zentrale „Neid“ als eine Reaktion auf die „schlichte und verbreitete Erfahrung“ einer „Überlegenheit der Juden“[50] gedacht wird, muss aus dem Originalton der Quellen ein wirklicher Gruppenunterschied, ja -antagonismus ‚empirisch‘ und ‚authentisch‘ bestätigt werden. Als Stimmen der ‚Unterlegenen‘ erhalten so auch antisemitische Muster offenbarende Wahrnehmungen eine Aura des Authentischen und werden, ohne Quellenkritik, als Spiegel eines tatsächlichen

49 Aly: *Warum die Deutschen?*, S. 296.

50 Ebd., S. 177.

jüdisch-nichtjüdischen Konkurrenzkampfes interpretiert, der zu einer ‚jüdischen Erfolgsgeschichte' wurde, die eine ‚jüdische' Prädestiniertheit für die moderne Ordnung belege. So macht sich Aly etwa das oben erörterte Judenbild Ottokar Němečeks zu eigen, aus dessen ‚Studie' er zitiert. Diese ‚Studie', die Intelligenzunterschiede zwischen „jüdischen" und „christlichen Schülern" zu ‚belegen' versucht, resümiert, dass die „meisten jüdischen Schüler [...] aus Kaufmannskreisen" stammen und „dass das Judentum innerhalb unserer Gesellschaft eine besondere psychische Persönlichkeit darstellt".[51]

In Alys Narrativ haben die von außen über Deutschland gekommenen Rechtsveränderungen zu Beginn des 19. Jahrhunderts eine regelrechte ‚jüdische Erfolggeschichte' des sozialen Aufstiegs ausgelöst. Die ‚Beweisführung' ist im Buch immer ähnlich: Erst kommt ein Antisemit zu Wort, der seine Abneigung, aber auch Bewunderung gegenüber angeblichen Eigenschaften von ‚Juden' bekundet. Dann werden weitere zeitgenössische Autoren – z. T. Alys Vorfahren – in den Zeugenstand gerufen, die eine ‚jüdische Dominanz' in bestimmten Bereichen der modernen Gesellschaft dokumentieren sollen. Zum Beleg der These von Sozialkonflikt und -neid stehen etwa Richard Wagners aus „höchsteigenem Wirtschaftsinteresse" motivierten antisemitischen Attacken neben den Aussagen des Gründers der Zeitschrift *Der Jude*, Gabriel Riesser, der „den Neid im Zentrum der christlichen Judenfeindschaft" gesehen habe.[52] Schließlich vervollständigen üppige, oft fragwürdige Statistiken, die diese These quantitativ untermauern sollen, diese willkürlich im dokumentarischen Stil zusammengestellte Zeugen-Collage.

Zur Unterlegung der These, der Antisemitismus sei das Resultat eines direkten Erlebens von „Juden", zitiert Aly den *Central-Verein deutscher Staatsbürger jüdischen Glaubens*, der 1918 meinte, dass der „‚wirtschaftliche Aufschwung der Juden [...] der eigentliche Grund dafür [ist], dass der Judenhass in den breiten Massen volkstümlich wurde'".[53] Abgesehen vom methodisch fragwürdigen Umgang mit ‚Zeugnissen', die Aly in seinem Namen sprechen lässt, können

51 Vgl. Ottokar Němeček: *Zur Psychologie christlicher und jüdischer Schüler.* Langensalza: Beyer 1916, S. 48, 51.

52 Vgl. etwa Aly: *Warum die Deutschen?*, S. 91–92, 174–178.

53 Vgl. ebd., S. 95.

weder seine Statistikoperationen noch der dahinter stehende Zahlentotemismus hier en détail diskutiert werden. Wenn in *Warum die Deutschen? Warum die Juden?* aber versucht wird, anhand von Statiken einen erheblichen Einkommensvorsprung bei Jüdinnen und Juden[54] oder eine überlegene ‚jüdische Intelligenz', „unternehmerische" Kompetenz und Dominanz in den Bereichen „gut bezahlter Kopfarbeit" zu ‚beweisen',[55] um dann überhaupt erst einen reagierenden antisemitischen Zorn behaupten zu können, dann ist zumindest auf einige in dieser Numerologie ignorierte Punkte hinzuweisen, insbesondere darauf, dass ganz und gar außer Acht bleibt, dass die jüdische Bevölkerung auf dem Gebiet des Deutschen Reiches eine verschwindend kleine Minderheit ausmachte.

Einige der genannten Zahlen sind unbedingt historisch und nicht ethnisch-religiös zu erklären. Dass Juden und Jüdinnen im feudalen Europa in die „Zirkulationssphäre" „eingesperrt" worden waren (wobei sie ihre dortige Position sogleich verloren, als Wertzirkulation zum Herrschaftsmedium sich wandelte)[56] verweist auf einen historisch häufig wirksamen Exklusionsmechanismus. Das Abdrängen von Minderheiten in gesellschaftlich nicht honorierte Randgebiete findet sich auch in der heutigen europäischen Gesellschaft, in der markierte Gruppen bspw. vom „ersten Arbeitsmarkt" ferngehalten und in prekäre Selbstständigkeit gedrängt werden, was ihnen zugleich als Bildung von „Parallelgesellschaften" angelastet wird. Von den Markierern empfundene interethnische Konflikte entpuppen sich meist als Popanz.

Wo Aly einen jüdisch-nichtjüdischen Antagonismus erkennen will, wird dasjenige ignoriert, das sich schlicht aus dem geringen Anteil der jüdischen Bevölkerung an der Gesamtbevölkerung ergibt: Die meisten Nichtjuden nämlich traten kaum mit Juden und Jüdinnen in Kontakt; geschah dies doch, war das in vielen Situationen des alltäglichen Lebens bis mindestens zum Ersten Weltkrieg nicht selten unbekannt oder bedeutungslos. Der Antisemitismus als „kultureller Code" dagegen braucht keine Juden für sein Judenbild. Der in der Antisemitismusforschung prominent behandelte ‚Antisemitismus

54 Vgl. Aly: *Warum die Deutschen?*, S. 95.

55 Vgl. ebd., S. 41–44, 49, 93–96.

56 Vgl. Adorno / Horkheimer: *Dialektik der Aufklärung*, S. 182–184.

ohne Juden' scheint Aly unbekannt zu sein. Stattdessen entsteht der Eindruck zweier sich in ihrem Zugang zu Herrschaft und Ressourcen auf Augenhöhe begegnenden Gruppen; als sei das nichtjüdisch-jüdische Verhältnis zu einem gesellschaftlich relevanten Problem der Verteilung erwachsen.

Auf eine weitere Zahlendiskussion wird hier jedoch verzichtet; vielmehr soll Alys Argumentationsstruktur interessieren. Mit seiner scheinbar objektiv-numerischen Argumentation läuft der ‚strikte Empiriker' Gefahr, die einstige ‚Judenfrage' zu reaktivieren, die ihre ErfinderInnen ebenso als eine Diskussion um eine angebliche ‚jüdische' Dominanz in „Kopfarbeit" und „Unternehmertum" usw. inszenierten. Schwer wiegt die antiaufklärerische Tendenz in einer Argumentation, die die Wahrnehmung der zeitgenössischen AntisemitInnen als eine Reaktion auf ein wirkliches ‚jüdisches' Gebaren interpretiert. Das antisemitische Bild wird zur Negativabbildung einer angeblichen „jüdischen" Wirklichkeit. Die Mär von der jüdischen Presse, Kunst, Bankenwesen, Wissenschaft usw. erscheint nun als von Nichtjuden beobachtete Tatsache. Antisemitische Ängste und Bedrohungsgefühle finden plötzlich einen triftigen Grund im Konkurrenzkampf. Entlarvt wird nicht antisemitische Ideologie, sondern die Reaktion auf angebliche Tatsachen. Die Formel vom Sozialneid wird mit den ‚Argumenten' der Antisemiten ‚verifiziert'. Antisemitismus erscheint dabei als eine falsche emotionale Einstellung zu den Herausforderungen der Eigenverantwortung. Darüber hinaus „schürten [‚Antisemiten-Sozialisten'] nicht allein Ressentiments gegen Juden – sie nahmen einfachen Deutschen den Ansporn, ihr Glück selbst zu versuchen, Selbstvertrauen zu entwickeln, kurz: den Juden nachzueifern."[57] Aly reproduziert altbekannte Vorurteile, wobei er permanent Sympathie für „die Juden" bekundet, weil sie ihm als die dem Marktgedanken adäquateste Gruppe dünken. Inbegriffen ist die reziproke Abneigung ‚dem Marktverweigerer' gegenüber.

Der Vorwurf des fahrlässigen Umgangs mit den Quellen der Antisemitismusgeschichte, ja der Reproduktion des antisemitischen Ressentiments wiegt schwer. Mehr noch: Es kommt zu dem Problem,

57 Aly: *Warum die Deutschen?*, S. 186.

dass Aly als Antisemitismusforschender zur Integration antisemitischer Vorurteile in die Antisemitismusforschung selbst beiträgt und sie damit auf verhängnisvolle Weise zementiert, indem ihnen dort ein vor Kritik sicherer Schutzraum entsteht. Durch die willkürliche Zusammenstellung und Interpretation von Quellenmaterial zersprengt er die Zusammenhänge, entkoppelt einzelne Elemente des antisemitischen Stereotyps aus dem ganzheitlich antisemitischen Weltbild, um sie als lose Fragmente, die dessen ungeachtet weiterhin das antisemitische Gemüt aktivieren, zu vorbildhaften Charaktereigenschaften umzudeklarieren. Zugleich werden sie mithilfe des Totalitarismusvorwurfs gegen Theorie vor Kritik abzuschirmen versucht. Wie unten noch zu zeigen ist, werden die zersprengten Zusammenhänge und Elemente des Antisemitismus zur ‚Ehrenrettung' der bürgerlichen Gesellschaft neu zusammengesetzt. Herauskommt eine merkwürdige, nur notdürftig verfugte Skulptur, die einerseits Gewissensentlastung beim Ausleben des Altbekannten ermöglicht und andererseits dem einst mit Antisemitismus verschmolzenen antikommunistischen Ressentiment im Schutzraum der Antisemitismusforschung idiosynkratische Entladungsmöglichkeiten gestattet. Somit wird – gewollt oder nicht – mit der Gefahr eines nur schwer zu entlarvenden antisemitischen Anti-Antisemitismus gespielt. Bevor diese Implikationen jedoch thematisiert werden können, soll folgend en détail gezeigt werden, wie in *Warum die Deutschen? Warum die Juden?* auf fatale Weise Vorurteile reproduziert und umgewertet werden, indem sie als vom Antisemiten zwar falsch gewürdigte, aber letztlich bestehende ‚jüdische' Wirklichkeit dargestellt und zu Elementen einer charakterlichen Idealstruktur des modernen Menschen umfunktioniert werden.

„Jüdischer Unternehmergeist"

Die Zersprengung des historischen und begrifflichen Zusammenhangs des Antisemitismus und die Neukonstruktion seiner übriggebliebenen Fragmente erfolgt gründlich und basiert auf Alys eigentümlicher Rekonstruktion der Geschichte des (modernen) Antisemitismus. Zunächst: Die von Aly scharf attackierte, auch theoretisch arbeitende Antisemitismusforschung hat vielfach beschrieben, dass Juden und Jüdinnen im christlich-feudalen Mittelalter tendenziell in gesellschaftliche Randbereiche außerhalb der

Produktionssphäre gedrängt wurden.[58] Subsistenz in Handwerk und Landwirtschaft wurde den sowohl religiös als auch weltlich Markierten de facto unmöglich gemacht. Einige (!) der Abgedrängten suchten daher in der im Mittelalter gesellschaftlich wenig relevanten und moralisch verpönten Zirkulationssphäre ihre Existenz zu fristen. Im Vergleich zur modernen spielten in der feudalen Gesellschaft Handel und Geld als Instrumente der Herrschaftsvermittlung eine untergeordnete Rolle. Sie wurde durch direktes Personenrecht realisiert. Das vielfach religiös begründete Verbot des Land- und/oder Produktionsmittelbesitzes für Juden und Jüdinnen besiegelte per se ihre Zugangslosigkeit zu Herrschaft. Mit dem im Spätmittelalter beginnenden Wandel der europäischen Gesellschaften hin zu mehr Arbeitsteilung und Bevölkerungswachstum musste sich auch die den ‚Juden' kollektiv zugeteilte Rolle ändern. Bedeutsam für diesen Wandel und zugleich seine Wirkung waren sowohl Revolutionen in Produktion, Technologie, Kommunikation und Staatswesen (Absolutismus) als auch die stark zunehmende Bedeutung von internationalem Handel (im Zuge etwa der Kolonialeroberungen) und Konzentration von absolutistisch beherrschtem Territorium bei gleichzeitigem Untergang des mittleren und kleinen Adels. Die ehemals marginalisierte Zirkulationssphäre verlor ihren moralischen Malus und gewann zunehmend an Relevanz, was den bereits im Hochmittelalter begonnenen Aufstieg der Städte als Orte der Zirkulation verstärkte. In der Frühen Neuzeit begann bereits die Verdrängung der traditionell total beherrschten Juden und Jüdinnen aus der zunehmend relevanten Zirkulationssphäre, die gleichsam als Ort der Realisation von Herrschaft überhaupt erst ins Zentrum der sich neu formierenden Herrschaftsverhältnisse rückte. Der einstige Rand verschob sich ins Zentrum, die einst in ihn Eingesperrten und Markierten blieben am Rand. Auch ihre Markierung und Unterwerfung unter obrigkeitliche Willkür und totale Verfügungsgewalt blieb. Entstanden war zudem das sich semantisch verselbstständigende, mit der Reformation säkularisierende und durch den Buchdruck beschleunigt verbreitende antisemitische Ressentiment vom ‚Juden' als ‚Geldmensch' und ‚Händler'.

58 Vgl. etwa Benz: *Was ist Antisemitismus?*, S. 67, Arendt: *Elemente und Ursprünge totaler Herrschaft*, S. 20; Adorno / Horkheimer: *Dialektik der Aufklärung*, S. 183–184.

Die jüdisch-europäische Geschichte war immer schon eine Geschichte des Markierens, Stigmatisierens sowie gesellschaftlichen und/oder geographischen Ab- und Herausdrängens dieser Minderheit in totale Machtlosigkeit und Randexistenz. Dies änderte sich auch nicht mit dem Heraufziehen der Moderne, in der Juden und Jüdinnen letztlich den höchstmöglichen Preis zu zahlen hatten. Am Punkte der völligen Verwirklichung moderner Herrschaftsverhältnisse, als die bürgerliche Gesellschaft in ihrer Ungleichheitssucht die „volksgesundheitliche" Reinigung vom durch sie erzeugten, nicht in ihre Totalität integrierten Paria anstrebte, stand die „Endlösung".

In der Aly'schen Collage dagegen erscheinen ‚Juden' als Profiteure der Moderne und Idealtypus des modernen Menschen. Sie erhalten eine Rolle, Identität, Funktion. Ferner werden der Rolle die entsprechenden Eigenschaften beigefügt. Fertig ist das Produkt: ‚Juden' als ‚Bürgerliche', ‚Unternehmer', ‚Intelligenzija' usw. Das wird jeder in Europa verstehen. Adorno dagegen war das „vom Theater erborgt[e]" Rollendenken, die Zuweisung von Identität, die dem „gesunden Menschenverstand" freilich rational erklärlich bleiben muss, bereits barbarisch.[59] Doch kann Aly offensichtlich diese Warnung vor kollektiven Identitätszuweisungen mit Leichtigkeit ignorieren, ja abtun. Durch die teils diskursiv vorgefundene, teils fortgeführte Zersprengung des Zusammenhangs im Begrifflichen kann heute Fragmentierung, Umwertung, Neuzusammenfügung, Idealisierung, Mythologisierung, Verdrängung, Ressentiment (schließlich: Aggression und Ausagieren?) zum Programm erhoben werden.

In Alys historischer Aufstellung, die mit dem Jahr 1800 beginnt, erscheint der in jedweder Hinsicht revolutionäre Übergang der feudalen in die moderne kapitalistische Gesellschaft vornehmlich als eine größere Rechtsreform europäischen Ausmaßes. Nur andeutungsweise findet die vormoderne Geschichte der Judenfeindschaft Erwähnung. Rechtsgeschichtlich nicht unwahr verweist der Autor auf die feudale Rechtsordnung, die Juden und Jüdinnen in ein großes europäisches Gefängnis sperrte, da ihnen die wichtigsten

59 Vgl. Theodor W. Adorno: Gesellschaft. In: Ders.: *Gesammelte Schriften*, Bd. 8. Frankfurt am Main: Suhrkamp 2003, S. 9–19, hier S. 13.

Rechte vorenthalten oder nur unvollständig gewährt wurden: Sie erhielten keinen Zugang zu Zünften. Landbesitz war de facto ausgeschlossen. Eigentum und Vermögen waren gestattet, aber nie vor dem Zugriff der Obrigkeit geschützt. Religionsfreiheit war nie garantiert, vor dem Gesetz waren Juden ungleich zu den Christen. Sie waren Objekte und Verfügungsmasse der herrschenden Obrigkeit, die sie mal schützte, mal verfolgen ließ. Aly zufolge konnten ‚Juden' trotz ihrer ausgeprägten Alphabetisierungs- und Bildungskultur sich in der feudalen Gesellschaft nicht ihren „Fähigkeiten" entsprechend entfalten.[60] Als mit der napoleonischen Expansion auch in den deutschen Gebieten Rechts- und Staatsreformen einsetzten und damit der Zunftzwang aufgehoben, die Gewerbefreiheit eingeführt, das Bildungssystem geöffnet, Privateigentum und Rechtssicherheit garantiert, schrittweise religiöse Freiheiten gewährt wurden, konnten in Alys Lesart die besonderen ‚Talente' der ‚jüdischen Gemeinschaft' nunmehr zur Entfaltung kommen, während andere Kollektive das Nachsehen hatten. Das Verhängnis begann:

> […] und schon zu diesem frühen Zeitpunkt entstand eine besondere deutsche Konstellation: Die Fortschrittsfreude der meisten Juden stand gegen die Fortschrittsscheu der meisten Christen, die Freiheitslust der einen gegen die Freiheitsangst der anderen, jüdischer Unternehmergeist gegen christlichen Untertanengeist.[61]

Die kapitalistische Moderne, so Alys Eindruck, harmonierte auf kongeniale Weise mit der ‚jüdischen Lebensart'. Die Französische Revolution hätten ‚Juden' zwar nicht angezettelt, den mechanischen Webstuhl oder den Code Civil nicht erfunden. „Aber sie sympathisierten mit dem Fortschritt: mit der Industrialisierung und mit der Idee des Liberalismus. Beide verhießen ihnen wirtschaftliche und politische Freiheit – nicht nur ihnen, ebenso den Christen."[62] Letztere aber konnten nicht so recht aus ihrer kollektiven Haut, welche mit Kapitalismus und Kreditwirtschaft nicht in Harmonie war. Das Schicksal hatte ‚den Juden' die Rolle des modernen Menschen zugesprochen. Die Kulisse des folgenden Unheils war bereitet.

60 Aly: *Warum die Deutschen?*, S. 25–41.

61 Ebd., S. 26.

62 Ebd., S. 48.

Häufig berührt der Autor scheinbar Wahres, bewegt sich in eigenwilligen Erzählsträngen auf es zu, um sogleich abzubrechen und einen neuen Argumentationsfaden aufzunehmen, welcher meist unvermittelt abbricht oder sich in Ressentiment verzettelt. Auch hier mag z.T. zumindest rechtsgeschichtlich adäquat erörtert worden sein: Zweifelsohne sympathisierten die Außenseiter, Entrechteten und Unterdrückten, Juden, Leibeigene, Arme, auch die politisch rechtlosen Bürgerlichen mit dem Code Civil. Indes sozialgeschichtliche Erörterungen etwa zur feudalen Vorgeschichte des Antijudaismus seit der Spätantike sucht man vergebens, da für Aly die Antwort auf die Frage „Warum die Juden?“, also die Frage nach dem Grund der Markierung zum Tode, lediglich im unterschiedlich erfolgreichen Umgang der „christlichen“ und „jüdischen Deutschen“ mit der Moderne liegt. So erscheint die Vorgeschichte der seit der Frühen Neuzeit sich verschärfenden und um 1800 bereits wild gewucherten europäischen Kultur des Antijudaismus irrelevant. Die Absprengung des niemals nur religiösen Ressentiments von der Geschichte ist bei Aly jedoch konsequent, kämen Überlegungen über (gar unbewusste) Vorprägungen und Verhältnisse der Theoriearbeit doch zu nahe. Somit bleiben aber antisemitische Denkmuster, wie das Motiv vom jüdischen Ritualmord, von der Weltverschwörung, das Brunnenvergiftermotiv, die Assoziierung der ‚Juden‘ mit dem Teuflischen, Sexuellen, das Motiv von der „schönen Jüdin“ usw., schleierhaft. Wie es zu einer personifizierenden Identifizierung des Geldes bzw. des Kapitalismus mit ‚den Juden‘ kommen konnte, ist für Aly nicht eine geschichtliche Frage, sondern eine völker- bzw. gruppentypologische.

1800 habe die Moderne begonnen, alles stand auf Anfang, das Wettrennen konnte beginnen. Zwei unklar religiös definierte Gruppen mit gleichen institutionellen Startchancen begegneten sich im neuen freien Wettbewerb. Die „christliche“ Gruppe, die bisher privilegiert gewesen war, kam jedoch trotz ihres Vorsprungs nicht so recht aus den Startlöchern; besonders im Bereich der Ökonomie. Die „jüdische“ Gruppe hingegen brachte gleichsam hauseigene Wettbewerbsvorteile mit. Ihr „jüdischer Unternehmergeist“ sei in den feudalen Verhältnissen eingeschränkt worden; Sondersteuern, Verbote, von obrigkeitlicher Seite abgepresste Schutzgelder hatten die Entfaltung der in der „jüdischen Religion und Tradition“ recht eigentlich angelegten Eigenschaften verhindert. In einer Statistik bereits aus dem Jahre 1834 werde nach Aly deutlich, wie gut sich ‚Juden' in den neuen Verhältnissen zurechtfanden. In dieser Zeit seien 13% der „jüdischen Deutschen" zur „Oberschicht" und mehr als 50% zur „oberen Mittelschicht" zu zählen.[63] Die wirtschaftliche Erfolgsgeschichte des modernen Menschen – der bei Aly ‚Jude' ist – sei unentwegt von der unmodernen, wirtschaftsfeindlichen Gemeinschaft der „Christen" durch Sozialstaat, Sozialismus, NS usf. behindert worden. Die „Modernisierungsscheu des christlichen Volkes", der „ständige [...] Ruf der Zukurzgekommenen nach ‚Gerechtigkeit', die Angst vor dem wirtschaftlichen Elan der Juden [haben] den Neid und den Rückzug der Mehrheitsbevölkerung in den Kollektivismus" bewirkt.[64] In Alys Appell an die Deutschen – und so muss man sein Buch verstehen – sind „Juden" die ‚Ungleichen', die Anderen, die den ‚Gleichen', den ‚Unseren' hoffnungslos überlegen gewesen seien. Und Paradebeispiele dürfen nicht fehlen: In Moses Mendelssohn etwa erkennt der Autor seine Typologie vom *homo modernus* beispielhaft verkörpert. Mendelssohn, der die grundlegenden Reformen in Preußen nicht abzuwarten wollen schien, sei gleichsam dem Ruf seiner mosaischen Seinsweise gefolgt und brach aus dem provinziellen Dessau auf, um 1743 im großstädtischen Berlin eine intellektuelle und wirtschaftliche Karriere zu starten.[65] Aufgrund seiner gruppentypologischen Perspektive entgeht dem Autor, dass Moses Mendelssohn vor allem dem bedrückenden Ghetto entfliehen wollte und daher eher dem *Prinzip Hoffnung* als einer *Volksveranlagung* folgte. Dass er – ganz wie dies übrigens auch in der Familie Marx' der Fall war – der Aufklärung folgend auch aus der religiösen Gefangenschaft ausbrach, weil strenge Religiosität dem Ziel eines in Mündigkeit gelebten Lebens im Wege stand, passt nicht ins Bild. Dass Aufklärung und die frühen Verheißungen der Moderne viel mit Religionskritik zu tun hatten, ist in der Aly'schen Konstruktion aus der Geschichte herausgeschnitten. Dass der moderne Antisemitismus ausdrücklich auch aus religiösem Ressentiment hervorging, kann so nicht einmal ansatzweise erahnt werden. Aber wen mag das vor dem Hintergrund heutiger Diskurse verwundern, die durch eine Entkopplung

63 Vgl. Aly: *Warum die Deutschen?*, S. 48–49.
64 Ebd., S. 203.
65 Vgl. ebd., S. 38.

der Religion von ihrer (Gewalt-)Geschichte das magische Denken als Waffe gegen den angeblich antihumanen und undemokratischen Atheismus ins Feld führen?[66]

In dieser feuilletonierenden Durchwirbelung des Zusammenhangslosen ist nicht nur das Offensichtliche bedenklich, nämlich dass hier allen ‚Juden', bei Ignoranz der Vorgeschichte des modernen Antisemitismus, kollektiv Eigenschaften zugeordnet werden. Noch bedenklicher ist die Wirkung hinter diesen Manövern, die man sich ausmalen kann. Terminologisch werden historische Zusammenhänge zersprengt. Die übriggebliebenen Fragmente, Halbwahrheiten und -sätze jedoch laufen Gefahr, die fest zusammengefügten und noch immer überaus wirksamen Komplexe der antisemitischen Kodierung, des kulturell Unbewussten umso lebhafter anzuregen.

Schon Andeutungen entflammen in der Regel das Gemüt, denn das oberflächlich umgewertete, aber weiter dekodierbare Fragment bleibt anschlussfähig und kann vorhandene Neigungen in einen Erregungszustand versetzen. Die tiefe Verankerung des Antisemitismus in der europäisch-christlichen Kultur, im Seelenleben, sein Gewicht als essentieller und daher auch bis zum heutigen Tage handlungsauslösender Bestandteil der europäischen Zivilisation[67] wird bei Aly durch Nichtbeachtung geleugnet. Die äußerliche Fragmentierung und Umwertung kann bei gleichzeitigem In-Wallung-Geraten die peinliche Situation, die beim Vorbringen eines antisemitischen Vorurteils entsteht, entkrampfen helfen. Nach dem Motto: ‚Juden haben Macht, sind schlau, sind unternehmerisch versiert, besonders kreative und kecke Medien- und Kulturmenschen.' Damit sind sie Vorbild. Dämonisieren, Diskriminieren, Jagen, Erschlagen sind heute illegitime Formen des Ausagierens der antisemitischen Leidenschaft. Relativieren, Verwirren und Preisen des Wahnbilds vom ‚Juden' können dazu beitragen, die verpönte offene antisemitische Tat durch einen im Moment jedenfalls herrschaftsverträglicheren Weg des Auslebens zu ersetzen, was jedoch somit die Möglichkeit des Erschlagens latent aufrechterhält. Zur

66 So kürzlich etwa Micha Brumlik: Was wäre eine gute Religion? In: *Blätter für deutsche und internationale Politik* 58,1 (2013), S. 51–58.

67 Vgl. Adorno / Horkheimer: *Dialektik der Aufklärung*, S. 179–180.

Kritik und Bekämpfung des Ressentiments jedenfalls trägt Alys Buch nicht bei.

Alte Werte, neue Tafeln
Ideologische Halbwesen im prekären Maskenspiel

Als einer der ‚Zeitzeugen' in Alys Buch tritt der Ökonom Werner Sombart auf. Für ihn, der – das wird klargestellt – erst ab 1934 als „Antisemit" gelten könne, habe 1912 festgestanden, dass „Juden" „‚gescheiter und betriebsamer'" seien als Nichtjuden. Auch Konversion zum Christentum habe „jüdischer" Gescheitheit und Betriebsamkeit keinen Abbruch getan. Sombart sei damit nach Aly „der schlichten und verbreiteten Erfahrung [gefolgt], dass die intellektuelle Überlegenheit der Juden mit dem Übertritt zum Christentum keineswegs erlosch."[68] Die Worte des vorgeblichen Noch-Nicht-Antisemiten Sombart sollen illustrieren, dass die Erfahrung eines „intellektuellen Gefälles zwischen Juden und Christen"[69] weit verbreitet gewesen sei und „Juden" trotz ihrer Assimilationsversuche nicht aus ihrer Haut konnten.

Aly kritisiert Sombarts Aussagen überraschenderweise nicht als antisemitisch, sondern behandelt sie als authentischen Bericht, der eine Völkercharakterologie bestätige: „Juden" hätten dank ihrer gruppenspezifisch disponiblen Wettbewerbsvorteile die Zeichen der Zeit erkannt und konnten somit ihre Überlegenheit in den zentralen Feldern der Moderne erlangen, was Nichtjuden wiederum zur Weißglut brachte. Im Finale einer solchen Herleitung erwartet man bei Kenntnis der einschlägigen historischen Texte des Antisemitismus mit ihren Statistik- und Argumentationsketten die Formulierung einer ‚Judenfrage'. Ihre Verkündung als eine ungelöst angesehene gesellschaftliche Problemlage war vom 19. bis zur Mitte des 20. Jahrhunderts in Wissenschaft und Publizistik weit verbreitet. Dieser Tradition wird nicht in vollem Umfange gefolgt. Zwar bemüht sich Aly um eine Gruppencharakterisierung der „Juden" und möchte sie auch statistisch als Profiteure der Moderne und den Nichtjuden überlegen ausweisen. Daraus aber folgt bei ihm nicht die Formulierung einer ‚Judenfrage'. Nicht

68 Vgl. Aly: *Warum die Deutschen?*, S. 177.

69 Vgl. ebd., S. 177.

‚jüdisches (Fehl-)Verhalten' wird beklagt, sondern das der nichtjüdischen Mehrheit, das darin bestanden habe, sich dem ‚jüdischen Verhalten', das als modernes identifiziert wird, nicht anzupassen. Die neidische Reaktion der Nichtjuden angesichts „der schlichten und verbreiteten Erfahrung [...] [der] Überlegenheit der Juden" sei zwar ‚psychologisch' erklärbar. Tragisch sei aber die Formulierung einer falschen ‚Frage' gewesen. Somit erscheint Antisemitismus als falsche Reaktion auf einen realen jüdisch-nichtjüdischen Konflikt, als ein tragischer Versuch, die gruppenspezifische Unterlegenheit mit Verfolgung und Mord auszubügeln. Dies nimmt sich wie ein Appell (an die LeserInnen) aus, im Wettbewerb vom Marktführer zu lernen, statt ihn zu erschlagen.

Wie ist ein solches am „Ende der Geschichte" reüssierendes ideologisches Flickwerk, das aus den Eingeweiden der antisemitischen Literatur zusammengefügt und von der Patina moralisch anklagender Unschuld überzogen wurde, diskursiv überlebensfähig? Nicht die Verhältnisse, aber die Zeiten ändern sich: Das heute dominante und Orientierung gebende neoliberale Menschenbild fußt auf dem Idealtypus des flexibel-pragmatischen, spielerisch-lifestylischen, das Schicksal des Konkurrenzkampfes annehmenden, sich im Markt ‚frei von Gewerkschaften' durchsetzenden und allzeit bereiten Individuums. Dies korreliert mit Alys Stereotyp vom „Juden", das nicht mehr Ängste auslösen, sondern anspornen soll; nicht Vernichtung, sondern Wettbewerb ist adäquat. Altbekanntes semantisches Gepäck wird nicht infragegestellt, sondern den Verhältnissen entsprechend umgewertet; alte Werte auf neue Tafeln.
Der Antisemitismus stigmatisierte Juden und Jüdinnen als ‚Agenten der Zirkulation'. Da die in Produktion erzeugte Herrschaft erst in Zirkulation realisiert und damit erfahren wurde und diese tagtäglich bedrückende Erfahrung den (einem selbst un-)heimlichen und unbefriedigten Wünschen nach Allmacht und Subjektivität nur schallende Beleidigung sein konnte, ging es den Stigmatisierten an Leib und Leben.[70] Mithilfe eines erfundenen Eigenschaftenkatalogs des ‚Juden' und mit der in eigener Ohnmacht erwachsenen Vorstellung einer angeblich typisch ‚jüdischen' Nähe zum Kapital und modernen Machtinstitutionen bestätigte sich der moderne

70 Vgl. Adorno / Horkheimer: *Dialektik der Aufklärung*, S. 179–184.

Antisemit die Paranoia von der jüdischen Welthegemonie im modernen Zeitalter, das ihm so als ‚jüdisches' vorgekommen sein musste. Antisemiten, wie Wilhelm Marr, fühlten sich bedroht, häufig längst vom „Semitismus" besiegt.[71] Nach Aly beschimpfte Marr lediglich jene, „denen gelang, woran er scheiterte – am sozialen Aufstieg."[72] Doch nicht die bedrückenden kapitalistischen Verhältnisse, die durch Teile der ebenso von Antisemiten gefürchteten Arbeiterbewegungen infragegestellt wurden, sondern der abstrakte „jüdisch-bolschewistische" Finanzkapitalismus sollte – ‚in Notwehr' – ausgerottet werden. Später wollte der NS der „Bolschewisierung der Erde" durch das „Judentum"[73] Einhalt gebieten.

In der zunehmenden Vervollkommnung der kapitalistischen Vergesellschaftungsform richteten sich der Zorn der Objektivierten und Beherrschten nicht nur gegen die ‚Agenten der Zirkulation', die man seit den Zeiten, in denen Herrschaft und Gesellschaft noch Gottesgnadentum unterlagen, mit ‚dem Juden' identifizierte. Im Zuge ihrer Konzentration durch Verschmelzung von Staat und Ökonomie und ihrer nunmehr unmittelbaren Beherrschung der einst vermittelnden Zirkulationssphäre, begann die Herrschaft sich selbst der letzten frühen liberal-bürgerlichen Reste zu entledigen. In der Übergangs- und Frühphase der noch weitflächigen Konkurrenz vieler kleiner Kapitalien hatte ein wirkliches liberales Bürgertum das Ideal vom gebildeten, kosmopolitischen homo oeconomicus und Weltbürger geprägt. Im späten imperialistischen und etatistischen Kaiserreich jedoch wandelte sich das Leit- in ein Feindbild der herrschenden Ideologie. Es verschmolz mit volkstümlichem Antijudaismus und der Aggression der bedrängten Mittelklassen gegen die Zirkulation. Dies wiederum verdichtete sich zum „kulturellen Code" einer Epoche,[74] zu einem Masse-Herrschaft-Ressentiment-Komplex,[75] der schließlich zu totalitär-tödlicher Ideologie anschwoll. Der Versuch des NS jedoch, durch Eliminierung der personifizierten Zirkulation den Kapitalismus von seinen abstrakten ‚schädlichen'

71 Vgl. Wilhelm Marr: *Der Sieg des Judenthums über das Germanenthum*. Bern: Costenoble 1879, S. 46.

72 Vgl. Aly: *Warum die Deutschen?*, S. 98.

73 Hitlers Reichtagsrede vom 30.01.1939.

74 Vgl. Volkov: *Antisemitismus als kultureller Code*.

75 Vgl. Massing: *Vorgeschichte des politischen Antisemitismus*, S. 88–95.

Bestandteilen zu ‚befreien' („Endlösung", „Endsieg"), um gleichzeitig eine völkisch-reine und hierarchisch geordnete Produktionsgemeinschaft zu realisieren, gefährdete (bei aller Zustimmung der Massen und Eliten) durch seine beschleunigende autodestruktive Dynamik das herrschende Gesellschaftssystem.

Bis 1945 war Herrschaft total und unmittelbar geworden, das liberale Bürgertum und die Vorstellungen von *citoyen* und Kosmopolitismus waren unwiederbringlich ausgerottet. Die Konzentration von (jedoch neu zugewiesener) Herrschaft blieb zwar bestehen, doch ihre Ideologie musste sich wandeln, wollte sie der Dynamik ihres Untergangs entfliehen. Der offen repressive Gewaltstaat wurde durch Verwaltung, Automation, Label-Konsum, Kulturindustrie und Digitalisierung ersetzt. Zugleich geht der scheinbar irreparable Niedergang der Klasse als Bewusstsein mit ihrer Versteinerung als soziale Wirklichkeit einher.[76] Diese sich vollendende Moderne schafft totale Herrschaft und bewusstloses Leid durch ‚postideologische' Entkopplung von Begriff und Wirklichkeit gefährlich verbandelt mit den nicht durchgearbeiteten unbewussten „Tradition[en] aller toten Geschlechter", die „wie ein Alp auf dem Gehirne der Lebenden" lasten.[77]

Die (Neu)Verdrillung ideologischer „Rhizome" zeitigt das Unfassbare: Es kann heute die Unwahrheit verbreitet werden, es gäbe das liberale Bürgertum noch, dessen einstige und unverändert vorbildhaften Tugenden mit dem antisemitischen Zerrbild vom ‚Juden' identisch seien. Die Zeiten ändern sich! Der neoliberale Idealtypus verheißt Erfolg durch Leistung, Flexibilität, Bildung, gewitzte Nehmerqualität. In einem alternativlosen System am „Ende der Geschichte" werden den sich subjektiv wähnenden Beherrschten Möglichkeiten zugesichert, Demiurg ihrer eigenen Biographiedesigns zu sein; als gäbe es noch eine wimmelnde Konkurrenz der Vielen um Kapital und Selbstbestimmtheit. Daher verzichtet totale Herrschaft auf explizite Staats-Gewalt. Wenige herrschen; viele konkurrieren im ‚Postmaterialismus' um ‚habituelles', ‚kulturelles',

76 Vgl. Theodor W. Adorno: Reflexionen zur Klassentheorie. In: Ders.: *Gesammelte Schriften*, Bd. 8, S. 373–391.

77 Karl Marx: Der achtzehnte Brumaire des Louis Bonaparte. In: Ders. / Friedrich Engels: *Marx-Engels-Werke* (*MEW*), Bd. 8. Berlin: Dietz 1969, S. 111–209, hier S. 115.

‚lifestylisches', ‚epistemisches' usw. Kapital. Statt nach Subjektivität suchen sie nach ‚Identität' in einer Rolle im Maskenspiel ‚Gesellschaft'.[78]

Doch es ist neuerlich Unruhe aufgekommen angesichts einer Weltfinanzkrise. (Unbegriffenes) Unbehagen macht sich Luft. Obwohl die Bereitschaft wächst, auf das „Fressen", das der „Moral" einst voranging, zu verzichten (Facebook statt Brot), reicht einigen Konsum, der selbst zunehmend virtuell ist, nicht mehr aus. Soziale Unterschiede werden erspürt. Ihre kleinbürgerliche Ohnmacht versetzt die ehemals Illusionierten in Rage. Kollektives Bauchgefühl ist im Erregungszustand. Und Götz Alys Thesen können als Reaktion interpretiert werden. Seine Konstruktion eines Idealtypus des homo modernus aus den Fragmenten der zersprengten antijüdischen Semantik ist durchaus nicht die Heraufbeschwörung eines kathartischen Gewaltakts, sondern Aufruf zum ‚richtigen Leben' gerichtet an die ProtestantInnen vor den Börsen. Aly ist daher aber zumindest vorzuwerfen, dass er ‚Juden' in eine dualistische Auseinandersetzung zwischen verschiedenen Teilen des Bürgertums hineinzieht. Indem er diejenigen, denen die Wut gilt, die ‚Gewinner' also, mit ‚Juden' zumindest assoziiert, läuft er Gefahr, diffuses Unbehagen und die nach Entladung gierende Entrüstung der in der Konkurrenz (um Nichts) Unterlegenen wieder einmal auf ‚den Juden' zu lenken.

Dies geschieht indes sicher ungewollt, denn die bürgerliche Gesellschaft, die alternativlos sei, soll verteidigt werden. Aly geht es um den Kontrast zwischen richtigem und falschem Leben: „Die jüdischen Deutschen zeigten sich weniger bedächtig, feierlich und gehorsam als die christlichen, eher beweglich, witzig und keck"[79]. Schon Ende des 19. Jahrhunderts werde aus den Schulen berichtet, dass „jüdische Mädchen" etwa, anders als ihre nichtjüdischen Klassenkameradinnen, sich „‚frech und frühreif'" und interessiert an „‚gesellschaftlichen Zerstreuungen'" zeigten. „‚Aber:'", so zitiert Aly unhinterfragt einen ‚Zeugen', sie „‚lernten und vollbrachten insgesamt vortreffliche Leistungen.'"[80] Der oben bereits erwähnte

78 Zur Missdeutung von Gesellschaft als (Masken-)Spiel vgl. Hannemann: Subversives Denken, S. 146–150.

79 Aly: *Warum die Deutschen?*, S. 49.

80 Ebd., S. 43.

Wiener Handelsschullehrer Nemeček erfuhr „jüdische" SchülerInnen „„als Schwätzer und Ruhestörer"".[81] Diese ‚Zeugnisse' sollen ein sympathisches Bild vom humorvollen, frechen und gebildeten ‚Juden' illustrieren. ‚Zeuge' und ‚Zeugnis', in dem sich offensichtlich die entäußernde antisemitische Projektion eigener unbefriedigter und verdrängter Wünsche auf ein imaginiertes Anderes verdeutlicht, werden gar nicht erst kritisch in den Blick genommen. Stattdessen verkehrt sich das Bild des „frechen Juden" vom einstigen Feindbild zum Idealbild. Das heißt: Projektion, als unerkannte, ja. Aber: Vernichtung der Projektionsfläche bzw. der mit der Projektion verschmolzenen Körper, nein.

Die Idealisierung „frechen Verhaltens" indes ist nicht etwa als eine Aufforderung zu Nonkonformismus oder gar antiautoritärem Handeln fehl zu interpretieren. Dies sieht eine kollektivistische Völkercharakterologie notwendig nicht vor. Für den Autor sind die Erscheinungsweisen „der Juden" daher nicht welche antiautoritären Verhaltens, sondern die dem Judentum angeblich eigenen und zur Bewältigung der Moderne hilfreichen Handlungsmuster. Antiautoritäres Verhalten sei dagegen eher für den ‚antisemitischen Bürgerschreck' charakteristisch.[82] Wie unten noch zu erörtern ist, sei es nach Aly den „christlichen Deutschen" im 20. Jahrhundert schließlich doch gelungen, sich nachholend mit der Moderne zu arrangieren. Der sich aus der überstürzten Entwicklung der „verspäteten Nation" ergebende extremistische Charakter ‚der Deutschen', die zu den „Völkern [gehören], die mit sich nicht im Reinen sind" (Aly verweist auf Helmuth Plessners geschichtsspekulatives Konstrukt),[83] reagierte auf die Erfordernisse des Marktes indes „ohne Mitte"[84]. Der gereizte deutsch-christliche Neid habe letztlich die „Ränder" „von links bis rechts" gestärkt.[85]

81 Aly: *Warum die Deutschen?*, S. 46.

82 Vgl. ebd., S. 57–61.

83 Vgl. ebd., S. 155.

84 Ebd., S. 73.

85 Vgl. ebd., S. 229, 245–250.

Flexibel, urban, heimatlos, vernetzt, gebildet, kosmopolitisch, verführerisch

Antisemitisches Ressentiment beherbergt unterschiedlichste semantische Traditionen. In ihm verbinden sich paganistische Ängste vor dem Verhext-Werden durch die unerklärlichen Kräfte des Bösen mit den gleichzeitigen Ungleichzeitigkeiten von Bewusstseinsformen verschiedenster Epochen. Im Zuge der Überwältigung der einst gefürchteten Natur durch Zivilisation trat nun letztere zunehmend magisch und naturhaft den Menschen entgegen. Je mehr die Zügel durch Zivilisation in die Hand genommen wurden, desto mehr erschien Gesellschaft wild und überhistorisch, schien sich menschlicher Kontrolle zu widersetzen. Der Preis der neuen Freiheit hieß Knechtschaft. Neue Handlungsmöglichkeiten schufen den „eindimensionalen Menschen". Das Freiheitsversprechen wurde mit Ohnmacht eingelöst. Die Befriedigung des geweckten Freiheitswunsches blieb gefangen in der Welt des Traums: ‚Stadtluft macht frei!', ‚Freiheit, Gleichheit, Brüderlichkeit!', ‚Weg mit der Sklaverei!', ‚Vom Tellerwäscher zum Millionär!', ‚Jeder ist seines Glückes Schmied!', ‚Bildung und Wohlstand für Alle!', ‚Wachstum!', ‚Die Welt ist ein Dorf!', ‚Vielfalt der Lebensentwürfe!', ‚Weltfrieden durch Markt!'.

Die Verheißungen aber wollen nicht so recht sich als wahr erweisen. Dem Ohnmächtigen schwant zugleich, dass andere haben, was er nicht hat. Der nach Einlösung des täglich erneuerten Versprechens drängende und permanent enttäuschte Wunsch wurde zum Vater des Gedankens vom ‚Juden'. Er gibt ‚Kraft' und ‚Willen'. Den Regeln der Arbeit, des Geldes ist zu gehorchen, und es wird dem Folge geleistet, doch ohne Erfolg. Das kann nicht mit rechten Dingen zugehen; eine fremde Macht verwehrt den verdienten Lohn. Die verhexenden Hintermänner mitsamt ihrem Betrug müssen ausfindig gemacht werden. Der Antisemit träumt vom und hasst den Glücklichen, dem jeder Wunsch erfüllt wird, der mächtig, also frei ist; ‚das Volk' dagegen werde betrogen. Götz Aly zeigt Verständnis, antwortet aber: ‚Ihr macht nicht genug, ihr wollt euch auf die faule Haut des Kollektivs legen, daher euer Elend. Ihr wollt verändern, was nicht zu ändern ist. Fürchtet nicht die Kräfte der Stadt, des Geldes, des Wissens, des Neuen; fürchtet nicht diejenigen, die längst die Zeichen der Zeit erkannt haben und längst im Glück leben.' Die „christlichen Deutschen" stattdessen, so beklagt Aly, bekämpften „die Regsamen und Behänden […], die sich mit hellwachem Geist an der Gegenwart erfreuten und deren Geschäfte in bunter Vielfalt blühten.“[86] Somit zertifiziert der Historiker das Zerrbild des Ohnmächtigen, das er sich macht vom Glück der ‚Ander(sartig)en‘, die traditionell ein richtiges Gespür für bürgerliche Verhältnisse besäßen und ihnen daher den höchsten persönlichen Nutzen abtrotzten. Die in Wahrheit auch seit 1800 durch Herrschaft als ‚Juden‘ Markierten und radikal ihrer Subjektivität Beraubten erscheinen in Alys Erzählung – ähnlich den ängstlichen Vorstellungen der Antisemiten[87] – „als treibendes und organisierendes Ferment“[88], als *die* Subjekte der Moderne: „Die Fortschrittsfreude der meisten Juden stand gegen die Fortschrittsscheu der meisten Christen, die Freiheitslust der einen gegen die Freiheitsangst der anderen“[89]. Als habe eine Art Veranlagung die „mosaisch“[90] Geprägten für die Rolle des ‚Agenten der Moderne‘ prädestiniert; als hätten ‚*sie*‘, anders als das deutsche ‚*wir*‘, das Heft des Handelns in die Hand nehmen und ihres Glückes Schmied werden können.

„Freiheitslust“ ist kein ethnisch-religiöses Charakteristikum, sondern aus Leidensdruck hervorgegangenes Befreiungsbedürfnis. Dass die ewig Verfolgten und Verdammten nach Würde und besseren Lebensbedingungen strebten, muss nicht überraschen. Es war dies ein Grund für die Sympathien vieler Juden und Jüdinnen für emanzipatorische Bewegungen; was im Übrigen ganz besonders für die frühe Arbeiterbewegung und noch stärker für sozialdemokratische oder kommunistische Bewegungen, Theorien und Institutionen gilt.[91] Nicht positive Gruppeneigenheiten, sondern

86 Aly: *Warum die Deutschen?*, S. 57.

87 Wilhelm Marr: „Es lässt sich durchaus nicht leugnen, dass der abstracte, geldindustrielle und Schachergeist der Juden zum Emporblühen des Handels und der Industrie in Deutschland viel beigetragen hat“, „denn im bürgerlichen Leben hatte factisch das Judenthum schon längst eine dominirende, tonangebende Stellung errungen“. Die Niederlage des „deutschen Tolpatsch“ im Wettbewerb mit dem „glatte[n], listige[n], elastische[n] Judenthum“ „mit seiner ganzen […] Intelligenz“ sei besiegelt. (Marr: *Sieg des Judenthums*, S. 13, 21.)

88 Vgl. Aly: *Warum die Deutschen?*, S. 101.

89 Ebd., S. 26.

90 Ebd., S. 37, 258.

91 Vgl. Ludger Heid: Sozialistischer Internationalismus, sozialistischer Zionismus und sozialistischer Antisemitismus. In: Peter Alter / Claus-Ekkehard Bärsch / Peter Berghoff (Hrsg.): *Die Konstruktion der Nation gegen die Juden.* München: Fink 1999, S. 93–117; Mario Keßler: *Zionismus und internationale Arbeiterbewegung 1897–1933.* Berlin: Akademie 1994.

die Verfolgungserfahrung als Minderheit ließen viele Jüdinnen und Juden zu SympathisantInnen oder gar wichtigen VertreterInnen emanzipatorischen Denkens und Handelns werden. Insbesondere in der neuen Zeit mit ihrer Wirtschaftsordnung und ihren Mentalitäten wurde die jüdische Minderheit stigmatisiert, objektiviert, beherrscht, bedrängt. Das Neue brachte nicht Freiheit, sondern die Forderung nach Assimilation und „Juden-Emanzipation". Die Revolution blieb die letzte Alternative. Die einen verbanden mit ihrer (erzwungenen) Assimilation dennoch die Hoffnung auf den bürgerlichen Staat, welcher einst Gleichheit vor dem Gesetz, Schutz durch staatliches Gewaltmonopol usw. versprach. Dieser Assimilations-Staat jedoch war es, der schließlich ‚Staatsbürger' als ‚Juden' administrativ-bürokratisch markierte, objektivierte und vernichtete. Andere erhofften Emanzipation schlechthin, was sich in Sympathie für humanistische Utopien ausdrückte; sie suchten das Glück in den Potentialen der emanzipatorischen Freiheitsbewegungen des 19. und 20. Jahrhunderts. Das „pursuit of happiness" der Unterdrückten scheiterte je an der Wirklichkeit. Dennoch warf man ihnen die Erschleichung von Glück vor, das man ihnen seit jeher und unter den neuen Verhältnissen mehr denn je verweigerte. Die eigentlichen Gewinner und Mächtigen der Moderne erklärten die Verlierer und Objekte zu Gewinnern und Mächtigen; und gaben sie zur Vernichtung frei.[92]

Da Aly zwischen der Wirklichkeit der als „Juden" Markierten und dem Bild vom „Juden" nicht zu unterscheiden vermag, mutiert seine Antisemit*en*-Kritik (und nicht Antisemit*ismus*-Kritik) zu einem imperativen Appell zu richtigem individuellen Handeln; sein kategorischer Imperativ lautet: ‚Handele stets so, wie es traditionell die „jüdischen Deutschen" vorgelebt haben!' Die antisemitische Wahrnehmung „der Juden" als Gewinner sei zwar richtig, doch nicht Ablehnung, sondern Bewunderung und Nachahmung seien die richtige Reaktion.[93] Dies wird auch an weiteren

92 Vgl. Adorno / Horkheimer: *Dialektik der Aufklärung*, S. 184.

93 In den Schlussabschnitten „Die Schwachen sind die Gefährlichen" und „Terror der Gleichheit, Gift des Neides" fasst Aly seine These vom nicht eingestandenen „Versagen" der „nichtjüdischen Deutschen" als Ursache für den Antisemitismus zusammen. Statt die neuen Möglichkeiten der Moderne (doch: „Zur Freiheit gehört das Risiko.") zu nutzen, habe man „staatlichen Schutz vor den wirtschaftlich und geistig regen Juden" verlangt. Vgl. Aly: *Warum die Deutschen?*, S. 277–301, Zitate S. 280 u. 282.

kollektiv-identitären Zuschreibungen deutlich, wenn „Juden“ etwa als international vernetzte und flexible Stadtmenschen beschrieben werden.[94] Dieses scheinbare Charakteristikum ‚jüdischer‘ Kultur habe ihre Träger in strukturelle und geographische Nähe zu den Geburtsorten der Moderne geführt: in Städte und internationalen Handel. Kapitalismus wird bei Aly dabei mitnichten als ein Prozess der Industrialisierung in einer bestimmten Produktions- und Eigentumsordnung dargestellt (diese erscheinen eher als Folge), sondern als eine schicksalhaft voranschreitende Entwicklung der Verstädterung und des internationalen Handels, und eben als eine große Rechtsreform. Während Produktions- und Eigentumsverhältnisse in der Betrachtung ausgespart bleiben, wird eine kulturelle ‚jüdische‘ Nähe zum Städtischen unterstellt. Städte werden in diesem Bild dabei nicht auch als Orte von Ohnmacht und Produktion betrachtet, sondern als Stätten neuer Freiheiten und des regen Marktplatzes einseitig idealisiert.[95] Aly ringt nicht um eine Kritik der ambivalenten Moderne, sondern mit den Antisemiten um die moralische Bewertung angeblich ‚jüdischer‘ Charaktermasken der Zirkulations- und Kommunikationssphäre. Man könne sich verängstigt und stur dem Neuen verweigern, oder man justiert und optimiert sich; so wie es das ‚jüdische‘ Kollektiv vorgelebt habe. Während das Tempo der Stadt die massenhaft ideologisch und geographisch entwurzelten, aber unflexiblen Nichtjuden belastete, „nahmen Juden den Zwang zur Migration und zum Aufbau neuer Existenzen gelassener.“[96] Seit Generationen sei man gewandert: „Oft genug hatten sie unfreiwillig von hier nach dort ziehen oder flüchten müssen. Sie kannten die Städte, lebten dort zum erheblichen Teil schon lange und konnten sich als Zuzügler auf Verwandte stützen.“[97] Dies bestätigen die Zeitgenossen Wilhelm Busch, der „Juden“ mit Stadt und Börse assoziierte,[98] und Karl Kautsky, der sie als „homo urbanus“ typisiert habe.[99]

94 Vgl. Aly: *Warum die Deutschen?*, S. 102–103.

95 Vgl. ebd.

96 Ebd., S. 102.

97 Vgl. ebd.

98 Ebd., S. 103.

99 Dieses Zitat wird nicht belegt. Vgl. Karl Kautsky: *Rasse und Judentum*. Berlin: Dietz 1921, S. 62.

Alys Darstellung ist selektiv, verweist als Methode der halben Wahrheit auf die unausgewiesene politische Intention: Dass Jüdinnen und Juden im Mittelalter auch (!) in Städten lebten, entweder als markierte Ausgestoßene an den Rändern oder als Quasi-Besitz des Stadtherren in der Nähe des Herrensitzes, war weniger einer ‚jüdischen' Präferenz als vielmehr den mittelalterlichen Verhältnissen geschuldet. Die personenrechtlich Objektivierten standen unter dem patriarchalischen ‚Schutz' der Lehnsherren, waren der Herrschaft total, gleichsam als Verfügungsmasse ausgeliefert. Sie erfüllten, gefangen in der Rolle des Parias und im Ghetto, Funktionen in der (idealiter) stark hierarchisch-gegliederten, Gott gefälligen, mittelalterlichen Gesellschaft. Der bald einsetzende spätmittelalterliche Wandel zerrüttete zwar das Gefüge, versprach den Niedrigsten jedoch kaum einen Ausweg aus der Bedrängnis. Während im christlichen Europa nun die Furcht vor Gott im Sündenfall sank, hatte die Ausgrenzung in seinem Namen unverändert Bestand: Die Herrschaft hatte sich emanzipiert; sie brauchte weder Mana noch Gott. So verdrängte sie die von ihr dereinst in die Zirkulation Gesperrten aus ihr, die nicht mehr Ort der *Verdammung* war, sondern zur Königburg mutierte – jetzt Ort der *Herrschaft*. Dem vertriebenen Paria standen Herrschaftssitze wahrlich nicht zu. Neue Nischen, die gestattet waren, Schutzwinkel mussten gefunden werden, in den „Poren der […] Gesellschaft"[100], die sich mit zunehmend totaler Herrschaft jedoch schlossen. Und nur vor diesem Hintergrund wird das moderne Denken von der ‚porentiefreinen (Sozial- und/oder Rassen-)Hygiene', das in Auschwitz seinen Vollzug fand, verständlich. Ein Entkommen wurde unmöglich – keine Existenzerlaubnis, keine Erlaubnis zur Auflösung in der Masse. Gewinner der Moderne waren Juden und Jüdinnen sicher nicht.

Halbe und selektive Wahrheiten führen zu Unwahrheit, was am Beispiel der Aly'schen Schilderung der Stadt, deren Luft frei mache, sich gut zeigen lässt. Ihre Kehrseite als Ort der Mietskasernen und des Elends bleibt verborgen. Für die Anfangsphase des Kaiserreichs ist euphemistisch von „sozialen Verwerfungen" die Rede; ab 1888 erscheint das Reich geradezu als ‚arbeitnehmerfreundlich'.[101]

100 Karl Marx: *Das Kapital. Kritik der politischen Ökonomie. Erster Band. MEW*, Bd. 23. Berlin: Dietz 1962, S. 93.

101 Vgl. Aly: *Warum die Deutschen?*, S. 100.

Die kaum genannte Not erscheint bei Aly nicht als Resultat der Verhältnisse, sondern Ausgeburt kollektiver falscher Einstellungen gegenüber einer vergleichweise raschen Modernisierung:

> Der alte Immobilismus, fundiert in Haus und Hof, Wald und Flur, musste der neuen Regsamkeit weichen. Statt der bodenverhafteten Werte vermehrten sich die mobilen mit schier unglaublichem Tempo: Staatsobligationen, Aktien und Eisernbahnanleihen. Hypotheken ließen selbst den ererbten Boden mobil werden. Geld löste sich auf undurchsichtige Weise von der Hände Arbeit, machte weder an lokalen noch an staatlichen Grenzen halt. Die ‚Geldherrschaft', der neuartige „finanzielle Feudalismus" eroberte die Macht. Mit einem Wort: die Juden. Sie verkörperten aus der Sicht ihrer weniger beweglichen Feinde die umwälzenden, furchterregenden Kräfte. Angeblich zerrissen sie die Bande zum verklärten Alten. Sie opferten die geistige und menschliche Tiefe des christlichen Abendlandes auf den Altären der Massenproduktion und des angeblich schnöden Mammons, symbolisierten das bodenlose Raffen, nicht das bodenständige Schaffen.[102]

Aly steuert auf einen wahren Kern, um kurz davor scharf abzubiegen und sich in Völkerpsychologie zu verirren. Zu Recht kritisiert er die ideologische Aufspaltung von konkretem und abstraktem Schaffen. Die gesellschaftlichen Ursachen dieses „notwendig falschen Bewusstseins" sind etwa von Moishe Postone überzeugend aus dem unter kapitalistischen Verhältnissen schwer zu durchschauenden *Doppelcharakter der Ware und des Geldes* hergeleitet worden.[103] Die längst aus den herrschaftsrelevanten Kernen der Zirkulation Verdrängten[104] – und hier ist von einer geringen Anzahl von Individuen die Rede[105] – und andere als ‚Juden' Stigmatisierte hatten jedoch unter der volkstümlichen Assoziation des Geldes mit ‚dem Juden' zu leiden. Der Widerspruch, den Aly konstruiert, ist allerdings dicht neben, aber getrennt von der Wirklichkeit, denn er fehlinterpretiert den antisemitischen Dualismus aus schaffendem und raffendem Kapital, aus „Rothschild" und „Krupp", als Dualismus aus neuem „bodenlosen" und liberalen Industrie-Kapitalismus

102 Aly: *Warum die Deutschen?*, S. 103.

103 Vgl. Postone: Antisemitismus und Nationalsozialismus, S. 182–190.

104 Vgl. Arendt: *Elemente und Ursprünge totalitärer Herrschaft*, S. 33.

105 Arendt beschreibt die riesige numerische Diskrepanz zwischen den wenigen sog. „Hofjuden" der Frühneuzeit, die zumindest eine personale Nähe zu Herrschaft hatten, oder den „Ausnahmejuden", wie sie die bürgerlich-assimilierten Juden des 19. Jahrhunderts nennt, und den jüdischen Massen in Frühneuzeit und Moderne, die in Armut, Bettelei, Tagelöhnerei oder als Proletarier lebten. Vgl. ebd., S. 20–31, 90–111.

und einem alten bodenständigen Bauern- und Handwerkertum, aus Weltmarkt und Regionalmarkt, Fortschritt und Verharren. Der Zusammenhang der „Dialektik der Moderne“, Herrschaft, Entfremdung usw. bleiben dabei undurchdrungen.

Dies resultiert aus der Nichtbeachtung der revolutionären Veränderungen in der Produktion. Wenn Aly vom „Immobilismus“ der Nichtjuden spricht, ignoriert er nicht nur die im Zuge des Untergangs des Feudalismus massenhafte (aber seit 1807 nur sehr zögerliche) personenrechtliche Freisetzung und Eigentumslosigkeit der Landbevölkerung, was zu millionenfacher Landflucht führte. Das explosive Bevölkerungswachstum Berlins seit Mitte des 19. Jahrhunderts mag dafür als – im europäischen Vergleich verspätetes – Paradebeispiel stehen. Für die Mehrheit der Bevölkerung kann von „Immobilismus“ nicht die Rede sein.

Aly ignoriert, dass die neue Zeit mehr als eine Phase internationaler Märkte und Zollvereine, des Geld- und Warenverkehrs vor allem eine der industriellen Produktion wurde. Somit entsteht der falsche Eindruck, als habe sich jeder „Antikapitalismus“ per se gegen „Massenproduktion und schnöden Mammon“ gewandt. Wie Postone, Adorno/Horkheimer u. a. gut zeigen konnten, richtete sich der antisemitische ‚Antikapitalismus‘ gerade nicht gegen die Produktionsverhältnisse, und damit nicht gegen den Kapitalismus selbst, sondern wider die als krankhaft empfundene Zirkulation. Er richtete sich gegen das als abstrakt und teuflisch erfahrene Geld und seine vermuteten ‚Hintermänner‘. Statt auf den Zusammenhang aus Produktion, Zirkulation und Herrschaft, aus Geld, Ware und gesellschaftlichen Verhältnissen zu verweisen, verharrt Alys Analyse in der Zirkulationssphäre, der jedoch nunmehr Glanz verliehen wird. Doch das Verhalten derjenigen, die sich angesichts des unbegriffenen Falschen unbehaglich fühlen und an der Gewalt der Sphäre der Herrschaftsrealisierung (Staat, Zirkulation usw.) verzweifeln, lässt sich kaum mit Kategorien wie Neid, Dummheit und Gemütlichkeit ergründen. Dabei wäre die Annäherung an die Wirklichkeit selbst mittels der Aly'schen ‚Empirie‘ möglich; vermittelt doch die Literatur bis 1933, angefangen bei Franz Kafka, hinreichend Eindrücke der seelischen Belastungen und des Leidens an der bürgerlichen Gesellschaft, besonders der Kleinbürger mit ihren Illusionen vom gutbürgerlichen Leben.

Doch: Auf dem Missverständnis, der Antisemitismus sei ein Antikapitalismus (sei also gegen Kapitalis*mus* und nicht Kapitalis*ten* gerichtet), beruht die politisch motivierte Gleichsetzung von Antisemitismus mit Marxismus, Sozialdemokratie und Kommunismus; es bildet zugleich die Grundlage für die Akademisierung des traditionellen antikommunistischen Ressentiments. Alys Verständnis der Moderne ist einseitig stark von der Perspektive des deutschen Bürgertums beeinträchtigt. Es setzt das (Klein-)Bürgertum und sein Bewusstsein als das Ganze. Das millionenfache Massenelend in der Sphäre der Produktion indes hat in seiner Darstellung der Moderne keine Bedeutung: Weder finden in den Schilderungen etwa der Stadt Fabriken, Kinderarbeit, elende Arbeitsbedingungen, Bergminen, Bautrupps usf. noch die neuen elenden „Lebensformen" der Arbeiterfamilien Erwähnung. Als bestünde die Stadt nur aus Salons und Märkten.

Auch das Bild der deutschen urbanen Gesellschaft bis 1933 bleibt vom Glauben an die Universalität des Kleinbürgerlichen bestimmt. In diesem Sinne missinterpretiert Aly auch die sozialen Dynamiken in der Weimarer Republik. Der sich beschleunigende soziale Aufstieg vor allem innerhalb des Bürgertums (nicht so sehr in Arbeiterfamilien) erscheint als ein ethnohistorisches Ereignis, bei dem der ‚nichtjüdische' Aufstiegswille spät und umso heftiger sich Bahn brach. „Das war für die allgemeine deutsche Entwicklung typisch, die zwischen gewaltigen Kraftakten und krisenhaftem Stillstand schwankte."[106] Die „eigentlich ruhe- und sicherheitsbedürftigen" Deutschen erlebten in Weimar Aufschwung und Krisenschock, was gleichsam „ungeheuerliche negative Energien" staute, die „während der zwölf kurzen Jahre des Nationalsozialismus" ausbrachen.[107] Da Produktionsverhältnisse und -bedingungen (Verteilung von Eigentum, Fabriken usw.) verschwiegen werden – die Mehrzahl der StadtbewohnerInnen verbrachte den größten Teil ihrer Wochenzeit in den Produktionsstätten – muss das Bild von der Stadt falsch sein, bleibt doch ein wichtiger Bevölkerungsteil außen vor. In diesem Zerrbild der Moderne wird ein in der Stadt verorteter, ethnisch-kulturologisch konstruierter, innerbürgerlicher Konflikt zwischen ‚jüdisch'-moderner Virtuosität und ‚nichtjüdischer', ewig gestriger

106 Aly: *Warum die Deutschen*, S. 211.

107 Ebd.

Provinzmuffelei ins Zentrum gerückt. Herrschaft und Herrschende bleiben derweil hinter vornehmem Schweigen verborgen.
Aly will vor allem ein Vorbild des flexiblen, unsentimentalen, weltmarktorientierten Menschen der Moderne präsentieren, das sich historisch ‚im Juden' verifiziert habe. Dass auch Antisemiten Juden und Jüdinnen mit Geist, Stadt und Welthandel identifizieren, stört nicht. Das Trugbild vom wurzellosen, global vernetzten ‚wandernden Juden' firmiert gar als kategorischer Imperativ neoliberaler Ethik mit dem Titel: „Du musst dein Leben ändern"![108]

Juden als Verführer und sexuelle Konkurrenten
Wer dieser Devise folgt, hat auch etwas zu gewinnen. Hartnäckig hält sich das Gerücht, man könne kein Glück erfahren im Bestehenden. Teile der Antisemitismusforschung haben – auf der Basis psychoanalytischer Erkenntnisse und Überlegungen – einen Zusammenhang zwischen Antisemitismus und der seelischen Beschädigung durch die moderne bürgerliche Gesellschaft hergestellt.[109] Autoren von Freud bis Hans Fallada beschreiben die moderne (bürgerliche) Gesellschaft als eine permanente (seelische) Belastung des Individuums. Und diese Bedrängung zeitigte Wirkungen, resultierend aus nicht begriffenem und geleugnetem „Unbehagen an der Zivilisation", in verheerender Barbarei.
Bei Götz Aly erscheinen diese gravierenden Folgen als ‚Verstimmungen', verursacht durch eine falsche Einstellung zum Unvermeidlichen der bürgerlichen Gesellschaft. Nicht sie, sondern die feudale Gemütlichkeit, der Hang zur Behaglichkeit betrübt „den Christen", der einst geherrscht hatte und nunmehr seine Privilegien verlor (so als seien feudale Verhältnisse behaglich gewesen). Dabei hätte es viel besser sein können; die bürgerliche Gesellschaft bot doch alle Chancen, die es nur zu ergreifen galt. (Auch hier ist nur von Adligen und Bürgern die Rede.) Andere machten es vor: Sie fanden ihr Glück; ihre richtige Einstellung zum Da-Sein im kapitalistischen Sein, ihr virtuoser Umgang mit den bürgerlichen Rechten machte sie zu den Begehrtesten auf jedem Markt, auch auf dem

108 Peter Sloterdijk: *Du musst dein Leben ändern.* Frankfurt am Main: Suhrkamp 2009.
109 Vgl. etwa Freud: Das Unbehagen in der Kultur; Adorno / Horkheimer: *Dialektik der Aufklärung.*

Glücks-, dem Heiratsmarkt. Alys „Zeitzeugen" beneiden das meisterhafte Spiel der Konversation, den Charme und die Gewandtheit; „Juden" bezauberten insbesondere das weibliche Geschlecht – so lässt Aly den Historiker und Treitschke-Schüler Dietrich Schäfer berichten. Schäfer hatte zu einer möglichen Einstellung des Philosophen Georg Simmel an der Heidelberger Universität Stellung zu nehmen. Im Gutachten heiße es, Simmel zeige sich als ein rhetorisch gewandter, geistreicher Kopf, der in seinen Vorlesungen jedoch etwas oberflächlich sei, was besonders Eindruck bei Frauen und „Juden aus dem Osten" erweckt habe.[110] Aus Schäfer spreche, für die „Deutschen" dieser Zeit charakteristisch, „Scheelsucht und Sexualneid"[111]. Das in den Quellen gezeichnete Bild vom frauenverführenden, gewandten, etwas weibischen Konversationskünstler wird von Aly überraschenderweise nicht als Ressentiment, Gerücht, Wahn entlarvt, sondern als von Neid gefärbtes, authentisches Spiegelbild einer vermuteten ‚jüdischen' Wirklichkeit für wahr genommen. Ein bestimmtes Verhalten von ‚Juden' habe den Argwohn der nichtjüdischen Umgebung auf sich ziehen müssen, denn „Neid" entstehe gleichsam aus einer tatsächlichen, aber nicht zugestandenen Unterlegenheit gegenüber einem Mitwettbewerber.[112]

In der eigenen Familiengeschichte findet Aly weiteres „empirisches" Material für die vermutete aphrodisierende Wirkung von „Juden", gegen die sich besonders weibliche Zeitgenossinnen verzweifelt zu wehren hatten.[113] Im Nachlass eines seiner Urgroßonkel, des Rektors der Berliner Universität Ende der 1870er Jahre, Max Lenz, wurde er fündig. Er stieß auf eine Briefkorrespondenz von Lenz' Schwester Anna, die sich 1879 in einer emotionalen Krise mit ihrem nichtjüdischen Ehemann befunden habe und gestand, sich häufig heimlich nach einem „geistreichen, witzigen und verständnisvollen jüdischen Ehemann" zu sehnen. Alys etwas Courths-Mahler-haften Schilderungen zufolge klagte Anna in Briefen an ihre Mutter, angesichts ihrer moralischen Verpflichtung ihrem (wahrscheinlich antisemitisch gesinnten) Ehemann gegenüber von schlechtem Gewissen geplagt zu sein, da sie sich zu „Juden" hingezogen fühle,

110 Aly: *Warum die Deutschen*, S. 178–179.

111 Ebd., S. 179.

112 Vgl. ebd., S. 11–12.

113 Alle Zitate dieses Absatzes ebd., S. 182–183.

welche so „„liebenswerte, geistreiche Menschen‘“ seien, die „„reizendsten Briefe‘“ verfassten und denen daher nur schwer, oft gar nicht widerstanden werden könne. Unbescholtene christlich-deutsche Ehefrauen wurden durch geradezu unheilige Kräfte zu Frivolität und Illoyalität der heiligen Familie gegenüber verführt. Die neidische, empfindlich betrogene „christlich-deutsche“, vor allem aber un-„kecke“ Seele kochte vor Wut:

> Der „schnellblütige, kecke, bis zur Frivolität gesteigerte Humor des jüdischen Ingeniums“ und dessen „wundersam beweglicher, sarkastischer, skeptischer, undisziplinierbarer Geist“ reizte die bedächtig-gehorsame christliche Volksmehrheit bis zur Weißglut.[114]

Eine angebliche, von Aly nicht etwa dementierte, ‚jüdische Verhaltensweise‘ habe den Zorn der Dumpfen und Behäbigen auf sich gezogen. Annas offensichtlich psychotische Vermutung, etwas Verführerisches und zugleich Familien-Entzweiendes stecke in ‚jüdischem‘ Auftreten, als müsste sie als Frau einer teuflischen Macht verfallen, wird von Aly nicht problematisiert, sondern als Hinweis auf eine tatsächlich typische Äußerungsweise von „Juden“ interpretiert. Die „christlich-deutschen“, nicht-„„schnellblütigen‘“ Ehemänner indes habe dies vor Neid und Unzulänglichkeit in explosive Wut getrieben.

Besagtes Verhalten von Personen seiner Familiengeschichte, das Aly interessanterweise geschlechtlich verortet, einerseits als weibliches Sich-Verführen-Lassen und andererseits männlich konnotiert als „Scheelsucht und Sexualneid“, erinnert tatsächlich an antisemitische Projektionen verdrängten Begehrens. Diese Schilderung scheint das zu berühren, was vor allem die psychoanalytisch beeinflusste Antisemitismusforschung aufdeckte. Sie problematisierte die Wirkung des durch Zivilisation unterdrückten Wunsches nach (nicht nur) sexueller Freiheit. Freud[115] oder Adorno und Horkheimer[116] beschrieben die durch Ausagieren gesellschaftlich wirksamen Spannungen im Individuum zwischen der bedrängenden, objektivierenden Wirklichkeit und der Allmachtsfantasie des Subjekts; eine Spannung, die aufgrund mangelnder Sublimierungsmöglichkeit und -fähigkeit zu maßloser und ungehemmter Entladung

114 Ebd., S. 183.

115 Freud: Das Unbehagen in der Kultur, S. 470–475.

116 Adorno / Horkheimer: *Dialektik der Aufklärung*, S. 180–181.

drängen könne. In der gespannten und beschädigten Fantasie erscheint sogleich „der Jude", den man seit Jahrhunderten gewohnt war, als das Andere zu betrachten, und sich darüber hinaus als das totale Subjekt vorstellte, das sich alles herauszunehmen scheint. Das Bild vom ‚Juden' unterstellt eine triebhafte, archaisch-diabolische Subjektivität, von der man selbst nicht zu träumen wagt. Bei Projektion allerdings – und das ist ein entscheidendes Problem in Alys Identifizierung von Wort und Wirklichkeit – geht es um einen inneren psychischen Vorgang. Der Mensch, der als Projektionsfläche fungiert, ist streng vom inneren Vorgang des Projizierenden zu scheiden.[117]

Aly jedoch versäumt es, die antisemitische Fantasie, die recht eigentlich sich selbst versagtes Begehren nach Allmacht und sexu eller Freiheit, nach Schmutz, Wildheit, Exzess, nach Subjekt-Sein[118] zur Ursache hat, als aggressives Projektionsbild zu entlarven. Stattdessen erscheint sie als ‚jüdische Wirklichkeit', die schlicht als Vorbild für die ‚richtige Einstellung zur Freiheit' gelten solle. Somit reproduziert der Antisemitismusforscher selbst das Vexierbild vom ‚Juden' als orgastischem Glücks-Menschen. Folgt man dieser seiner Vorstellung, dann scheint die „orgastische Potenz" nur dem totalmodernen Menschen vorbehalten. Wilhelm Reich bezeichnete ursprünglich mit diesem Begriff die Fähigkeit zur absoluten Entladung sexueller Spannung, die durch neurotische Störungen beeinträchtigt werden könne.[119] Und „orgastische Potenz" gesellschaftlich, d.h. über Sexualität hinaus verstanden bedeutet die Fähigkeit zur völligen Entladung der gesellschaftlich erzeugten und seelisch beschädigenden Spannungen, sie bedeutet Glück. Doch diese Glücksfähigkeit wird nach Aly'schem Verständnis in der modernen Gesellschaft nicht zerstört, sondern erst ermöglicht, wenn sie und ihre Herausforderungen nur bejaht würden, wie es

117 Vgl. Simmel: Antisemitismus und Massen-Psychopathologie, S. 74.

118 Erinnert sei an das bereits bei Marquis de Sade auftauchende Motiv der (patriarchalisch-ejakulativen) Entladung im Exzess als begehrte vollständige, aber durch Zivilisation beschädigte Lösung der zugleich durch sie verursachten Libidostauung. Die Fantasie rücksichtsloser Entladung ist der uneingestandene Allmachtstraum des Objektivierten und daher Entladungsunfähigen. Vgl. Adorno / Horkheimer: *Dialektik der Aufklärung*, S. 88–127.

119 Vgl. Wilhelm Reich: *Die Funktion des Orgasmus. Zur Psychopathologie und zur Soziologie des Geschlechtslebens*. Leipzig / Wien / Zürich: Internationaler Psychoanalytischer Verlag 1927, S. 18.

„die Juden“ vormachten. Diese Idealvorstellung vom in die totalen modernen Zustände eingepassten und daher glücklichen Menschen ist die eigentliche ideologische Grundlage des letztlich als normativ-pädagogischer Katechismus angelegten Buches *Warum die Deutschen? Warum die Juden?*. Und auch hierfür dient ‚das Jüdische‘ als ‚das Andere‘, das noch immer nicht Eigentliche, noch immer nicht Verinnerlichte, als Projektionsfläche für eine ideologische Farce, die von einem noch immer nicht modernisierten Bewusstsein in Deutschland phantasmiert und eine ‚Ethik‘ propagiert, die Glücks- mit Anpassungsfähigkeit an die Gesetze des Marktes gleichsetzt, was eine Verinnerlichung der Ideologie des Bürgerlichen (was auch immer das sei) voraussetze. „Totalitäres“ Streben nach besseren Zuständen jedoch, also „ideologische Träumerei“, stehe diesem ‚Glück‘ der aneignenden Verinnerlichung des Bestehenden diametral entgegen.

III.
Ewige (deutsche) Gemütlichkeit – totalitarismustheoretische Geschichtsspekulationen

> Für die ruinierten Handwerksmeister, den armen Bauern, den unterbezahlten Angestellten und Beamten, den verschuldeten aktiven Offizier, den hungrigen Industriearbeiter einzutreten, das galt den Antisemiten aller Schattierungen als Ehrensache. Gemeinsam war ihnen auch die Furcht vor der sozialistischen Revolution, die Verachtung des Parlaments, der Hass gegen die einflussreiche liberale Presse und der Schmerz über das Aussterben der alten Tugenden.[1]

Will man begreifen, wie es zur Shoah kommen konnte, kann man nicht bei den Opfern nach Antworten suchen, sondern muss diejenigen sich vornehmen, die markierten, verfolgten und töteten. Insofern ist der in der Frage *Warum die Deutschen?* angekündigte Blick auf das Subjekt der Vernichtung begrüßenswert. Dieser wird jedoch sogleich getrübt durch eine Völkercharakterologie, die mehr Energie darauf verwendet, zu ‚belegen', welches Verhalten der Opfer einen solchen Zorn bei den Tätern hatte erregen können. Der „ewige Deutsche"[2] wird als unkonkretes – gar nicht so subjektives – Subjekt vorgestellt, das sich einerseits spät und viel zu reserviert zum Markt bekannte und andererseits nach dem Ersten Weltkrieg durch eine unkluge Alliiertenpolitik in die

1 Massing: *Vorgeschichte des politischen Antisemitismus*, S. 101.

2 Aly: *Warum die Deutschen?*, S. 299.

Krise getrieben wurde. So musste das Verhängnis der Krise seinen Lauf nehmen (man denke an Gerlach) in einem „zivilisierten und kulturell so vielschichtigen und produktiven Volk“, das zuvor im europäischen Vergleich kaum durch Antisemitismus aufgefallen sei.[3] Andere Erklärungsansätze, die Antisemitismus als integralen Bestandteil bürgerlicher Ideologie verstehen oder sich mit dem durch Herrschaft beschädigten, „autoritären Charakter“ befassen, werden zurückgewiesen, Zusammenhänge bezweifelt, Verknüpfungen gelöst, neu verschaltet und umgewertet.

Antiautoritäres Establishment, Äquivalenzsucht

Der einstige ‚Antiautoritäre' und heutige ‚Sachbuchautor', der durch die Schule des „linken West-Berliner-Milieus“ der 1970er Jahre ging, leistet – ähnlich wie etwa seine damaligen Wegbegleiter Jörg Friedrich, Autor des Buches *Der Brand*, und Jochen Staadt vom „Forschungsverbund SED-Staat“[4] – nunmehr seinen Dienst am Nationalnarrativ der Bundesrepublik. Der Antisemitismus soll als immer schon antibürgerliche Bewegung und damit, gleichsam kleiner Bruder des Sozialismus, als Antipode der Erfolgsgeschichte der Bundesrepublik eingeordnet werden. Begriffliche Unschärfen helfen bei der (Ver-)Zerrung der Wirklichkeit. Das ‚postideologische' Jonglieren mit Erinnerungsfragmenten und entkontextualisierten Fakten wird, zu politisch affirmativen Zwecken, virtuos beherrscht.

Auch mit einer Definition dessen, was das „Bürgerliche“ sein soll, hält sich der Text nicht weiter auf. Somit bleibt das Verständnis ähnlich offen wie in der Definition dessen, was man unter „gut bürgerlicher Küche“, unter „bürgerlichen Parteien“ und „bürgerlichen Werten“ zu verstehen habe. Es wird auf Alltagsverständnis und gesunden Menschenverstand vertraut – kurz: auf kulturindustriell erzeugte Gerüchte über die Wirklichkeit. Wild durcheinander geht es: Frühbürgerliche Revolutionäre werden zu „Bürgerschrecks“ erklärt. Rüpelhaftes Verhalten, zerrupfte Kleidung und mangelnde Bartpflege gelten dem Autor als Ausweis

3 Vgl. ebd., S. 7–8, 30–32.

4 Vgl. Christoph Amend: Der Streit. In: *Die Zeit*, 19.05.2005. http://www.zeit.de/2005/21/Titel_2fAly_21/komplettansicht?print=true (Zugriff am 01.07.2013).

für antibürgerliche Einstellungen.[5] Kleinbürgerlicher Radikalismus wird mit revolutionärem Denken verwechselt. Der antisemitisch gestimmte Nationalrevolutionär des frühen 19. Jahrhunderts habe bereits mit antiautoritär nonkonformistischem Habitus und Lebensstil den Bürgerschrecken erregt.[6] Der einstige Leser der Mao-Bibel, Aly, beschreibt Figuren wie Friedrich Ludwig Jahn und seine Anhänger als aufmüpfig unkonventionelle Zeitgenossen und langbärtige, „zerrissene Gestalten", die, „vom Freiheitsdrang beseelt", betrunken und pöbelnd Spießbürger mit Kuhfladen bewarfen, Juden, Franzosen und Polen beschimpften und auf der Straße Menschen tätlich angriffen und dabei mit „passenden Kampfgesängen" „höchste Kameradschaft" demonstrierten.[7] Dem Leser schwant, welch' Assoziation hier aufkommen soll. Die begriffliche Unschärfe stiftet Verwirrung. Aly verwechselt – typisch für diese bundesdeutsche Generation – zynisch-destruktiven Radikalismus mit wirklich antiautoritär-emanzipatorischem Verhalten. Pöbelnde Trunkenbolde, die ‚Juden', ‚Polen' und ‚Franzosen' angreifen, Frauen verunglimpfen und gruppenhymnische Gesänge anstimmen, offenbaren geradezu parademäßig ihren autoritären Charakter, wie ihn etwa Adorno u. a. in der Studie über den „autoritären Charakter" beschrieben hat.[8]

Die Verwechslung von Radikalismus mit Antiautoritarismus unterläuft Aly bereits 2008 in *Unser Kampf*, in dem *die* sog. 1968er-Revolte mit den sog. „*Dreiunddreißigern*", den NS-Studenten, die jüdische Professoren angriffen, gleichsetzt wird.[9] Auch wenn der ehemalige „68er" (wohl aber eher Nach-68er) und maoistische Aktivist mit dieser Polemik gegen seine Vergangenheit durchaus das Phänomen des deutschen kleinbürgerlichen, aus unverstandenem Unbehagen gespeisten Radikalismus berührt, so verdreht er die halbe Wahrheit durch Gleichmachen zu einer vollen Unwahrheit. Er macht das der Sache Äußerliche zur Sache und benutzt sein seinerzeit jugendliches Missverständnis von Antiautoritarismus als Argument gegen

5 Vgl. Aly: *Warum die Deutschen?*, S. 59.

6 Vgl. ebd., S. 57–59.

7 Ebd., S. 59.

8 Vgl. Adorno: *Studien zum autoritären Charakter.*

9 Vgl. Götz Aly: *Unser Kampf. 1968 – ein irritierender Blick zurück.* Bonn: bpb 2008, S. 131–135, 169–184.

diejenigen, die ihm damals wohl als „linke Spießer" erschienen: die (professoralen) „Theoretiker" – die er heute, wie unten zu zeigen ist, als Geschichtsverdränger denunziert. Der Jargon der Denunziation indes ist geblieben.

Dass es Aly in den Sinn kam, sein damaliges, für *die* „68er" verallgemeinertes Verhalten,[10] mit dem Auftreten der pöbelnden NS-Studentenschaft zu vergleichen, zeigt ferner, dass er zum von ihm oft attackierten akademischen Betrieb nicht wirklich im Gegensatz steht. Die Methode des totalitarismustheoretischen Vergleichs ist in der Geschichtswissenschaft allgegenwärtig. In einer nach Äquivalenz strebenden Zeit werden Qualitäten geleugnet, um eben jene Gleichheit zum Zwecke einer reinen und effizienter beherrschbaren Quantifizierbarkeit und Standardisierung der Geschichte herzustellen. Der (‚empirische') *historische Vergleich* erfreut sich, wie oben gezeigt, nie dagewesener Beliebtheit und muss als ideologisches Phänomen betrachtet werden. Hin und wieder begegnet ihm zwar moralische Empörung, die das Problem erspürt; sie reagiert besonders dann, wenn durch NS-Vergleich Ungeliebtes zu dämonisieren versucht wird, wie dies häufig etwa im antisemitischen Antizionismus geschieht. Dieser Empörung über NS-Vergleiche sollte jedoch eine Kritik des Vergleichs überhaupt zur Seite gestellt werden.

Alys These von der Antibürgerlichkeit des Antisemitismus läuft darauf hinaus, dem politischen Antisemitismus insgesamt den autoritären Charakter abzusprechen; das betrifft also die „unangepasst Antiautoritären" von monarchistisch-konservativ bis völkisch-nationalistisch, vom Hofprediger Stöcker bis zum Lehrer Ahlwardt, von den Alldeutschen bis zu „Stahlhelm" und SA. Sie fallen bei Aly damit in diejenige Kategorie, unter die auch ein in der Tat antibürgerlicher Marx, eine unangepasste Rosa Luxemburg oder ein antiautoritär-pazifistischer Erich Mühsam zu subsumieren wäre. Die der Sache äußerliche pseudoantiautoritäre, im Kern aber reaktionäre Rhetorik etwa der Deutschnationalen des Wartburgfestes oder der NSDAP wird nicht nur als die Sache selbst gewähnt. Mittels der zweifelhaften Methode des nivellierenden Vergleichs werden außerdem wichtige gesellschaftliche Zusammenhänge geleugnet. Der völkische Nationalismus wird im Vergleich mit „68", das selbst nur als Stereotyp vorgestellt wird, als antiautoritäre Jugendrevolte

10 Vgl. ebd., S. 8, 25, 89–120.

verharmlost. Und diese einigermaßen abenteuerlichen Gedankengänge müssen wenig überraschen vor dem Hintergrund der biographischen ‚Belastung' eines ehemaligen ‚jugendlichen Rebellen', der heute rechtfertigende Orientierung geben will und nach seinem mehr oder weniger erfolgreichen Gang durch die Institutionen zum einst bekämpften „Establishment" aufschloss. Aly kann daher – um es mit Michael Wildt zu sagen – als Beispiel stehen für „das Elend jenes Teils einer Generation, der sich nie mit seiner eigenen totalitären Versuchung auseinander gesetzt hat und dem darum heute als Begriff von Freiheit nur noch die Entfesselung des Marktes einfällt"[11].

Das total(itär)e Gleichnamigmachen von NS und Sozialismus entspricht dabei demjenigen Äquivalenzdenken, das Horkheimer als grundlegendes Prinzip „traditioneller Theorie" ausmachte. Es ist dies ein Denken, welches zwecks Integration in Produktion verfügbar gemachtes „Wissen" aufzustapeln bestrebt ist.[12] Aly wagt die Ableitung höchsten Grades: Zumindest alle Geschichte der letzten 200 Jahre laufe teleologisch auf einen finalen Widerspruch zwischen bürgerlicher Gesellschaft auf der einen und dem Antibürgerlichen auf der anderen Seiten hinaus. „Die Deutschen" wurden in das Spannungsfeld eines eschatologischen Dualismus hineingerissen zwischen bürgerlicher Gesellschaft (das Ticket enthält: Privateigentum, Wirtschaftsliberalismus, aufgeklärtes Christentum, ‚die Juden') einerseits und Sozialismus (hier: Staatseigentum, Sozialdemokratie, Kommunismus, NS, Atheismus) auf der anderen Seite. *Auschwitz oder Kapitalismus?* – so lautet Alys Frage, die Totalitarismustheorie in ihrer Endkonsequenz ist. Der in der begrifflichen Verwirrung aufgewirbelte Magnetstaub sammelt sich sogleich um die zwei angelegten Pole. Dem einstigen Rebellen der 1970er Jahre steht, wie so vielen von ihnen, das ‚postideologische' Verwirrspiel, das dem „Establishment" ‚nützliches Wissen' verfügbar macht, gut zu Gesicht.

Indes: In der veröffentlichten Meinung reüssiert Aly in der Rolle des Unangepassten und Tabus brechenden Durchlüfters eines angeblichen Alt-68er-Muffs. Dieser soll durch Spott, dessen Spötter

11 Michael Wildt: Vertrautes Ressentiment. In: *Die Zeit*, 04.05.2005. http://www.zeit.de/2005/19/P-Aly (Zugriff am 30.10.2012).

12 Horkheimer: Traditionelle und kritische Theorie, S. 18.

selbst sich als unzeitgemäß etikettiert, der Lächerlichkeit preisgegeben werden. In Anbiederung an das antiintellektualistische Ressentiment des gehobenen Stammtischs derjenigen „jungen Kreativen", die heute in ihrer prekären Lage zwischen unerreichbarem Traum vom Großbürgertum und bitterer Realität aus „Work-hard-play-hard" und drohendem Absturz in „staatliche Obhut" noch wankelmütig fragen, wen es zu verfluchen gilt, polemisiert Aly – Eliten-konform – gegen ein angebliches linkes (Forschungs-)Establishment, welches sich in nicht-ergebnisorientierter Theoriearbeit im Kreis drehe, statt pragmatisch und nützlich auf das Wesentliche zu verweisen. Aly gibt vor, die Ursachen der Shoah aufklären zu wollen. Er stehe im Gegensatz zu den bisweilen lächerlich gemachten bisherigen Erklärungsansätzen der Antisemitismusforschung, die, so Aly, gleichsam durch theoretische Kunstgriffe Ursachen verschweige oder gar Legenden produziere:

> Nur wer sagt, der zum Massenmord an sechs Millionen Menschen gesteigerte deutsche Antisemitismus sei eine Folge des Antisemitismus, malt einen Dämon an die Wand und schweigt über die Kräfte, die den Dämon entstehen und übermächtig werden lassen.[13]

Diese Dämonologie ist jedoch nicht um Erklärung und Vertreibung des Un-Geistes bemüht. Alys vielmehr zeitgemäße Antisemitismusforschung, die ihren positivistischen und daher ver-wert-baren Beitrag zur Bestätigung des Bestehenden leisten muss, verkündet die Entdeckung des eigentlichen Urgrundes des deutschen Antisemitismus: Der Neid vergifte alle Stimmung. Die christliche Lehre von den Erbsünden liefert hier überraschend Abhilfe gegen dämonisierte Theorie, die durch einen düsteren Mythos substituiert wird. Eine Kritik, ja wenigstens eine wissenschaftlich redliche Analyse der kapitalistischen Gesellschaft und des „beschädigten Lebens" wird dank dieser theologisch-anthropologisierten ‚Erklärung' obsolet. Die Antwort auf die Frage „Warum die Deutschen?", die eigentlich nach der Verfasstheit des Gemeinwesens, aus dem es gekrochen kam, fragen müsste, kann somit erfolgreich verhindert werden, scheint es doch seit Urzeiten bösartige Menscheneigenschaft zu sein, bei Neid Mord sich einfallen zu lassen. Schon

13 Aly: *Warum die Deutschen?*, S. 277.

„Kain erschlug seinen Bruder Abel“[14], Beweis genug! Eine Untersuchung der deutschen bürgerlichen Gesellschaft, die ihr grässlichstes Antlitz in der Shoah zeigte, wagt Aly nicht. Auch Ahnungen etwa davon, dass Antisemitismus gegen ‚Finanzkapitalisten‘, nicht aber gegen das Kapital sich wandte, was ihn als unwahren Antikapitalismus entlarvte, laufen entweder ins Leere oder werden konterkariert durch Überlegungen, die Kapitalismus ausschließlich in Zirkulation verorten. So stellt Aly etwa die epochale Krise des Kapitalismus von 1873, genannt „Gründerkrach“, als ein Desaster der massenhaften Börsenfehlspekulation dar. Dass es eine Überproduktionskrise zwischen 1871–73 gegeben hatte, kann man in den Schilderungen zwar erahnen. Doch es ist das „Börsengeschäft“, das von *den* „Deutschen“ zu begierig betrieben worden sei und bei Aly zur Krisenursache wird.[15]

Das Mordsubjekt hat das Wort, actio = reactio?, an sich und für sich

Vorrangig – insofern ist der Titel irreführend – konzentriert sich *Warum die Deutschen? Warum die Juden?* auf den Beleg eines ‚jüdischen‘ Erfolgs, welcher die ‚christlichen Deutschen‘ zur Mordtat provoziert habe. In dieser schiefen Perspektive geriet der aktive germanophile Antisemit in eine passive Rolle des herausgeforderten Nörglers, des von ‚Juden‘ Gekränkten. Alys üppiges Zahlenspiel, das eine ‚jüdische‘ Überlegenheit in Handel, Kultur und Sexualität zweifelsfrei behaupten will, lässt einer wirklichen Auseinandersetzung mit der deutschen Gesellschaft seit 1800 wenig Raum. Dabei geriet das beinahe ptolemäische Zerrbild, das Antisemitismus als Reaktion einer herausgeforderten Mehrheit auf eine herausfordernde Minderheit erscheinen lässt, in eine riskante Nähe zu dem, was Antisemiten selbst permanent behaupteten und neidvoll anerkennen zu müssen glaubten, nämlich dass ‚Juden‘ angeblich in jedem Feld der modernen Gesellschaft eine Dominanz erreichten, angesichts derer man sich nun wehren müsse.[16] So entsteht der Eindruck, als sei der Antisemitismus weniger ein offensiver *Angriff* (*Aktion*) auf die vom

14 Aly: *Warum die Deutschen?*, S. 301.

15 Vgl. ebd., S. 104–105.

16 Vgl. Massing: *Vorgeschichte des politischen Antisemitismus*, S. 100–118.

Angreifer stigmatisierten Opfer, als vielmehr eine *Abwehr* (*Reaktion*) gegen eine sich selbst durch ihren Erfolg von der Mehrheit abgrenzende Gruppe.

Wie beschrieben nimmt Aly seine Quellen beim Wort. Mithilfe von ‚O-Tönen' versucht er, Antisemitismus aus dem kollektiven Wirken ‚der Juden' einerseits und den Wahrnehmungen der Antisemiten andererseits zu erklären. Zu den fatalen Entwicklungen, die eine deutsche Gesellschaft nicht nur der Mörder, sondern auch der (Er-)Dichter und (Er-)Denker der Shoah entstehen ließen, kann der Autor wenig sagen, da angesichts der dominanten Thematik des ‚jüdischen Erfolges' die Ergründung des Mordsubjektes auffällig dünn bleibt. So soll die Frage „Warum die Deutschen?" die Völkerpsychologie beantworten: Der „christliche Deutsche" neige besonders in Krisenzeiten dazu, Freiheit mit dem „Gefühl von Unbequemlichkeit, Ungewissheit und Überforderung" zu assoziieren, „während […] Gleichheit gemütliche Geborgenheit, Daseinsvorsorge und minimiertes individuelles Risiko bedeutete." Dies habe „das politische Erwachsenwerden" der „christlichen Deutschen" seit 1800 verhindert.[17] Dieses diachrone Völkergemälde beinhaltet zunächst den ‚Deutschen' des frühen 19. Jahrhunderts. Das ‚Deutsch-Sein', als originär bürgerliche Befindlichkeit, wird entsprechend ausschließlich anhand der Äußerungen bestimmter Vertreter des Bürgertums jener Jahre rekonstruiert. Die Erfahrung der napoleonischen Besatzung habe das deutsche Bürgertum gegen die Moderne, die Aly in erster Linie mit Wettbewerb, Cleverness und Geschäftssinn assoziiert, aufgebracht. Dass versucht wird, in der frühen Entwicklung des deutschen bürgerlich-liberal-nationalen Milieus Ursachen für Antisemitismus aufzuspüren, ist nicht zu beanstanden (aber auch nicht innovativ)[18]. Problematisch wird dies jedoch, wenn deutsch-nationaler Antimodernismus in Bürgertum und Adel vom bürgerlich- und ständisch-ideologischen Ursprung gelöst, zum „deutschen Nationalcharakter" verallgemeinert und gar als „sozialistisch" erklärt wird, sodass ausgerechnet

17 Aly: *Warum die Deutschen?*, S. 15.

18 Vgl. etwa Jörg Echternkamp / Sven Oliver Müller: Auswahlbibliographie: Deutscher Nationalismus vom 18. zum 20. Jahrhundert. In: Dies. (Hrsg.): *Die Politik der Nation. Deutscher Nationalismus in Krieg und Krisen 1760–1960.* München: Oldenbourg 2002, S. 271–290.

der (ansonsten sicherlich nicht unproblematischen) Arbeiterbewegung die Urheberschaft jenes bürgerlich-nationalistischen Antimodernismus untergeschoben werden kann. Zugleich wird das somit entlastete Bürgerliche (und Adlige)[19] gereinigt von den peinlichen, frühen „Deutschtümler[n] von Blut und Freisinnige[n] von Reflexion", die noch die „Geschichte der Freiheit […] in den teutonischen Urwäldern" suchten.[20] Moralische Absicherung soll zusätzlich die Gedankenoperation liefern, die das ‚Bürgerliche' als ‚Jüdisches' – und nicht etwa als ‚Französisches' – vorstellt, während vermeintlich antibürgerliche Bürger der frühen Nationalbewegung (wie Ernst Moritz Arndt) für den deutschen Kollektivcharakter sprächen. „Grämlicher Neid auf diejenigen, die sich mit hellwachem Geist an der Gegenwart erfreuten und deren Geschäfte in bunter Vielfalt blühten"[21], sei zur ‚deutschen' Eigenheit schlechthin geworden. Im späteren „Gründerkrach" von 1873 entlarvten die modernen Bedingungen dann endgültig die kollektiv-teutonische Unfähigkeit zur Moderne:

> In Wahrheit hatten sich Nichtjuden massenhaft im Börsengeschäft versucht. Ihre Experimente endeten, wie vermutet werden darf, häufiger als im Fall der wirtschaftlich erfahreneren Juden im selbstverschuldeten Spekulationsdesaster.[22]

Diese kollektivpsychologischen Spekulationen liegen, angesichts der allenthalben beklagten Exzessivität einiger „schwarzer Schafe der Finanzbranche", ganz im Trend der heutzutage modischen Küchenpsychologie zur „Gier der Manager", obwohl Aly eher aus der Perspektive der ‚Chefetagen' argumentiert: Den „Gründerkrach" – eine der größten Wirtschaftskrisen der Geschichte – lastet er nicht einer Kleinstgruppe von „schwarzen Schafen", sondern

19 So glaubt Aly den erzreaktionären Kanzler von Metternich allen Ernstes mit Heinrich Heine in einer Gesinnungsunion für die Judenemanzipation (vgl. Aly: *Warum die Deutschen?*, S. 68–70). Auch Bismarck erhält einen ‚Persilschein', denn der habe sich für die Rechte von Juden in Rumänien, Bulgarien und Serbien eingesetzt (vgl. ebd., S. 30–31). Seine innenpolitische Hinwendung zum antisemitischen, antiliberalen und antisozialistischen Konservatismus stellt Aly als sozialstaatliche Wende dar (vgl. ebd., S. 105–108).

20 Karl Marx: Zur Kritik der Hegelschen Rechtsphilosophie. Einleitung. In: Ders. / Friedrich Engels: *MEW*, Bd. 1. Berlin: Dietz 1970, S. 378–391, hier S. 380.

21 Aly: *Warum die Deutschen?*, S. 57.

22 Ebd., S. 104.

den börsenunfähigen „Massen“ an. Eine sozioökonomische Analyse der damaligen Bevölkerung, die mehrheitlich wohl eher kaum ins Aktiengeschäft einzusteigen in der Lage gewesen war, erwartete man hier vergebens. Die These bleibt indes stark: Die Krise sei dem Versagen der mit weniger cleverem Geschäftssinn ausgestatteten „Tölpel und Transusen“[23] zu verdanken gewesen. Nicht die gewaltigen Kräfte der technisch-materiellen Entwicklungen, aus Beschleunigung und Stadtleben, aus Industrialisierung und (Über-)Produktion gelten hier als Bedingungen der Krise. Ursachen werden stattdessen in Zirkulation und Börse lokalisiert. In Alys Bild erscheint die Industrialisierung als ein Verhängnis, das über die ohnehin zu Extremen neigenden „Deutschen“[24] gekommen sei. Zugleich habe ein angeblich häufiger Börsenerfolg bei ‚Juden‘ den Neid der monetär untalentierten ‚Deutschen‘ entfacht. Die bei Aly hier nun urplötzlich auftauchenden „Millionen deutscher Arbeiter“ mobilisierten sogleich ihren Sozialneid zu einer „antibürgerlichen Kraft“ in Massenorganisationen wie Parteien und Gewerkschaften.[25] Diesen Arbeiterbünden – und das ist Alys Pointe – muss letztlich die verhängnisvolle Erfindung von Masse, Marsch und Kollektivismus vorgeworfen werden.[26] Weder der moderne Staat mit seiner nationalen Ideologie, seiner Bürokratie, dem Militär, noch die Massenproduktion und Großraumfabrik, die Gleichmacherei durch Markt und Kulturindustrie spielen in dieser Betrachtung eine Rolle. Stattdessen wird der reaktionär-konservative Sozialversicherungsstaat Bismarck'scher Prägung, der sich zur Zeit der Sozialistengesetze gegen die Arbeiterbewegung richtete, in eine Schreckensgeschichte des „Sozialismus“ gestellt.[27] Nationalstaat und Markt erscheinen dagegen als Garanten von Individualismus und Freiheit, was oberflächlich an Arendts Totalitarismus-Theorie erinnert.[28] Doch Aly will auf anderes hinaus: Erst verspekulierten sich die Unfähigen, dann gründeten sie Arbeiterorganisationen,

23 Ebd., S. 57. ‚Zeitzeuge‘ Marr sprach vom „deutschen Tolpatsch“ (Marr: *Sieg des Judenthums*, S. 21).

24 Eine „für die allgemeine deutsche Entwicklung typisch[e]“ Disposition (Aly: *Warum die Deutschen?*, S. 211).

25 Ebd., S. 130–131.

26 Vgl. ebd., S. 130–134.

27 Vgl. ebd., S. 13–14.

28 Vgl. Arendt: *Elemente und Ursprünge totaler Herrschaft*, S. 402–452.

behinderten den Markt mit Sozialstaat und marschierten schließlich jubelnd in einen verheerenden Völkerkrieg; der ‚Deutsche', oder ehrlicher: der ‚Sozialist' an sich und für sich.

Dem Kleinbürger, was des Kleinbürgers ist

Einer metahistorischen Kollektivpsychologie ist nur schwer zu begegnen. Es ist daher zentral, sie in den Kontext ihrer Formulierung zu stellen. Denkbar ist, dass Götz Aly auch im konfus sich in Protesten ausdrückenden Unbehagen seit der sog. Finanzkrise von 2008 ein typisches kollektivpsychologisches Verhalten zu erkennen glaubt. Schon in der Entstehungs- und Umsetzungszeit der sog. Hartz-Reformen schlug sich Aly auf die Seite der ‚Reformpolitik' der Schröder-Fischer-Regierung, der u. a. in größeren und relativ lang anhaltenden – wenn auch wirkungslosen – Sozialprotesten demokratischer Widerstand entgegengebracht wurde. Im September 2004 unterstellte Aly in der *SZ*, die NS-Regierung habe einen „sozialpolitisch warmgehaltenen Gefälligkeitsstaat" errichtet, um „sozialpolitische Appeasement"-Politik gegenüber den „80 Prozent der Deutschen" zu betreiben, die zudem steuerlich kaum belastet worden seien; die „Regierung Schröder/Fischer" stehe nun, über 60 Jahre nach „Hitler[s] […] Politik des Schuldenmachens", „vor der historischen Aufgabe des langen Abschieds von der Volksgemeinschaft".[29] Wenig später gab der mit einer unverkennbaren sozialpolitischen Agenda auftretende Historiker in der *taz* zu Protokoll, dass es die Hitler-Regierung niemals gewagt hätte, ‚Sozialreformen' – also ähnlich den Hartz-Reformen – gegen das „Volk" durchzusetzen, zu groß wäre der Widerstand gewesen. Erst Bundeskanzler Gerhard Schröder, der, so Aly, ähnliche „lebensgeschichtliche Erfahrungen" aufzuweisen habe – wie der ‚Sozialpolitiker' Adolf Hitler, aber auch Willy Brandt und Erich Honecker –, habe die Kehrtwende, gegen die harten Proteste der „einfachen Leute", vollziehen können.[30]

29 Vgl. Götz Aly: „Ich bin das Volk". Alle reden von Hitler – wir reden von Hitler-Deutschland. In: *Süddeutsche Zeitung*, 01.09.2004. Online abrufbar unter: http://www.perlentaucher.de/essay/ich-bin-das-volk.html (Zugriff am 08.08.2014).

30 Vgl. Robin Alexander: „Der Holocaust geschah zum Vorteil aller Deutschen" [Interview mit Götz Aly]. In: *taz*, 15.01.2005. http://www.taz.de/1/archiv/?dig=2005/01/15/a0167 (Zugriff am 08.08.2014).

Auf Alys sozialpolitische Position ist unten noch detaillierter einzugehen; wichtig ist hier zwecks Klarstellung darauf hinzuweisen, dass zweifelsohne etwa in der diffus-richtungslosen Occupy-Bewegung antiliberale und nicht selten antisemitische, also historisch altbekannte Töne vernehmbar sind. Kleinbürgerlich beschädigtes (Un-)Bewusstsein verbindet sich mit Empörung, ausgelöst durch abstrakt und bedrohlich empfundene Kräfte. Teile der Bewegung fordern Fairness und Würde[31], die die Würde der „Mittelschicht" ist, des kleinen und mittleren Privateigentums. An sozialistische Traditionen aber knüpft diese Bewegung in ihrer Mehrheit mitnichten an.
Diese Fragen sind bei der Beschäftigung mit Alys Thesen jedoch nicht zu klären und daher auch nicht Gegenstand dieser Überlegungen. Auch auf eine nötige, aber bereits häufig durchgeführte Analyse nationalistisch-autoritärer und antisemitischer Traditionen in der Arbeiterbewegung[32] soll hier verzichtet werden. Eine Auseinandersetzung mit den komplexen Ursachen für das nicht unerhebliche ‚Überlaufen' von ArbeiterInnen zur NS-WählerInnenschaft kann hier nicht geleistet werden, denn hier steht nicht eine Geschichte der ArbeiterInnen oder Arbeiterbewegung im Fokus. Thematisiert wird stattdessen das antisozialistische Ressentiment, das von einer Kritik der Arbeiterbewegung strikt zu scheiden ist.
Auch Aly, der allerdings allerlei nichtbelegte Aussagen über die Geschichte der Arbeiterbewegung trifft, verzichtet auf eine Rekonstruktion sozial-psychologischer Sachlagen und Entwicklungen in der Arbeiterbewegung.[33] Bei aller Statistik bleibt gerade hier das Zahlenspiel aus. Stattdessen werden die Befindlichkeiten bestimmter Gruppen des Bürgertums und des zwangsverbürgerlichten

31 Vgl. Oliver Das Gupta: „Das ist der Widerstand einer gebildeten Mittelschicht". Claus Leggewie über Occupy Wall Street [Interview] . In: *Süddeutsche Zeitung*, 17.10.2011. http://www.sueddeutsche.de/politik/claus-leggewie-ueber-occupy-wall-street-das-ist-der-widerstand-einer-gebildeten-mittelschicht-1.1162395 (Zugriff am 01.07.2013).

32 Vgl. etwa Thomas Haury: *Antisemitismus von links. Kommunistische Ideologie, Nationalismus und Antizionismus in der frühen DDR*. Hamburg: Hamburger Edition 2002, S. 160–292.

33 Zum Thema Arbeiterbewegung und Antisemitismus verweist Aly (vgl. Aly: *Warum die Deutschen?*, S. 130) lediglich auf den im Offensivmodus des frühen Kalten Krieges verfassten Text von Edmund Silberner: *Sozialisten zur Judenfrage*. Berlin: Colloquium 1962. Vgl. Haury: *Antisemitismus von links*, S. 160–166.

Kleinadels im 19. Jahrhundert schlicht zum ,Volkscharakter' erklärt. Die von Aly bunt geschilderten[34] antisemitischen Gelage von deutschen Nationalrevolutionären und Adligen im frühen 19. Jahrhundert in Gasthof, Unischenke und Gutsschloss[35] können getrost interpretiert werden als das milieutypische Verhalten eines „maulfrechen, aber tatfeigen, kriechenden Kleinbürgertum[s]" oder von „Bürokraten, Adels- und Hofgesindel", wie Engels es ausdrückte.[36] Allein sagt dies wenig über die in den deutschen Gebieten beginnenden sozioökonomischen Umwälzungen dieser Zeit. Was bei Aly als umfassende Rechtsreform erscheint, stellte sich für Millionen von freigesetzten Kleinbauern, LandarbeiterInnen und ersten ArbeiterInnen, die jeden Tag massive (Über-)Lebensrisiken eingingen (man denke etwa an Heines *Die schlesischen Weber*), als eine ungeheure gesellschaftliche Wandlung dar, die später als industrielle Revolution bezeichnet wurde. Davon, dass diese ,Deutschen' lähmende „Gemütlichkeit" lebten, kann keine Rede sein. Doch um die ,Vielen' dreht sich der „Genius", der als „deutsch" sich versteht, bekanntlich selten, es sei denn, er macht die „Massen" sich als Masse gleich und damit gefügig.

Aly geht es augenscheinlich nicht um eine historiographische Aufarbeitung des antisemitischen 19. Jahrhunderts. Die wirklichen deutschen Zustände dieser Zeit hielten scharfe Beobachter wie Heine und Marx fest.[37] Ihre durch ,Zeitzeugenschaft' beglaubigten Zeugnisse müssen dem ,Empiriker' Aly jedoch entgangen sein. Sie sind irrelevant für seine Konstruktion einer sozialpolitischen Sündengeschichte, die vom Niedergang der ,Freiheit' zugunsten sozialer Emanzipation erzählt. Die vermeintliche Zerstörung des (Wirtschafts-)Liberalismus und ,unbeschwerten' Kapitalismus, der mit ,den Juden' assoziiert wird, sei von ,den Deutschen' bzw.

34 Vgl. Aly: *Warum die Deutschen?*, S. 48–54, 55–64.

35 Anschaulich zu deutschem Adel und Antisemitismus vgl. Jutta Ditfurth: *Der Baron, die Juden und die Nazis. Reise in eine Familiengeschichte.* Hamburg: Hoffmann und Campe 2013.

36 Friedrich Engels: Marx und die „Neue Rheinische Zeitung". In: Ders. / Karl Marx: *MEW*, Bd. 21. Berlin: Dietz 1962, S. 16–24, hier S. 19.

37 Vgl. z. B. Marx: Kritik der Hegelschen Rechtsphilosophie. Einleitung; Heinrich Heine: Deutschland. Ein Wintermärchen. In: Ders.: *Historisch-kritische Gesamtausgabe der Werke*, hrsg. von Manfred Windfuhr, Bd. 4: Atta Troll. Ein Sommernachtstraum / Deutschland. Ein Wintermärchen. Hamburg: Hoffmann und Campe 1995, S. 87–157.

‚den Sozialisten' betrieben worden, von Marx über Bismarck bis Hitler. Die Shoah geriet somit zum Fanal eines Kampfes *Freiheit* vs. *Sozialismus.*

„Die Begriffe Gleichheit, Neid und Freiheitsangst ermöglichen es, die Eigenart des deutschen Antisemitismus zu erkennen"[38], heißt es bei Aly. Und auch dies ist wieder nur die halbe Wahrheit, und als halbe, unwahr. In Auschwitz wurde der Liberalismus des *citoyen* endgültig als in die (negative) Produktion nicht mehr integrierbarer, längst verleumdeter älterer Bruder des entwickelten Kapitalismus und entfesselten Marktes vernichtet. Der Kleinbürger exekutierte dies in dem Glauben, sein Glück zu finden in der Vernichtung der so gehassten Zirkulation. Zugleich vernichtet wurde der Sozialismus, als Humanismus und Alternative zu den nicht eingelösten Versprechungen des Liberalismus. Der Kleinbürger hasste auch ihn, weil er seinen eigenen Träumen und Wünschen misstraute und sich als Verdammter über die Verdammten erheben zu können glaubte. Keiner beschrieb eindringlicher, welch gefährliches, durch Exploitation, Vereinsamung und ständische Erwartung beschädigtes Bewusstsein in den Lehrerzimmern, Büros, Bankschaltern, in Vergnügungs- und Sportstätten heranreifte, als Siegfried Kracauer.[39] Marx hatte zwar schon geahnt, dass die kapitalistische Revolution ihre Kinder, wie den Liberalismus, dereinst auffressen würde. Dass sie auch ihrem selbsterzeugten Totengräber ein Grab schaufeln würde, konnte der Trierer Aufklärer nicht ahnen.

Aly macht sich ein anderes Bild, in dem der NS, wie unten noch auszuführen ist, in erster Linie als eine sozialistische Idee erscheint; nicht einmal so sehr als eine „deutsche". Man unterläge einem Missverständnis, glaubte man in Aly einen scharfen Kritiker des ‚Deutschtums' zu erblicken. Nicht der Antisemitismus sei den ‚Deutschen' eigen – wie etwa Goldhagen nach richtigen Beobachtungen, aber „aus dem Blickwinkel eines Anthropologen" spekulierte[40] –, sondern eine gefährliche Gemütlichkeit und Risikoscheu. Bereits 2005 sorgte Aly in *Hitlers Volksstaat* mit der These für Furore, es habe

38 Aly: *Warum die Deutschen?*, S. 15.

39 Siegfried Kracauer: *Die Angestellten.* Frankfurt am Main: Suhrkamp 1971, S. 65–109.

40 Daniel Jonah Goldhagen: *Hitlers willige Vollstrecker. Ganz gewöhnliche Deutsche und der Holocaust.* Berlin: Siedler 1996, S. 46.

im „Dritten Reich“ nur deshalb zu massenhafter (Mit-)Täterschaft kommen können, weil sich „Nationale Sozialisten“, also in erster Linie „Sozialisten“, die Gefolgschaft der Deutschen mit Sozialstaat und Steuererleichterungen erkaufen konnten. Die Ausraubung der jüdischen Bevölkerung und überrannten Gebiete Europas finanzierten die Korrumpierung der Deutschen, die erst zu unflexibel und bequem und dann neidisch waren. In *Warum die Deutschen? Warum die Juden?* soll die These vom gekauften Holocaust mit der Behauptung eines volkskollektivistisch-sozialistischen Holzweges weiter unterlegt werden.

Es geht also nicht darum, das ‚Deutsche‘ im ‚Deutschen‘ zu problematisieren. Der könne sich ändern, nicht aber der ‚Sozialist‘. Die Geschichte zeige, dass der problematische Teil des ‚deutschen Charakters‘ der ‚Sozialismus‘ sei. Aber man bemühte sich hin und wieder – wenn auch spät – um Besserung. Doch immer wieder, so Aly, störten äußere Faktoren bei der Überwindung des ‚sozialistischen Deutschen‘. Zu Beginn des 19. Jahrhunderts brachten napoleonische Truppen den „deutschen Genius“ gegen die Moderne auf. Und über 100 Jahre später waren es die Sieger des Ersten Weltkrieges, die den ‚Deutschen‘ die Demokratie verhagelten. Statt die andere Wange hinzuhalten, zwangen sie mit ihrer gleichsam ‚unchristlich-irrationalen‘ Versailler „Rache“- und Schuldzuweisungspolitik die Weimarer Republik in eine unmögliche Situation und verletzten mit ihrem „Friedensdiktat“ auch noch den ‚deutschen Stolz‘.[41] Doch nicht nur alliierte Unvernunft, sondern auch die ‚Gleichheitsideologie‘ bestimmter politischer Gruppen habe die Atmosphäre vergiftetet. Zwar bewegte sich in der Weimarer Zeit einiges: Sozialdemokratische Reformen haben bei den meisten Deutschen dann doch die Akzeptanz des modernen Gesellschaftssystems erhöht, denn sie animierten millionenfach zu sozialem Aufstieg. Doch eine ‚Einheitsfront‘ aus (linken) Sozialdemokraten, Kommunisten und Nationalsozialisten habe ‚die Deutschen‘ letztlich gegen Individualismus und Markt aufgebracht. Die „Tüchtigen“ und „arbeitsamen Aufsteiger“, die durch die verheerenden Auswirkungen von Versailles in Not gerieten, waren leicht verwirr- und verführbar.[42]

41 Vgl. Aly: *Warum die Deutschen?*, S. 155–163.

42 Vgl. ebd., S. 163, 213–222.

An seinem „herzensguten“ und „integren“ Großvater Friedrich will Aly rekonstruieren, wie „viele Deutsche“ dem NS verfielen.[43] Der bescheidene Aufsteiger und arbeitslos gewordene Friedrich Schneider – dessen Frau aus Not ein Lebensmittelgeschäft gründete – trat daraufhin 1926 in die NSDAP ein. Dort hatte er geglaubt, wie er 1948 im Entnazifizierungsverfahren kundtat, Lösungen zum Arbeitslosenproblem zu finden. Schneiders Geschichte stehe beispielhaft für den massenhaften abrupten Aufstieg, dem spätestens die von außen kommende Weltwirtschaftskrise ein jähes Ende bereitete. Diese Krise

> blockierte den verspätet und plötzlich erwachten Aufstiegswillen und trieb hochmotivierte junge Leute, arbeitsame Aufsteiger und diejenigen, die für ihre Kinder ein besseres Leben wünschten, in die Arme des Nationalsozialismus.[44]

Warum sich diese Angestelltengesellschaft, die Kracauer 1930 so trefflich beschrieb, massenhaft dem völkischen Nationalismus zuwandte, und nicht etwa der Sozialdemokratie oder gar der KPD, kann Aly, der Kracauer zwar zitiert, aber *Die Angestellten* als postkapitalistischen Abgesang auf die Klassengesellschaft missversteht, jedoch nicht erklären.[45] Es scheint ihm auch nicht dringlich, war der NS in seinen Augen doch *ein*, wenn nicht gar *der* Sozialismus. Eine schichten- oder klassenspezifische Differenzierung sozialpsychologischer Motivationen lehnt er festhaltend an seiner kollektivpsychologischen Grundannahme ab. Die NS-Anhängerschaft sei nicht einem bestimmten Milieu, gar dem (Klein-)Bürgertum zuzuordnen. (Dies widerspricht Alys eigener detailreicher Darstellung kleinbürgerlicher Herkünfte von NS-Funktionären.)[46] Ein von sozialdemokratischer Reformpolitik ausgelöster, überhasteter sozialer Massenaufstieg („von welchem Ausgangspunkt auch immer“[47]) habe das gesellschaftliche Gefüge ins Wanken gebracht und damit den Erfolg des NS, der vor allem eine Jugendbewegung gewesen sei, erst ermöglicht.[48]

43 Vgl. ebd., S. 214–217.
44 Ebd., S. 213.
45 Vgl. ebd., S. 213–214.
46 Vgl. ebd., S. 217–218.
47 Ebd., S. 221.
48 Vgl. ebd., S. 213–230.

Der Aufsteiger an sich sei zum Problem geworden, was Arbeiter wie Angestellte gleichermaßen betraf. Ganz im Sinne der totalitarismustheoretischen Doktrin argumentiert Aly, wenn er keinen Unterschied ausmachen kann zwischen denjenigen, die sich Ende der 1920er Jahre den Parteien der Arbeiterbewegung anschlossen, und denen, die dem NS zueilten. Sowohl KPD als auch NSDAP seien in „Tatendrang, Entschlossenheit und radikale[m] Veränderungswillen"[49] kaum zu unterscheiden gewesen. Damit ist nicht nur all jenen Ansätzen vehement widersprochen – auch dem Zeugen Kracauer –, die den NS „als mittelständische Massenbewegung"[50] verstanden wissen wollten. Es bleibt in Alys Perspektive völlig unklar, warum es zu Beginn der 1930er Jahre nicht zu einem „kommunistischen" Umschwung gekommen ist. Bei aller Adaption bürgerlicher Ideologeme und des Korporatismus in der heterogenen Geschichte des Sozialismus machte es eben doch einen Unterschied, ob man sich auf der einen Seite einem traditionellen Arbeitermilieu und/oder gesellschaftskritischen Überzeugungen verpflichtet sah, die ein Ende der bürgerlichen Gesellschaft anstrebten, oder ob man unter Beibehaltung der kapitalistischen Gesellschaftsordnung die Entfernung der ‚Gewinner der Moderne' aus dem ‚Volkskörper' begehrte. Es gibt einen Unterschied zwischen ersehnter Emanzipation und phantasierter Vernichtung der Projektionsfläche ohnmächtiger Allmachtsfantasien. (Eine Vernichtungslust, die keine Befreiung durch Befriedigung kennt.[51]) Bei „allen mörderischen Parallelen in der politischen Praxis", darauf weist Martin Sabrow hin, verhalten beide qualitativ unvergleichbaren politischen Bewegungen sich „sehr unterschiedlich zu den heute universal anerkannten Normen des menschlichen Zusammenlebens".

> Dem Nationalsozialismus ist der Glaube an die Ungleichwertigkeit der Menschen und das Recht des Stärkeren inhärent, während sich mit dem Kommunismus […] Ziele wie Gleichheit, Gerechtigkeit und Solidarität verbinden […]. Der sozialistische Traum lässt mehr Lesarten zu als der nationalsozialistische Zivilisationsbruch.[52]

49 Aly: *Warum die Deutschen?*, S. 230.

50 Vgl. Saage: *Faschismustheorien*, S. 107–148.

51 Vgl. Adorno / Horkheimer: *Dialektik der Aufklärung*, S. 180–181.

52 Martin Sabrow: *Die DDR erinnern.* In: Ders.: (Hrsg.): *Erinnerungsorte der DDR.* München: Beck 2009, S. 9–25, hier S. 15.

Es lässt sich festhalten: Die Behauptung eines „ewigen Deutschen", die tatsächlich den ‚unverbesserlichen Sozialisten' meint, und die Verantwortlichmachung der Alliierten für die Weimarer Krisen bezeugen, dass die Frage *Warum die Deutschen?* nicht beantwortet werden will! Stattdessen erscheinen die von Großvater Friedrich und seinen Kameraden im Krieg bekämpften Alliierten als engherzig-rachsüchtige Vorbereiter der Aggressionen und die verfolgten Sozialdemokraten und Kommunisten als Täter. Dem Aufsteiger Aly (vom maoistischen Jungaktivisten zum gefeierten Autor) gelingt es so, Teile seines Klientels – das in unverstandenem Unbehagen lebende (Klein-)Bürgertum – vom Stigma der antisemitischen Neigung zu befreien, und erhält ihm zugleich die ‚Nation' und die „im bürgerlichen Deutschland ausgeprägte Sucht, sich durch irgendeinen Rang von der Menge abzuheben, auch wenn er nur eingebildet ist"[53]. Mit begrifflicher Verwirrung gelingt es ihm ferner, Kracauers punktgenaue Analyse der Angestelltengesellschaft mitsamt ihrer gefährlichen Entfremdungsmechanismen zu einer Rechtfertigung dieser Entfremdung zu verdrehen.

53 Vgl. Kracauer: *Die Angestellten*, S. 83.

IV.
Warum Aly?

> Allein der gesunde Menschenverstand, ein so respektabler Geselle er auch in dem hausbackenen Gebiet seiner vier Wände ist, erlebt ganz wunderbare Abenteuer, sobald er sich in die weite Welt der Forschung wagt […].[1]

Der Außenseiter gegen den Rest?

Ein Spektakel der Herrn Historiker

Warum die Deutschen? Warum die Juden? ist hinsichtlich des methodisch-theoretischen Anspruchs einigermaßen überraschend insofern, als es selbst hinter die eher konservativen Standards der deutschen Geschichtswissenschaft auf eine vereinfachte Version des Historismus zurückfällt. Dass fast ausschließlich zeitgenössische Zeugnisse, sogar Quellen aus dem „sieben laufende Meter umfassende[n] Archiv der Familie Aly" zur Anwendung kommen und Forschungsliteratur aus der Zeit nach 1945 kaum Erwähnung findet, präsentiert der Autor als innovativen unverfälschten Zugang und Stärke seines Ansatzes.[2]

> Ich verwende […] ausschließlich Quellen, die von Beteiligten oder Beobachtern der jeweiligen Epoche, also von Menschen stammen, die nicht wussten, was Deutsche den Juden Europas zwischen 1933 und 1945 antun würden. Diese Zeitgenossen standen noch nicht unter dem doppelten Zwang, ein

1 Friedrich Engels: Herrn Eugen Dühring's Umwälzung der Wissenschaft („Anti-Dühring"). In: Ders. / Karl Marx: *MEW*, Bd. 20. Berlin: Dietz 1962, S. 16–310, hier S. 20–21.

2 Vgl. Aly: *Warum die Deutschen?*, S. 18–21.

> schier unbeschreibliches Verbrechen zu erklären und zugleich Distanz herzustellen. Auf solche Weise lässt sich eine Fülle unterschiedlicher, auch verwirrender Einsichten in die Vorgeschichte des Holocaust gewinnen.[3]

Aly unterstreicht also seinen „strikt empirischen" Ansatz, welcher der etablierten deutschen Geschichtswissenschaft geradezu aufrührerisch entgegenstehe. Entsprechend scharfzüngig reagierte er auf die Kritiker seines Buchs. Den Historiker Hans-Ulrich Wehler, der ihm zurecht vorgeworfen hatte, wichtige Forschungsergebnisse besonders der Sozialgeschichte schlicht nicht zu kennen,[4] attackierte er in der *FAZ* als „Präfekt[en] der Glaubenskongregation für ordnungsgemäße Geschichtsschreibung"[5]. Wehlers zuweilen im Ton etwas oberlehrerhafte Kritik kontert Aly mit Scheinargumenten: Anders als die deutsche Historiographie begrüße „der israelische Altmeister der Antisemitismusforschung, Yehuda Bauer", das Buch.

> Zu meinem Buch meinte Bauer: „Ich habe es nicht gelesen, sondern verschlungen. Ich war wirklich überzeugt, ich verstünde etwas vom deutschen Antisemitismus, und habe von Ihnen gelernt, dass ich ziemlich wenig weiß."[6]

Hinter der stolzen Kulisse einer galileihaften Rebellion in der Geschichtswissenschaft, die ‚grünes Licht' aus Israel bekomme, bleibt das Theorie- und Methodenproblem ungelöst. Vor dem Hintergrund der Entwicklungen der Zeitgeschichte und in Anbetracht des Zustandes der Geschichtswissenschaft überhaupt muss der seit längerem andauernde Konflikt zwischen Götz Aly und einigen ‚etablierten' Historikern verwundern. Der Vorwurf, dem der erfolgreiche Autor sich immer wieder zu stellen hat, berührt freilich das Allerheiligste: Methodik und Wissenschaftlichkeit. Die Anklage wegen Unwissenschaftlichkeit vonseiten der prestigehaltigen institutionellen Historiographie ist dabei nicht das Verblüffende: Die Geschichtswissenschaft verteidigt seit Ranke – häufig noch immer immun gegen die Einsichten der Wissenschaftskritik der letzten

3 Aly: Wehler in der Sackgasse.

4 Vgl. Hans-Ulrich Wehler: Götz Alys neuer Irrweg. In: *Frankfurter Allgemeine Zeitung*, 12.12.2011. http://www.faz.net/aktuell/feuilleton/holocaust-forschung-goetz-alys-neuer-irrweg-11560118.html (Zugriff am 13.06.2013).

5 Aly: Wehler in der Sackgasse.

6 Ebd.

hundert Jahre – ihre heiligen Bezirke. Nach wie vor versucht sie diejenigen institutionell und karrieretechnisch aus dem ständischen akademischen ‚System' auszuschließen, die gewisse höhere Weihen nicht erlangten (akademische Titel, Männerfreundschaften mit Koryphäen der Disziplin, Veröffentlichungen in einschlägigen Fachmagazinen usw.) oder als Rebellen der eigenen Disziplin gegenüber auftreten. In Anbetracht der real existierenden Zeitgeschichte allerdings erscheint das Streitspektakel zwischen Aly als theorie-aversem ‚enfant terrible' der Methodik auf der einen und der etablierten Universitätswissenschaft auf der anderen Seite geradezu anachronistisch. Das Problem der Theorieangst ist nämlich allen gegeben; sodass hier auf eine Parteinahme für eine Seite des Disputs getrost verzichtet werden kann. Aly mangelndes wissenschaftliches Niveau oder journalistisches Schreiben vorzuwerfen, entpuppt sich letztlich als (Abwehr-)Gefecht zum Schutze der letzten Bastionen der feudalen Akademie. An den Inhalten, die seine äußerst erfolgreichen Publikationen in die veröffentlichte Meinung transportieren, geht dies vorbei. Das problematische Verhältnis von Wissenschaft, Theorie und Gesellschaft wird in jenen Disputen nicht berührt. Trotz der (alt-)akademischen Abwehr haben sich Alys Thesen aus *Hitlers Volksstaat* inzwischen auch an den Universitäten diskursiv verankert.[7] Sowohl Alys in ‚rebellischer Pose' vorgetragene Thesen als auch der ihm scheinbar unversöhnlich entgegensetzte akademische Betrieb sind Symptome derselben unten zu schildernden gesellschaftlichen Entwicklungen bzw. sind ihnen adäquat: Alys kreative Neuordnungen des Bildes vom 20. Jahrhundert, die nicht nur im Feuilleton und Universitätsseminar, sondern auch im Schulunterricht ‚Gemeingut' geworden sind,[8] entsprechen der erwünschten Erblindung im Zeitalter der Ideologie der Ideologielosigkeit.

7 Als Indiz sei angeführt, dass *Hitlers Volksstaat* neben Norbert Freis *Der Führerstaat* und Michael Wildts *Geschichte des Nationalsozialismus* als „einführende Literatur" für ein Proseminar des Münchener Institut für Zeitgeschichte zum Thema „die wichtigsten Methoden und Arbeitstechniken […] des Neuzeithistorikers" angegeben wurde. Vgl. Sommersemester 2011. Proseminar: „Das Dritte Reich – NS-Diktatur, Volksstaat oder Führerstaat?". http://www.ifz-muenchen.de/no_cache/das-institut/lehrveranstaltungen/sommersemester-2011/print/ja/print.html (Zugriff am 04.03.2014).

8 Vgl. Bundeszentrale für politische Bildung (Hrsg.): *Informationen zur politischen Bildung* 314 (2012): Nationalsozialismus: Aufstieg und Herrschaft, S. 7, 80.

Eine Auseinandersetzung mit Alys wissenschaftlicher Praxis ist nichtsdestotrotz dringend geboten. Diese sollte jedoch seinen publizistischen Erfolg weder als eine Gefahr für die einst so stabile geschlossene Gesellschaft der Historiographie beklagen, noch als Omen einer vermeintlichen Demokratisierung von Wissenschaft (etwa durch Popularisierung) missdeuten. Im Gestus des ‚Popularisierers' tritt Aly zwar seit geraumer Zeit als unorthodox-aufklärerischer Außenseiter auf. ‚Aufklärer' ist er aber so sehr wie Thilo Sarrazin oder Guido Knopp. Hohe Auflagen zeigen Mehrheiten an, nicht jedoch demokratische Prozesse. Die begriffliche und analytische Grundlage im Buch *Warum die Deutschen? Warum die Juden?*, das der Autor als alternative Wissenschaftsliteratur vorstellt,[9] ist nicht so sehr Anzeichen eines Verfalls der mancherorts noch immer verteidigten akademischen Konventionen, sondern vielmehr Eisbergspitze einer allgemeinen Wiedergeburt mythischer und gar scholastisch-dogmatischer Perzeption der Welt; wie auch bei Gerlach deutlich wurde. Insofern zeigt sich in Alys Text das, was man *falsches Bewusstsein* nennen könnte, jedoch nicht in dem vulgärmarxistischen Sinne, der Überbau lenke von der Wirklichkeit ab. Im Mythos, im falschen, durch Lüge objektivierten Bewusstsein scheint die Wirklichkeit durch; sie ist zur Unkenntlichkeit verzerrt, die Unmenschlichkeit ist übertüncht. Insofern bestimmt das Sein in der Tat das Bewusstsein, denn falsches Bewusstsein entspricht dem Sein als ihm adäquates, insofern authentisches. Hinsichtlich des Zusammenhanges von Bewusstsein und Wirklichkeit formulierte es Walter Benjamin, Kracauer unterstützend, ähnlich:

> Marx hat gesagt, dass das gesellschaftliche Sein das Bewusstsein bestimmt, zugleich aber, dass erst in der klassenlosen Gesellschaft das Bewusstsein jenem Sein adäquat werde. Das gesellschaftliche Sein im Klassenstaat, folgt daraus, ist in dem Grade unmenschlich, dass das Bewusstsein der verschiedenen Klassen ihm nicht adäquat, sondern nur sehr vermittelt, uneigentlich und verschoben entsprechen kann. Und da ein solches falsches Bewusstsein der unteren Klassen im Interesse der oberen, der oberen in den Widersprüchen

9 Vgl. René Aguigah / Winfried Sträter: Der Neidkomplex. Götz Aly über sein neues Buch „Warum die Deutschen? Warum die Juden?" (Radiointerview), 17.08.2011. Im Internet als Audio abrufbar unter: http://www.youtube.com/watch?v=0OkAPwMCx4Q (Zugriff am 19.08.2013), vgl. auch http://www.deutschlandradiokultur.de/der-neidkomplex.984.de.html?dram:article_id=153586 (Zugriff am 20.08.2014).

ihrer ökonomischen Lage begründet liegt, so ist die Herbeiführung eines richtigen Bewusstseins – und zwar erst in den Unterklassen, welche von ihm alles zu erwarten haben – die erste Aufgabe des Marxismus.[10]

Benjamin erinnert hier nicht nur an das Marxsche Werk als zentralen Bestandteil der Aufklärung, sondern weist auf die Schwierigkeit hin, mit der Kracauer bereits in den späten 1920er Jahren zu ringen hatte: die Entlarvung von Mythos. Er ist eben nicht einfach nur eine ausgebuffte Lüge, sondern zugleich unmenschliche Wirklichkeit, die mit seiner Verbreitung umso mehr Tatsache wird. Es gilt also zu verstehen, was vorgeht rund um Sätze wie:

> Wie die Geschichte des deutschen Antisemitismus lehrt, kann das Böse nicht immer vom Guten getrennt werden; unter Umständen gebiert das Gute oder das teilweise Gute abgrundtief Böses.
>
> Neid und Versagensangst, Missgunst und Habgier trieben den Antisemitismus der Deutschen an – Gewalten des Bösen, die der Mensch seit Urzeiten fürchtet und zivilisatorisch einzuhegen versucht.
>
> Als wurzellos verschrien, hatten sie [die Juden], wonach die Freunde des Germanentums so versessen gruben: tiefe bedeutsame Wurzeln. Juden mussten sich oft genug anpassen, aber sie bewahrten das Eigene, während die angeblich volksverhafteten Deutschen ihre Sitte und ihre Sprache schnell vergaßen, sobald sie nach Amerika ausgewandert waren. Wer der ewige Jude war, stand fest. Der ewige Deutsche wurde seit 1800 gesucht.
>
> Die Kommandeure des kaiserlichen Feldheeres nutzten und militarisierten die sozialdemokratischen Tugenden Solidarität, Disziplin, Gemeinschafts- und Kampfgeist, klare Orientierung auf den Gegner, höchster Einsatz für die gerechte Sache. Mit eisernem Zwang prägten sie dem proletarischen Klassengeist den Stempel des Nationalen auf.[11]

Der bisherigen Antisemitismusforschung wird die esoterische Kategorie des „Neids“, der „Todsünde“ sei, entgegengesetzt. „Gut“ und „Böse“ treffen aufeinander. Völkerpsychologie und Gerücht erregen nicht nur den „gesunden Menschenverstand“, der, „ein so respektabler Geselle er auch in dem hausbackenen Gebiet seiner vier Wände ist, […] ganz wunderbare Abenteuer [erlebt], sobald

10 Walter Benjamin: Ein Außenseiter macht sich bemerkbar. Zu S. Kracauer „Die Angestellten“. In: Ders.: *Gesammelte Schriften*, Bd. 3: Kritiken und Rezensionen, hrsg. v. Rolf Tiedemann / Hella Tiedemann-Bartels / Hermann Schweppenhäuser. Frankfurt am Main: Suhrkamp 1991, S. 219–225, hier S. 220.

11 Aly: *Warum die Deutschen?*, S. 278, 300, 278–279, 286.

er sich in die weite Welt der Forschung wagt“[12]. Sie kitzeln auch die althergebrachten Sensoren des stetig wahr werdenden (europäischen) Zivilisationserbes. Orientierungshilfe soll ein frisch zusammengefügtes ‚Ticket‘ liefern, auf dem proletarischer Klassengeist und militaristisch-antidemokratischer Nationalismus zusammenlaufen. Das „Ticketdenken“[13] soll vereinfachen und neu ordnen auf der Skala zwischen Gut und Böse. Es soll die nach dem Zivilisationsbankrott Shoah durch Verdrängen und ‚Performanz‘ in der ‚postfordistischen Wissensgesellschaft‘ zerfallenen ‚Tickets‘ neu zusammenführen, zerbrochene Tafeln neu verfugen. Shulamit Volkov beschrieb, wie jenes Ticketdenken in der wilhelminischen Gesellschaft – die Ursprungsgesellschaft der deutschen Aggressionen – und noch lange danach als „kultureller Code“ wirkte. Ihr zufolge zerfiel der Diskurs dieser Zeit in einen demokratisch-liberal-humanistisch-emanzipatorischen und einen antimarxistisch-nationalistisch-militaristisch-antidemokratisch-rassistisch-konservativen Teil. Adorno und Horkheimer problematisierten die Radikalisierung und Versteinerung dieses en-bloc-Denkens, das den Bedingungen der entwickelten modernen Verhältnisse Mitte des 20. Jahrhunderts entsprach. Sie verdeutlichten, was semantisch einst zusammengehörte:

> Antisemitismus ist kaum mehr eine selbständige Regung, sondern eine Planke der Plattform: wer irgend dem Faschismus die Chance gibt, subskribiert mit der Zerschlagung der Gewerkschaften und dem Kreuzzug gegen den Bolschewismus automatisch auch die Erledigung der Juden. Die wie sehr auch verlogene Überzeugung des Antisemiten ist in die vorentschiedenen Reflexe der subjektlosen Exponenten ihrer Standorte übergegangen.[14]

Wer den ‚Kommunismus‘ als ‚Gefahr des Abendlands‘ bekämpfte, befand sich automatisch (logisch verschaltet) im Krieg gegen die ‚jüdischen Verräter‘.

Heutige Ideologen des Antikommunismus reklamieren für sich, bei ihrem Feldzug gegen den ‚Sozialismus‘ immer schon Antisemitismus bekämpft zu haben. Zerbrochen sind – so scheint es – die einst

12 Engels: Anti-Dühring, S. 20–21.

13 Vgl. Adornos und Horkheimers Beobachtung des Ticketdenkens als dem entwickelten Kapitalismus entsprechende notwendig falsche Denkform. Vgl. Adorno / Horkheimer: *Dialektik der Aufklärung*, S. 209–217.

14 Ebd., S. 210.

gebräuchlichen steinernen Tickets. Die angesichts des Ungeheuerlichen eingetretene Erschütterung – freilich nicht die des Gewissens – zerbrach allmählich die semantische Automatik; nicht jedoch die Routinen und fragmentierten Verschaltungen der ungebrochen fortbestehenden Verhältnisse, denen Auschwitz entsprach. „Ticketdenken, Produkt der Industrialisierung und ihrer Reklame“[15], blieb erhalten; die steinernen Fragmente des „kulturellen Codes“ konnten im Privaten oder später im entrückten Poststrukturalistischen gut konserviert fortbestehen, ehe die „Empiriker“ und selbsternannten ‚Archäologen des Wissens‘ fündig wurden. Der zerbrochene, einstmals zu „Wirklichkeit versteinerte Schein“[16] kann nunmehr gleichsam als neuer monolithisch sich verdichtender Schein zu fabrikneuem notwendig falschem Bewusstsein zusammengefügt werden. Die als „verstiegene Utopie“ längst denunzierte Theorie, der heute nurmehr noch „der Charakter der Halluzination“[17] anhaftet, wird dem nicht im Wege stehen können. ‚Böse‘ sind „Neid“, „Sozialismus“, „Nationalsozialismus“.

Und selbst eine konservative akademische Pedanterie störte hier. Alys zeitweise flapsiges Gerede und der zur Methode erklärte Verzicht auf Belege für einseitige und abenteuerliche Argumentationen triumphieren als unkonventionelle Ohrfeigen gegen den verknöcherten wissenschaftlichen Geschmack. Vom „Blauen Sofa“ des *Zweiten Deutschen Fernsehens* herunter monierte Aly auf der Frankfurter Buchmesse die Schriftkultur der deutschsprachigen Wissenschaftsliteratur, die von der angelsächsischen zu lernen habe. Vermöge ihrer Wissenschaftssprache verschließe sich die deutsche Historiographie gleichsam der demokratischen Diskussion von Wissenschaft. Dies komme ihm jedoch nicht ungelegen, bleibe ihm der Markt der unterhaltsam-fröhlichen Wissenschaft doch (fast) allein überlassen.[18] Und: Recht tut er daran; war antiintellektualistisches Ressentiment doch immer schon Garant für die Erregung der (Kauf-)Laune sowohl des ‚hart arbeitenden‘

15 Adorno / Horkheimer: *Dialektik der Aufklärung*, S. 214.

16 Ebd.

17 Ebd.

18 Vgl. René Aguigah: Gespräch mit Götz Aly in der ZDF-Sendung *Das blaue Sofa*, 14.10.2011. http://www.deutschlandradiokultur.de/gespraeche-auf-dem-blauen-sofa.1322.de.html?dram:article_id=194682 (Zugriff am 01.10.2014).

und „herzensguten" ‚Normalverbrauchers' als auch der empörten ‚Zivilgesellschaft'.

Die von Aly angebotene Lösung zur Überwindung der technokratischen Ausdrucksweisen deutscher HistorikerInnen ist – bei allem verschwiegenen Ernst der Lage – Mythos, Spiel, Plauderei, Gerede; kurz: *Nicht-Theorie.*

Nicht-Theorie

Freiheit zum Sein

Aufklärung und Wissenschaft waren einst ausgezogen, dem Mythos das Fürchten zu lehren. Das Naturrecht wähnte den Menschen ursprünglich frei, gleich geboren und würdig. Es befeuerte die bürgerlichen Revolutionen und forderte Demokratie und freies Handeln. Aber Ernst Bloch mahnte zu Recht, es war nicht (nur) freier Handel gemeint. Freiheit

> wurde nicht als Markt gedacht, sondern [etwa bei Wilhelm von Humboldt] als Agora im griechisch-urbanen, utopisch-urbanen Sinn beschworen: für den aufrechten Gang aller. Der aufrechte Gang aller ist zwar gerade in der Klassengesellschaft, worin das Naturrecht blühte, eine Illusion, doch die heroische einer Welt ohne Korruption und Druck, mit Menschenwürde.[19]

Die Aufklärung forderte die Befreiung des Menschen aus selbstverschuldeter Unmündigkeit, aus Objektiviertheit durch Natur und Gesellschaft – mittels reiner Vernunft. Wissenschaft rückte dem bisherigen Zugang zu und dem einstigen Erschaffer der Wirklichkeit, dem Mythos, mit Theorie zu Leibe. Theorie bedeutete, aus der Beobachtung der Umstände zu abstrahieren. Erkenntnis sollte Gesetzmäßigkeiten in Natur und Gesellschaft aufdecken, um beide nutzbar zu machen. Zweck war die unterschiedlich stark für möglich gehaltene Subjektivierung des Menschen, die Befreiung des Individuums von der Macht des Schicksals, vom Willen der Götter, von der Naturgewalt menschengemachter Verhältnisse, von der Ohnmacht. Die der Wirklichkeit verpflichtete Theorie der Aufklärung musste jedoch bald schon bemerken, dass es

> nicht haltbar ist, dass der Mensch von Geburt an frei und gleich sei. Es gibt keine angeborenen Rechte, sie sind alle erworben oder müssen im Kampf

19 Ernst Bloch: *Das Prinzip Hoffnung*, Bd. 3. Frankfurt am Main: Suhrkamp 1959, S. 629.

> noch erworben werden. Der aufrechte Gang veranlagte erst zu etwas, das gewonnen werden muss [...].[20]

Doch: Die den Verhältnissen adäquateste Theorie beharrte auf den Postulaten und ihrem Versprechen auf Glück nach Ablösung von Natur und Gesellschaft. Für den Vereinzelten verdrehte sich somit alles: Die real existierende Ohnmacht wurde für den mit freier Sicht auf die so vielversprechenden bürgerlichen Freiheiten bestraften Gefesselten zu Beklemmung. Diese ergab sich aus der unlösbaren und daher mörderischen Spannung zwischen der für möglich gehaltenen individuellen Allmacht und der alltäglich erfahrenen Ohnmacht in moderner Zivilisation. Je stärker der Druck auf die in den freien Markt Geworfenen, desto lauter das Pfeifen im Walde des Total-Objektivierten, der, um seinen Horror zu vertreiben, das Lied des „Du kannst es schaffen, wenn Du es nur wirklich willst" pfeift; wie Sartres Orest seinem längst toten Gott Jupiter glauben machen will, die Welt stünde ihm nun offen, auch wenn er sich verlassen und sich selbst fremd fühle:

> Orest: Mir selber fremd, ich weiß. Außerhalb der Natur, gegen die Natur, ohne Entschuldigung, ohne andere Entschuldigung, ohne andere Zuflucht als zu mir selbst. Aber ich werde nicht unter dein Gesetz zurückkehren: ich bin dazu verurteilt, kein anderes Gesetz zu haben als mein eigenes. Ich werde nicht zu deiner Natur zurückkehren: tausend Wege sind darin gezogen, die zu dir führen, aber ich kann nur meinem Weg folgen. Denn ich bin ein Mensch, Jupiter, und jeder Mensch muss seinen Weg erfinden. Der Natur graut vor den Menschen und dir, dir, Herr der Götter, dir graut auch vor den Menschen.[21]

Einem toten Gott gegenüber fühlt sich der entfremdete Mensch überlegen – er schreit ihm voller selbstabgerungener Selbstsicherheit entgegen: ‚Finde ich das Glück nicht, dann waren es nicht die Götter. Ich war es', ruft er stolz: ‚Es lag in meiner Hand! Meine Schuld war es! Ich wollte nicht genug, war unzulänglich, nicht fleißig genug. Doch diese Freiheit zu Scheitern, diese Freiheit zur Unfreiheit, habe ich den Göttern abgerungen.' Sein schmerzhafter Freiheitsglaube selbst musste zu Mythos sich verkehren. Das konnte nicht lange gut gehen.

20 Ernst Bloch: *Naturrecht und menschliche Würde*. Frankfurt am Main: Suhrkamp 1975, S. 215.

21 Jean Paul Sartre: Die Fliegen. In: Ders.: *Zwei Dramen (Die Fliegen. Die schmutzigen Hände)*. Reinbek: Rowohlt 1961, S. 5–76, hier S. 71.

Angesichts von Auschwitz und der Totalität damaliger Vergesellschaftung schmerzt noch vor 1945 Orests Ruf. Doch Alys heutige Forderung nach mehr Eigenverantwortung und weniger Gemütlichkeit ist zynisch. „Der Traum von geschützter menschlicher Würde ersetzte auf Dauer nicht den dringenderen, wo nicht zentraleren Traum vom menschlichen Glück."[22] Das einst auf Naturrecht und Ratio fußende, aber in den heutigen Verhältnissen uneinlösbare und dennoch weiterhin verheißungsvoll-fordernde Versprechen von Freiheit und Würde lehrt die Menschen das Fürchten. Es bereitet Schmerz und Aggression demjenigen, dem es freisteht, sich dem Arbeitsmarkt zur Verfügung zu stellen. Das Naturrecht, das einst von einer in dieser Form längst verschwundenen und damals noch „jung aufstrebenden Klasse"[23] formuliert worden war, wurde im Lichte der durch ihre Erben aufgestapelten Schuld unhaltbar. Letztere ließen nur mehr Ratio und Sachzwang zu. Sie besangen das „Sein", das Theorie und Aufklärung fremd ist. Die humanistischen Auftakte sind verloren.

Nörgler und Kritik

Die Kritik an der (in Mythos umgeschlagenen) Aufklärung formuliert durch die bisher letzten großen Aufklärer Max Horkheimer und Theodor W. Adorno war übrigens – entgegen mancher Behauptung – keine Absage an Aufklärung und Theorie, sondern die Forderung nach, oder besser die Hoffnung auf ihre Umsetzung. Im Zentrum ihres Theoriebegriffes steht Kritik. Und diese ist keine sich nicht festlegen wollende und außerhalb der Sozietät sich wähnende ‚kritische Distanz' oder eine voluntaristische Absage an Wahrheit. Sie ist vielmehr das Verhalten, das Benjamin in Kracauer wahrnahm, nämlich das eines „Störenfrieds, der die Maske lüftet", der „nicht mehr mitspielt […] [und] es ablehnt, für den Karneval, den die Mitwelt aufführt, sich zu maskieren". Sie ist das ätzende Auftreten des „Nörgler[s]", der „sich grobianisch durch die Masse hindurchrempelt, um hie und da einem besonders Kessen die Maske zu lüften."[24] Sie ist die „kritische Anerkennung der das gesellschaftliche Leben beherrschenden Kategorien

22 Bloch: *Das Prinzip Hoffnung*, Bd. 3, S. 637.

23 Bloch: *Naturrecht und menschliche Würde*, S. 76.

24 Benjamin: Ein Außenseiter macht sich bemerkbar, S. 219.

[und] enthält zugleich seine Verurteilung."[25] Kritik stört, weil sie auf Veränderung der wirklichen Relationen hin zu Emanzipation, zu Freiheit, also auf Noch-Nicht-Seiendes gerichtet ist. Und Theorie als Wahrnehmungsform von Wirklichkeit ermöglicht erst Kritik, die impliziert, dasjenige aufzuheben, was zu kritisieren ist. Insofern ist Theorie nicht unparteiisch, sondern als kritische um eine durch „Interesse an der Zukunft geleitete Analyse" der Gegenwart bemüht.[26] Und Horkheimer, der die „traditionelle" mit der „kritischen Theorie" konfrontiert hatte, wusste um das soziale Risiko des Störenfrieds. Dieser ist, im Gegensatz zum in rebellischer Pose auftrumpfenden Positivisten, stets gefährdet, da sein Denken „des pragmatischen Charakters" entbehrt, sich daraus keine „nützliche Berufsarbeit ergibt".[27] Denn:

> Was die traditionelle Theorie ohne weiteres als vorhanden annehmen darf, ihre positive Rolle in einer funktionierenden Gesellschaft, die freilich vermittelte und undurchsichtige Beziehung zur Befriedigung allgemeiner Bedürfnisse, die Teilnahme an dem sich erneuernden Lebensprozess des Ganzen, alle diese Erfordernisse, um die sich die Wissenschaft selbst gar nicht zu kümmern pflegt, weil durch die soziale Position des Gelehrten ihre Erfüllung belohnt und bestätigt wird, stehen beim kritischen Denken in Frage. Das Ziel, das es erreichen will, der vernünftige Zustand, gründet zwar in der Not der Gegenwart. [...] Die Theorie, die es entwirft, arbeitet nicht im Dienst einer schon vorhandenen Realität; sie spricht nur ihr Geheimnis aus.[28]

Insofern ist Alys Wirken kaum in eine solche ‚Tradition' der Kritik, in das ‚kritische Ticket', dasjenige der Emanzipation einzuordnen.

Die Pose: Die Rebellion der Herrschaft gegen die tote Rebellion

Warum die Deutschen? Warum die Juden? ist nicht auf Veränderung falscher Wirklichkeit gerichtet, ist also nicht ‚kritisch'. Der Autor sieht sich (irgend-)einer „liberalen Tradition" verpflichtet und die Pose des ‚Aufklärers' gilt einem vermuteten Verdrängungskartell der Theorie. Die bisherige Antisemitismusforschung habe statt aufzuklären mittels komplexer Theorie (in-)tendiert,

25 Horkheimer: Traditionelle und kritische Theorie, S. 28.

26 Ebd., S. 42.

27 Ebd., S. 29.

28 Ebd., S. 35.

> der Nachwelt den Holocaust in sorgfältig eingehender Weise auf Distanz zu halten. Letztlich blasse Begrifflichkeiten vernebeln den Rassenmord hinter marxistischen Gesetzmäßigkeiten oder verharmlosen ihn zum Rückfall in vorzivilisatorische Barbarei oder schieben die Last der Verantwortung auf einen deutschen Sonderweg oder auf eine bestimmte, angeblich genau einzugrenzende Generation von Tätern, auf eine spezielle Ideologie oder einen allgemein verbreiteten Hang zur totalitären Staatsform. So logisch solche Gedankenspiele in sich aufgebaut sein mögen, so wenig erklären sie den Verlauf der deutschen Geschichte, der am Ende zum Massenmord führte. Auf solche, nur scheinbar erklärenden Ansätze darf getrost mit Goethe entgegnet werden, dass die Theoretikerzunft „die Phänomene gern los sein möchte und an ihrer Stelle deswegen Bilder, Begriffe, ja oft nur Worte schiebt".[29]

Aly beklagt Abstraktion und Mittelbarkeit. Der unmittelbare, authentische Zugang zum ‚Bösen' werde zerstört. Durch die „Theoretikerzunft" entstandene „Sichtblenden", die den Nationalsozialismus als „Fremdkörper, als im Grunde unbegreiflichen Fehltritt im Gang deutscher Geschichte"[30] erscheinen ließen, sollen als ‚zu abstrakt' beseitigt werden. Unklar bleibt hier indes, welche Ansätze der einhundertjährigen Antisemitismusforschung als kritikwürdig zu gelten haben. Eine Zurkenntnisnahme der wichtigsten Texte zur Antisemitismusforschung seitens des Autors lässt sich mithilfe der Literaturliste nicht belegen. Nicht nur im Verschweigen und damit Auslöschen der Antisemitismustheorie (von Freud über Adorno / Horkheimer bis Volkov), sondern gerade in der im Brustton stärkster Überzeugung postulierten Abneigung gegen Theorie offenbart sich – ungeachtet der aufmüpfigen Attitüde – ein für die deutsche konservative Geschichtsforschung charakteristischer antitheoretischer Affekt. Der in der medialen Debatte zum „enfant terrible einer thesenstarken und öffentlichkeitswirksamen, wissenschaftlich fundierten historisch-politischen Publizistik"[31] erklärte Aly kann sich angesichts dieses Ressentiments in ‚guter Tradition' wähnen. Nicht haltbar ist jedenfalls die Vorstellung, dass der Geschichtswissenschaft die Verunglimpfung theoretischer Reflexion als „Ideologie", wie die Historisierungsforderung zeigt, unbekannt wäre. Eine theoretische Einordnung des Antisemitismus als

29 Aly: *Warum die Deutschen?*, S. 8–9.

30 Ebd., S. 9.

31 Andreas Rödder: Der Not gehorchend? Die 68er mal in kritisch-distanzierter, mal in freudlos-orthodoxer Perspektive. In: *Frankfurter Allgemeine Zeitung*, 12.03.2008, S. L22.

nationales Denken oder als Bestandteil abendländischer Zivilisation muss der per se modernen und traditionell der Nation verpflichteten Historiographie[32] unbehaglich sein. Wirkliche Außenseiter (ganz im Sinne Hans Mayers)[33] sind seit jeher jene TheoretikerInnen, deren Perspektiven auf die Wirklichkeit die Grundlagen der etablierten Geschichtswissenschaft potentiell infrage stellen. Und ausgerechnet diese werden überdies als die Wehrlosesten von einer hierarchiehörigen, aber auf das Prestige der Etablierten eifersüchtigen Geschichtsjournalistik á la Aly en passant als ‚Kartell der Theorie' denunziert.

Die Attacke gilt letztlich NS- und Antisemitismustheoretikern, wie Adorno, Horkheimer oder Ernst Fraenkel, die Aly noch in seinem „68er"-Buch gegen das ‚links'-Sein in Stellung gebracht hat als ‚jüdische' Opfer eines 68er-Milieus, in dem in der Tat antisemitischer Antizionismus grassierte und zu dem sich der Autor einst zugehörig fühlte.[34] Doch nicht nur der Universitätshistoriker Broszat mit seinem Verächtlichmachen der Gesellschaftstheorie als „Stereotypen aus dem politikwissenschaftlichen Begriffs-Vokabular"[35], sondern auch der ‚Außenseiter' Aly, der der Antisemitismustheorie vorwirft, sie „verharmlose" „den Rassenmord hinter marxistischen Gesetzmäßigkeiten",[36] strebt nach der ‚Ausweisung' dieses Denkens aus der Geschichtskultur. Im „68er"-Buch bereits schnitt Aly das Denken Adornos und Horkheimers von ihrem ‚So-Sein' als ‚jüdische Intellektuelle' ab: Als solche taugen sie ihm zum passiven Opfer, als Theoretiker werden sie zu Schuldigen, da sie den ‚totalitären' „68ern" mit ihren Schriften einen empiriefeindlichen „psychodramatisch aufgeladenen Marxismus" zur ‚ideologischen' Verfügung stellten.[37]

Ein ressentimentgeladener Quellenpragmatismus, welcher der Theorie vorwirft, den Zugang zum ‚historischen Sein' zu versperren, ist also in Geschichtswissenschaft wie -journalismus zu finden. Alys Attacke aber geht sogar darüber hinaus: Ansätze aus

32 Vgl. Berger: Narrating the Nation, S. 7–13.

33 Vgl. Hans Mayer: *Außenseiter*. Frankfurt am Main: Suhrkamp 1981, S. 9–29.

34 Vgl. Aly: *Unser Kampf*, S. 131–135, 167–168.

35 Broszat / Friedländer: Historisierung des Nationalsozialismus?

36 Aly: *Warum die Deutschen?*, S. 8.

37 Vgl. ebd., S. 42.

Philosophie, Soziologie, Sozialpsychologie usw. werden in *Warum die Deutschen? Warum die Juden?* nicht nur verworfen, sie werden allesamt als Versuche der Geschichtsverdrängung (freilich nicht im psychoanalytischen Sinne) durch „‚Bilder, Begriffe, […] Worte'" getadelt. Theorie- und Begriffsarbeit entpuppe sich unethischerweise geradezu als Verrat an ‚historischer Wahrheit', ja an den Opfern. Gesucht wird an ihrer Statt ein mythisch ‚authentischer', heißt ‚empirischer' Pfad zum gewesenen Leben, der den Opfern, deren Mandat ungefragt an sich gerissen wird, gerechter würde. Es mag scheinen, als versündigten sich diejenigen an den Opfern, die nach Antworten für die Verbrechen bei den Tätern suchen, weil sie dem gleichsam staunenden Entsetzen der Antisemiten über die vermeintliche Macht und Dominanz ‚der Juden' nicht zu glauben gewillt sind. Theorie, die zum Begreifen der Tat die Gesellschaft der Täter im Blick hat, verwirft Aly als abstrakte, gleichsam respektlose Ablösung vom Sein, was sie nicht nur zu ‚Ideologie' und Verblendung werden lasse. Sie trage vielmehr aktiv zur Verdrängung bei und sei somit auch aktive Geschichtspolitik, die der Verneinung der ‚Leistungsorientierung', also demjenigen Denken verpflichtet ist, das dem NS zugrunde liege. Mit der Anklage wegen Auschwitz-Verdrängung wird derjenigen Theorie zu Leibe gerückt, welche Auschwitz und die es ermöglichenden Bedingungen ergründen und dazu beitragen wollte, dass es nie wieder sei. Sie wird bei Aly zu einer Versündigung an den Opfern.

So wird an die Stelle einer moralisch sündhaften Theorie Mythos gesetzt:

> Kain erschlug seinen Bruder Abel, weil er sich von Gott zurückgesetzt und ungerecht behandelt fühlte. Der erste Mord der Menschheitsgeschichte geschah aus Neid und Gleichheitssucht. Die Todsünde des Neides, kollektivistisches Glücksstreben, moderne Wissenschaft und Herrschaftstechnik ermöglichten den systematischen Massenmord an den europäischen Juden.[38]

Dieser theologisch verbrämte Anthropologismus, der seine Weisheit aus dem mythischen Urgrund des lebendigen Lebens schöpft, wird zum alternativen ‚Heilmittel' gegen Begriffs- und Theoriearbeit. Es raunt: Das menschliche Erbe der Urväter, „Neid und Gleichheitssucht", trieb ins Verbrechen. Bisheriger Forschungsarbeit wird

38 Ebd., S. 301.

keine Gegentheorie entgegnet. Es ist dies *Nicht-Theorie*; Plädoyer gegen Theorie selbst. *Warum die Deutschen? Warum die Juden?* erklärt das Gerücht zur Empirie, verdrängt Einsicht durch Einbildung. Begriffe zerfransen zu spekulativem Gerede. Fragmente christlich-abendländischen Denkens vermengen sich mit anthropologisierender Völkerpsychologie. Vage Spekulationen über das Wesen menschlicher Schwächen, über das „Böse" und das „Gute" sollen den Ursachen des Jahrtausendverbrechens Shoah näher kommen. Und sie sind ihnen nah, aber in anderem Sinne: Denn sie entsprechen dem Bauchgefühl des durch die (moderne) Zivilisation beschädigten Menschen. Sie richten sich an die Küchenpsychologie des gesunden Menschenverstandes.

Der „Rassendünkel", so Aly, bezog „seine Kraft aus dem verbreiteten Gefühl eigener Minderwertigkeit".[39] „Die christlichen Deutschen" des 19. Jahrhunderts litten, Resultat des alltäglichen Vergleichs mit ihren jüdischen Nachbarn, unter Minderwertigkeitskomplexen, die auch im 20. Jahrhundert nicht überwunden werden konnten. Das unter den deutschen Vielen verbreitete Unvermögen, sich dem Schicksal des ‚freien Marktes' zu stellen, sei von nicht näher bestimmten „Ideologen" zu „Überlegenheit" uminterpretiert worden. Ob Sozialismus, Nationalismus oder Rassismus, ihren Ursprung hätten alle in der kollektiven Kränkung angesichts des ‚jüdischen Erfolgs'.

> Die Verschlafenen neigen dazu, Trägheit als Nachdenklichkeit, mangelnde Schlagfertigkeit als Tiefsinn, fehlende Bildung als Innerlichkeit auszugeben. Sie suchen den Rückhalt in der Gruppe und steigern gemeinsam ihr schwaches Selbstwertgefühl, in dem sie andere abwerten.[40]

Und somit wird der bisherigen, viel zu komplexen Theorie der Garaus gemacht:

> Aus solchen einfach zu benennenden Elementen setzte sich der deutsche Antisemitismus zusammen. Wer ihn als Wahn, uns Heutigen fremde hypernationalistische Fehlentwicklung abtut, verkennt seine Natur.[41]

Über die Natur (des Menschen) lässt sich nicht streiten. Sie kann der gekünstelt-abstrakten Theorie entgegengehalten werden.

39 Aly: *Warum die Deutschen?*, S. 299.
40 Ebd., S. 299–300.
41 Ebd., S. 300.

In der menschlichen Natur gebühre dabei dem „Neid“ eine exklusive Rolle, da er diejenige „unter den sieben Todsünden [sei], die anders als Wollust, Völlerei, Hoffart, Habgier, Zorn oder Faulheit überhaupt keinen Spaß“ mache.

> Der tückische, scheele Blick auf den Rivalen, die üble Nachrede und der Rufmord gelten dem Erfolgreichen, erst recht dem Außenseiter. Dabei vergiften sich die Neider selbst, werden immer unzufriedener und noch gehässiger. Sie wissen das nur zu gut. Deshalb verstecken sie diesen Charakterzug schamhaft hinter allerlei vorgeschobenen Argumenten – zum Beispiel hinter einer Rassentheorie. Neider brandmarken die Klügeren als zwar schlau, aber nicht tiefsinnig; sie zernagt der Erfolg der anderen, sie schmähen die Beneideten als geldgierig, unmoralisch, egoistisch und daher verachtenswert. […] Sie bemänteln das eigene Versagen als Bescheidenheit und werfen dem Beneideten vor, er spiele sich lärmend in den Vordergrund.[42]

Hinter Alys Nicht-Theorie verbirgt sich in Wahrheit eine dünnhäutige Gereiztheit gegen jede theoretische Abstraktion von Wirklichkeit. Nicht-Theorie gibt vor, im Namen der Natur zu sprechen. Tatsächlich aber stützt sie sich auf das Alltagsverständnis des heutigen beschädigten Lebens, das sich von den in esoterischen Lebensratgebern und Kalendersprüchen zusammengefassten Überresten mittelalterlichen Volksglaubens Balsam gegen das Leiden an den uneingesehenen Unverhältnissen erhofft. Die Küchenpsychologie der Todsünden, deren ‚Weisheit‘ über die ‚Natur des Menschen‘ (und der Völker) aufgrund der omnipotenten Kulturindustrie allenthalben Bestätigung findet, entpuppt sich als mächtiges und in den Zeiten (post-)modernster Fetischisierung der Wirklichkeit nutzbar zu machendes mythisches Erbe. Die an gesundem Menschenverstand erkrankte Nicht-Theorie wuchert mit dem ‚Wissen‘ der Jahrtausende und sticht Theorie und Begriff mit Virulenz. Die Verhältnisse, die der Täuschung bedürfen, entsprechen ihrer verbreiteten Alltagsweisheit, gegen die Theorie und Begriff, gleichsam als Salz in der Wunde, auf fast verlorenem Posten sich stemmen. Es mag scheinen, als schüchterte die Gewissheit über die falschen Verhältnisse stärker ein, als diese selbst.

> Wogegen der durch seine Gesundheit erkrankte Menschenverstand am empfindlichsten sich sträubt, die Vormacht eines Objektiven über die einzelnen Menschen, in ihrem Zusammenleben so wie in ihrem Bewusstsein, das lässt täglich krass sich erfahren. Man verdrängt jene Vormacht als grundlose

42 Ebd., S. 11.

> Spekulation, damit die Einzelnen die schmeichelhafte Täuschung, ihre mittlerweile standardisierten Vorstellungen wären die im doppelten Sinn unbedingte Wahrheit, bewahren können vor dem Verdacht, es sei nicht so und sie lebten unterm Verhängnis.[43]

Der Überbringer schlechter Nachrichten hat seit jeher schlechte Karten bei denjenigen, die die Gewissheit über die Verhältnisse, unter denen sie leiden, verabscheuen. Darin liegt die Kraft des gesunden Menschenverstandes; eine für Herrschaft unerschöpflich verfügbare ‚erneuerbare Energie'.

Der jederzeit herausforderbare gesunde Menschenverstand, dem das Intellektuelle und Abstrakte verdächtig ist, wandelte sich durch Kulturindustrie zu standardisiertem Mythos; ein Baukastensystem der Unvernunft. Das (Stich-)Wort, das recht eigentlich schon genügt, wirkt magisch; es mobilisiert: „jüdischer Unternehmergeist", „Kommunismus", „Neid". Das bewegt bisher noch jeden, erzwingt die Aktivierung ganzer emotionaler Welten. Der mythologische Baukasten ist für den Sprechenden dabei standardisiert vorliegende, instrumentell-rationalisierte ‚Wahrheit'. Doch es bleibt eine Restunsicherheit: Die Wirkung des Sprechens bleibt unberechenbar. Erst einmal angeregt, verweigert sich der gesunde Menschenverstand dem objektiv Bestehenden. Während das Marxsche Wertgesetz unerkannt in naturwüchsigen Verhältnissen fortwirkt, während Verdinglichung und Ohnmacht-Allmacht-Spannung fortgehend Seelen verstümmeln, halluzinieren die Ohnmächtigen im ‚Postfordismus' die eigene Gestaltung ihres Lebens durch ‚Performanz' und ‚Lifestyle-Design'; dies freilich in den Grenzen des gesunden Menschenverstandes, der sich einen Reim auf vieles macht; besonders dann, wenn die Wirklichkeit sich hart widersetzt.

Alys Texte sind jedoch nicht nur Symptom einer Sprach- und Orientierungslosigkeit und Instrument einer total(itär)en, nie da gewesenen ideologischen Betonierung des Bestehenden. Nicht nur Träume vom besseren Leben stören die Totalintegration des Individuums. Auch die Last des (meist imaginierten, von außen kommenden) Schuldvorwurfs bei sich als Opfer fühlenden ‚Deutschen' hemmt. Daher soll von Schuld entlastet, das Träumen dagegen mit Schuld beladen werden. Nicht-Theorie erweist sich dabei als

43 Theodor W. Adorno: *Negative Dialektik*. Frankfurt am Main: Suhrkamp 1975, S. 295.

adäquate ‚Methode', deren Elemente von Begriff-Wort-Identifizierung über anthropologisierte Völker-Psychologie bis Zeitzeugenmythos nützlich ihren Beitrag leisten. So können Denunziation und Ressentiment unter ‚Kritik' firmieren, gesunder Menschenverstand als ‚Vernunft' erscheinen und flapsig-stereotypes Gerede als begreifende Sprache sich ausgeben.

Nicht-Theorie, motiviert durch antiintellektualistisches, antimarxistisches Ressentiment, verachtet Theorie, weil die aufzeigen könnte, was ist, und dass das, was ist, sich seit 1945 nicht wirklich verändert hat, obwohl es sich ändern ließe, es zu ändern möglich gewesen wäre, es zu ändern ist. Spekulationen über anthropologische Grundkonstanten und die Denunziation der Theorie als Verdrängung entschulden eine von Menschen gemachte monströse Gesellschaft, die Barbarei zeitigte.

V.
Das Bürgerliche hinterm Stacheldraht

> [W]ie der Faschismus bedeutsam zu zeigen imstande war, ist ja auch nicht alles Sozialismus, was sich, qua Anti-Person, Anti-Liberalität, so nennt.[1]

Im Namen der Opfer, Waschgänge

Woher glaubt die Verurteilung aller Theorie, die Verdrängungstechnik ist, ihre moralische Legitimation schöpfen zu können? Aly recherchierte längere Zeit in der israelischen Shoah-Gedenkstätte Yad Vashem, die ihn mit einem Stipendium ausstattete[2]. Im ‚Methodenteil' von *Warum die Deutschen? Warum die Juden?* schildert der Autor persönliche Beobachtungen in der dortigen Bibliothek, die hier einmal ausführlicher zu zitieren sind:

> Den größten Teil dieses Buches schrieb ich während mehrerer Forschungsaufenthalte in Jerusalem, und zwar in der Bibliothek der Gedenkstätte Yad Vashem. […] Das Katalogprogramm ist superb. Die Such- und Kombinationsmöglichkeiten übertreffen die der Berliner Bibliotheken bei weitem. Regelmäßig saß Michal in der Bibliothek. Sie wurde 1921 in Tübingen als Liselotte geboren. 1935 wanderte sie mit der Jugendaliah nach Palästina aus. Ihre Eltern starben in Auschwitz. […] Michal spricht gepflegtes Schwäbisch. Eines Morgens reicht sie mir ein Dokument. Es handelt von ‚Wachtmeister X', einem Angehörigen der Waffen-SS. Er hatte – 1943 in Grodno – „einem Befehl zur Erschießung von Nichtariern und Häftlingen" nicht Folge geleistet und sich mit seiner Dienstpistole erschossen. Jahrelang erhielt die hinterbliebene Ehefrau deshalb keine Witwenrente. „Es ist das erste Mal, dass ich so etwas lese", sagt Michal.

1 Bloch: *Naturrecht und menschliche Würde*, S. 214.

2 Vgl. Aly: *Warum die Deutschen?*, S. 23.

> Anregend wirkte auf mich auch die gelegentlich massive Unruhe im Lesesaal von Yad Vashem. Plötzlich brechen dort Gruppen von Schülern und Lehrern herein und beginnen zu arbeiten, zu diskutieren und zu suchen. Vor allem verursachen schwerhörige ältere Besucher Krach und Aufregung. Satzfetzen von Ortsnamen fliegen durch den Raum: Pinsk, Auschwitz, Bencin, Ghetto, 1943, Kaufering, Dachau; that's my father! No, that's my brother Chaim, he perished; DP camp Föhrenwald, Bahnhofstraße 5, Lager Mühlenberg; Samuel Gleitman, that's my mother's side ... eine ältere Dame sucht für eine noch ältere nach Daten im Register der Ermordeten. [...] Plötzlich ruft sie durch den Lesesaal: „Lilly, komm her, hier findest du deine Leute!" Die Entflohenen und Überlebenden kommen fast jeden Tag aus vielen Ländern. Sie suchen nach Dokumenten über ihren eigenen Leidensweg und nach Spuren, die wenigsten etwas vom Schicksal ihrer ermordeten Geschwister, Großeltern oder Tanten mitteilen. Sie wollen die Todesdaten und -orte von Verschollenen wissen, finden sie oft und sagen dann leise: „Nun können wir das Kaddisch beten."[3]

‚Ich bin einer von ihnen', hört man heraus; ‚gehöre zur Familie', ‚sie akzeptieren mich als ihren Sprecher und intimen Kenner'. Vom neuen Familienmitglied aus Deutschland erfahren sie sogar Neues über die Komplexität der Schuldfrage. Den hier fast zärtlich geschilderten Menschen werden auf den folgenden Seiten sodann kollektiv Eigenschaften zugeschrieben wie „jüdischer Unternehmergeist", „Regsamkeit", „Schlauheit", „soziale Gewandtheit", „Stadtmenschentum" usw. Es mag dennoch kein Zögern, gar Unbehagen aufkommen: ein Stipendium von Yad Vashem spreche für sich; Lob von israelischen Historikern und Unterstützung vom Berliner Jüdischen Museum „beruhigt" den Autor, der „immer unsicher ist, ob man angemessen formuliert hat".[4] Die Absolution scheint erteilt. Die Botschaft ist unzweideutig: die Opfer, ihre Nachfahren, israelische Institutionen und „jüdische Autoren" scheinen einverstanden. In deren Namen werde gesprochen.

Ähnlich familiär und liebevoll geht es zu, wenn von Alys Großvater Friedrich die Rede ist, der bereits 1926 in die (noch unbedeutende) NSDAP eintrat, aber – das betont der Enkel – „dort niemals eine Funktion" bekleidete.[5] Der ehemalige Stipendiat von Yad Vashem und Enkel – so unterstreicht der betont emotionale

3 Ebd., S. 15–16.

4 Alan Posener: Götz Aly über das Elend des deutschen Liberalismus. In: *Die Welt*, 05.09.2011. http://www.welt.de/kultur/history/article13555318/Goetz-Aly-ueber-das-Elend-des-deutschen-Liberalismus.html (Zugriff am 01.11.2012).

5 Vgl. Aly: *Warum die Deutschen?*, S. 216.

Historiker – werde seinen „Großvater Friedrich“, den die Entnazifizierungsbehörden 1948 als „Mitläufer“ entlasteten, als „herzensguten Menschen in Erinnerung“ behalten.[6] Friedrich Schneider und die sympathischen älteren Damen und Herren in Yad Vashem stehen seltsam eng beieinander; das NSDAP-Mitglied der ‚ersten Stunde‘ neben den Shoah-Überlebenden. Dies sollte nicht übersehen werden. Die Eigendarstellung seines Verhältnisses zu den Opfern, das Werben um Verständnis für den Antisemitismus seines Großvaters, dessen Lebenslauf „exemplarisch“[7] für eine Generation stehe, sowie die Enthistorisierung durch Volkscharakterologie und Anthropologismus sind in Alys Projekt einer ‚Neubewertung‘ der Shoah aufeinander bezogen. Die Auflösung von Begriff und Theorie erlaubt die Konstruktion ganz neuer Sinnzusammenhänge. Der emphatische Bezug auf Israel als Land der Opfer in Verbindung mit der Konversion antijüdischer Stereotype zu Idealen macht erst einmal ratlos. Doch: Schuldabwehr könnte im Spiel sein.

Für das heutige Selbstverständnis deutschen Nationalempfindens ist die Interpretation der Weimarer Republik und ihrer Wandlung zum „Dritten Reich“ von Bedeutung. Zur Legitimation der Bundesrepublik und ihrer „Westbindung“ spielt die seit dem Ende des Zweiten Weltkriegs sich stetig vulgarisierende Totalitarismustheorie eine entscheidende geschichtspolitische Rolle. Mit ihr wird permanent eine Bedrohung der bürgerlichen Mitte, die notwendig ‚demokratisch‘ sei, durch Extremismen beschworen. Dass auch Aly dieser Denkweise anhängt, zeigt seine Gleichsetzung von ‚Kommunismus‘ und ‚Nationalsozialismus‘. Ziel ist die Legitimierung der ‚bürgerlichen Mitte‘, die sich, wenn sie als antitotalitärer Gegenentwurf erscheinen will, den NS wie einen kompromittierenden Verwandten vom Leibe halten muss.

Aly geht jedoch noch einen Schritt weiter. Ihm ist an einer Delegitimierung der Sozialstaatlichkeit gelegen. Diese die sozialen Konflikte beruhigende Säule der alten Bundesrepublik wird unterminiert. Mit ihrer Sozialstaatlichkeit habe die Bonner Republik sich nie wirklich vom Totalitarismus, heißt (National-)Sozialismus, und vom unheilvollen Antiliberalismus befreit. Mitnichten geht es hier um Staatskritik; wohl aber um eine Legitimation der ‚Berliner

6 Aly: *Warum die Deutschen?*, S. 216, 217.

7 Ebd., S. 217.

Republik', die sich zwar in der Tradition der alten Bundesrepublik sieht – jedoch ohne die längst desavouierte Sozialpolitik. Aly thematisiert nicht die übermächtigen personellen und ideologischen Kontinuitäten der NS-Zeit in der Bundesrepublik, sondern das ‚Sozial(istisch)e' als das eigentliche NS-Erbe. Wie einst „Hitler […] seinen Wählern bedingungslosen Antiliberalismus und kraftvollen Staatskapitalismus"[8] versprach, so ziehe sich diese vermeintlich antikapitalistische Tradition bis weit in die Bundesrepublik hinein.
Und: In der Tat sind die ‚deutschen Kulturgüter' Antiliberalismus und Staatskapitalismus/-fetisch nach wie vor unheilvoll verbreitet. Der Antiliberalismus bezeichnete ursprünglich eine Haltung, die sich gegen die Versprechen der Französischen Revolution, gegen die Vorstellung des *citoyen*, des freien und gleichen Staatsbürgers richtete. Dem ‚deutschen Bürger' war der *citoyen* stets zuwider, wohingegen dem Drang des ungleichen Privatiers nach Beherrschung durch Eigentum immer schon genüge getan wurde. Antiliberalismus und Staatsfetisch werden zu Unrecht, doch im Zeitalter der Begriffslosigkeit unwidersprochen mit ‚Sozialismus' assoziiert. Während Liberalismus mit Wirtschafts- und Nationalliberalismus als eins erscheinen, werden ‚Staatskapitalismus' und Gleichmacherei – wie sie auch heute Wirklichkeit sind – dem „Marxismus" angehängt, der theoriegeschichtlich in Wahrheit aus dem Liberalismus schöpft. Die „Volksgemeinschaft" indes, in der Tat antiliberales Denken in staatskapitalistischen Verhältnissen, ist somit zum ‚Sozialismus' deklariert.
Bei Aly ist ‚Liberalismus' der Liberalismus des Eigentums. Die einstige frühbürgerlich-humanistische Forderung nach (politischer) Gleichheit und Würde, nach „aufrechtem Gang" ist längst nicht mehr erhoben. Aly ist Realist, und insofern wahrhaftig: Den *citoyen* verheißt er nicht mehr; sein Liberalismusbegriff beschränkt sich auf freies Unternehmertum, dessen heutige Ideologie kaum mehr der Übertünchung des unlösbaren Widerspruchs aus *Bürger* und *citoyen* bedarf. Dennoch – und dies scheint dagegen für nötig gehalten zu werden – soll durch die Identifizierung von „Volksgemeinschaft" mit (politischer) Gleichheit auf der einen und der historischen Umdeutung des Liberalismus auf der anderen Seite die bürgerliche Gesellschaft von einer ihrer historischen Wirklichkeiten

8 Ebd., S. 287.

reingewaschen werden. Die sich mitnichten auf die Herstellung von „Gewerbefreiheit" beschränkenden frühbürgerlichen Forderungen nach Würde und Glück erscheinen heute reichlich „radikal". Sie gelten heutigen ‚Pragmatikern' als ‚extremistisch'.

Doch das historische Faktum des Nationalsozialismus ist ihnen ein Problem. Die ‚bürgerliche Mitte', die gemeinhin als der Teil der Gesellschaft vorgestellt wird, dem Demokratie am wesenhaftesten und dem am ehesten demokratischer Widerstand gegen Barbarei zuzutrauen sei, konnte sich dem NS als ihrem Geschöpf bekanntlich nicht entziehen. Er muss daher von seinem Ursprung isoliert und darf nicht mit ihm assoziiert werden. Der (ungebrochen existierende) „Extremismus der Mitte"[9] muss zum politischen Extrem erklärt werden. Den *citoyen* verteidigen inzwischen längst andere. In der alten Bundesrepublik bemühte sich die Sozialdemokratie um die Wiederbelebung der einst liberalen Hoffnung vom *citoyen* unter den Bedingungen des bürgerlichen Nationalstaats. Das ist jedoch vorbei; es musste scheitern, denn mit der endgültigen Vernichtung der Illusionen in Auschwitz hatte sich die Wirklichkeit bürgerlicher Gesellschaft gegen ihr eigenes Versprechen längst durchgesetzt. So steht die Sozialdemokratie seit 1990 erst recht unter beständigem Druck; auch von Aly, der frühe sozialdemokratische Versprechen auf (zumindest politische) Gleichheit heute diskursiv ungestraft als NS-Ursprung denunziert.

All dies ermöglicht das zur (Volks-)Weisheit gewordene Geschichtsnarrativ, die erste deutsche Demokratie von Weimar sei von den Rändern her zerstört worden. In den Peripherien seien diejenigen „modernen Heilslehren"[10] und träumerischen ‚totalitären Ideologien' beheimatet gewesen, die dem bürgerlich-demokratischen, gesittet-rationalen Zentrum ans Leder wollten. So wurde auch Friedrich Schneider in die politischen Außenbezirke gedrängt. Seine geistige Einstellung – wie gesagt: ein Mann von „herzensgutem" Charakter – sei in Zeiten der Not durch sozialistische Versprechungen der NSDAP erkauft worden. Die Legende von der

9 Vgl. Elmar Brähler / Oliver Decker / Johannes Kiess: *Die Mitte im Umbruch. Rechtsextreme Einstellungen in Deutschland 2012*. Bonn: Dietz 2012; zum Extremismusbegriff siehe ebd., S. 15–18.

10 Wie es heißt bei Thilo Sarrazin: *Deutschland schafft sich ab*. München: DVA 2010, S. 94.

Zerstörung der Weimarer Republik durch die Ränder sowie das nützliche Missverständnis vom Nationalsozialismus als Antikapitalismus bilden die Grundlage des Gründungsmythos der Bundesrepublik.[11] Er sollte das Bild eines maßvollen, harmlos-bürgerlichen deutschen Zentrums konstruieren, auf dem dasjenige Staatsgebilde basierte, das zwar in der Rechtsnachfolge des „Deutschen Reiches" stand, jedoch von ‚Extremismen' gereinigt sei und künftig reingehalten werde. Es sollte sich eingeredet werden, man könne das ‚Gut-Bürgerliche' der Weimarer Republik und die christliche Moral, die abhandengekommen sei, wiederherstellen. Das ‚bürgerliche Zentrum', um das sich seit dem *Godesberger Programm* auch die SPD offiziell bemüht, befindet sich seit den 1950er Jahren in einem permanenten Waschgang und beklagt dabei unentwegt die ihm fremd gewordenen „zwölf dunklen Jahre". Mit verschiedensten Reinigungstechniken hat man sich der braunen Flecken zu entledigen versucht: Verschweigen, Verdrängen, Vergessen, „Entnazifizieren", „Demokratisieren", „geistig-moralische Wenden", Opfermythen, ‚Patriotismus nicht trotz, sondern wegen Auschwitz' usf. Auch die Aly'sche Historiographie präsentiert sich besonders reinlich, erweist sich aber als ein ganz eigenes Fleckenmittel. Als dafür günstig stellen sich sowohl die omnipräsente Einforderung ‚nationaler Normalisierung' als auch besagte Sprachlosigkeit heraus, sodass einst Undenkbares denk-, sag- und machbar geworden ist. Somit kann sich eine ‚Unbekümmertheit' entfalten, die sich etwa in Wortspielen zeigt, mit denen Aly glaubt, alle Theorie aus den Angeln heben zu können. Max Horkheimers Ausspruch vom Zusammenhang von Faschismus und Kapitalismus: „Wer vom Kapitalismus nicht reden will, soll vom Faschismus schweigen."[12], kann widerspruchslos bis zur Unkenntlichkeit entstellt werden:

> Wer nicht von der langen und verhängnisvollen Tradition eines am Ende regelrecht eingefleischten[!] und bis heute wirksamen deutschen Antiliberalismus sprechen mag, sollte vom volkskollektivistischen Exzess des Nationalsozialismus besser schweigen.[13]

11 Zum „Nationalmythos"-Begriff vgl. Herfried Münkler: *Die Deutschen und ihre Mythen.* Berlin: Rowohlt 2009.

12 Max Horkheimer: Die Juden und Europa. In: Ders.: *Gesammelte Schriften*, Bd. 4. Frankfurt am Main: Fischer 1988, S. 308–331, hier S. 308.

13 Aly: *Warum die Deutschen?*, S. 285.

Die Ohnmacht der Herren

Aly missversteht den Antiliberalismus, der jede Form emanzipatorischen Handelns bekämpft und in der Tat eine „lange und verhängnisvolle [deutsche] Tradition" darstellt, als Antikapitalismus, auch weil er den Liberalismus mit der „Entfesslung des Marktes" verwechselt. Er geht dem „volkskollektivistischen" Nationalismus ferner auf den Leim, wenn er einerseits mit „Exzess" unterstellt, dass ein Nationalismus, der nicht über die Stränge schlägt, ein akzeptabler sei, und ihm andererseits die ‚Macht' zuschreibt, sich in den Leib „des Deutschen" „einzufleischen". Solche Denkakrobatik kann Horkheimers Ausspruch in sein Gegenteil entstellen und missbrauchen für die Reinigungsversuche der ‚bürgerlichen Mitte', die an Nation, Markt, Kapitalismus und totaler Integration festhalten möchte und muss.

Doch es wird nicht im Namen der bürgerlichen Gesellschaft schlechthin die Stimme erhoben. Sie soll eben nicht nur als solche besser dastehen. Es geht auch um diejenigen Eliten im entwickelten Kapitalismus, die Horkheimer und Adorno „Rackets" hießen.[14] Bei Aly erscheinen sie als Ohnmächtige, verfolgt von sozialistisch fehlgeleiteten Massen. Die Eliten, die sie ermöglichende Verhältnisse zwecks Selbsterhaltung zu verewigen haben, sollten frei sein von Schimpf und Schande. Der Herr muss als vom ‚Pöbel' Getriebener dastehen. Der ‚National-Historiker' muss also seines Amtes walten: Die Rolle „der respektablen Rackets"[15] im Untergang von Weimar bedarf einer Umwertung. Antisemitismus und NS seien vor allem Ideologie des ‚Pöbels'. Die Loyalität der bestechlichen ‚Masse' war mit Wohltaten des Sozialstaates leicht zu erkaufen.

‚Materialistische' Schweigegebote

Es ist dies die Hauptthese des 2005 erschienenen Buchs *Hitlers Volksstaat.* Die These von der Korrumpierung von „Millionen einfacher Deutscher" mit sozialstaatlichen ‚Wohltaten', die durch Raubkrieg und Enteignung finanziert worden seien, hat sich inzwischen zu einem akzeptierten Ansatz in der Historiographie gemausert, obwohl Aly in seinen Attacken gegen das von ihm bekämpfte ‚Establishment der NS-Forschung' nicht gerade zimperlich gewesen ist. Auch in *Hitlers Volksstaat* findet sich eine gegen

14 Adorno / Horkheimer: *Dialektik der Aufklärung*, S. 179.

15 Ebd.

Theorie und bisherige Forschung gerichtete Persiflage des besagten Horkheimer-Satzes:

> Wer von den Vorteilen für die Millionen einfacher Deutscher nicht reden will, der sollte vom Nationalsozialismus und vom Holocaust schweigen.[16]

Dieses Schweigegebot beeindruckte allerdings nicht jeden: Die Behauptung, der NS-Staat habe eine materielle Verbesserung der Lebenssituation unterer Einkommensschichten oder gar eine Umverteilung von oben nach unten angestrebt, was eine große Zustimmung jener Schichten bewirkt habe, wurde Mitte der 2000er Jahre z. T. entschieden zurückgewiesen. Mark Spoerer fasste wichtige Einsprüche aus der Sozial- und Wirtschaftsgeschichte gegen Alys These zusammen, der NS-Staat habe mittels Ausplünderung der jüdischen Bevölkerung eine „Verringerung der materiellen Ungleichheit in Deutschland" erreichen können:

> [...] schon die ältere Forschung [hat] auf Basis der primären Einkommensverteilung eine Umverteilung von unten nach oben festgestellt (und nicht umgekehrt, wie Aly behauptet), was sich auf Basis der sekundären Einkommensverteilung bestätigen lässt. Während Aly einige von der NS-Propaganda groß gefeierte soziale Wohltaten des Regimes herausstellt, ignoriert er dem widersprechende Forschungsergebnisse völlig [...] [,die] an Hand des Lebensstandards [belegen können], dass die NS-Sozialpolitik eben nicht das Los der Unterschichten besserte.[17]

Dies bestätigt auch die Stimme des Schreiners, ehemaligen Roter-Frontkämpferbund-Mitgliedes und Hitler-Attentäters Georg Elser, die Alys ‚Empirie' nicht berücksichtigt. Elser gab nach seiner Verhaftung durch die Gestapo im November 1939 zu Protokoll:

> Nach meiner Ansicht haben sich die Verhältnisse in der Arbeiterschaft nach der nationalen Revolution in verschiedener Hinsicht verschlechtert. So z. B. habe ich festgestellt, dass die Löhne niedriger und die Abzüge höher wurden. [...] Der Stundenlohn eines Schreiners hat im Jahr 1929 eine Reichsmark betragen, heute wird nur noch ein Stundenlohn von 68 Pfennigen bezahlt. [...] Der Arbeiter kann z. B. seinen Arbeitsplatz nicht mehr wechseln, wie er will; er ist heute durch die HJ nicht mehr Herr seiner Kinder.[18]

16 Aly: *Hitlers Volksstaat*, S. 362.

17 Mark Spoerer: Rezension zu Aly, Götz: Hitlers Volksstaat. Raub, Rassenkrieg und nationaler Sozialismus. Frankfurt am Main 2005, 26.05.2005. http://hsozkult.geschichte.hu-berlin.de/rezensionen/2005-2-143 (Zugriff am 01.08.2013).

18 Georg Elser: Berliner Verhörprotokoll. http://www.georg-elser-arbeitskreis.de/texts/protokoll.htm (Zugriff am 22.03.2014). Hier findet sich ebenso eine Quellenkritik des 1964 zufällig entdeckten Protokolls.

Er habe sich u. a. zum Attentat auf Hitler entschlossen, um eine Politik zu erreichen, „die für eine Verbesserung der sozialen Verhältnisse der Arbeiterschaft“ sorgen werde.[19]

Auch Saul Friedländer widerspricht Alys These von der Shoah als Umverteilungspolitik: Das „Hauptziel“ des NS sei nicht die „Auspressung“ der Juden und Jüdinnen gewesen, „sondern ihre Vernichtung.“[20] Und Postone betonte, dass dem „Holocaust [...] keine funktionelle Bedeutung“ zukam.

> Sie wurden nicht aus militärischen Gründen ausgerottet oder um gewaltsam Land zu nehmen (wie bei den amerikanischen Indianern) [...]. Es gab auch kein ‚äußeres‘ Ziel. Die Vernichtung der Juden musste nicht nur total sein, sondern war sich selbst Zweck [...], der absolute Priorität beanspruchte.[21]

Alys Überlegungen erinnern an das „vulgärmaterialistische“[22] Denken der maoistischen Aktivisten der 1970er Jahre, wenn den Tätern rein konsumtionsorientierte Motive unterstellt werden und der Antisemitismus somit zum bloßen Vorwand geriet. Adorno und Horkheimer widersprachen solchen Ansätzen:

> Die Arisierung des jüdischen Eigentums, die ohnehin meist den Oberen zugute kam, hat den Massen im Dritten Reich kaum größeren Segen gebracht als den Kosaken die armselige Beute, die sie aus den gebrandschatzten Judenvierteln mitschleppten. Der reale Vorteil war halbdurchschaute Ideologie. Dass die Demonstration seiner ökonomischen Vergeblichkeit die Anziehungskraft des völkischen Heilmittels eher steigert als mildert, weist auf seine wahre Natur: es hilft nicht den Menschen, sondern ihrem Drang nach Vernichtung. Der eigentliche Gewinn, auf den der Volksgenosse rechnet, ist die Sanktionierung seiner Wut durchs Kollektiv. Je weniger sonst herauskommt, um so verstockter hält man sich wider die bessere Erkenntnis an die Bewegung. Gegen das Argument mangelnder Rentabilität hat sich der Antisemitismus immun gezeigt. Für das Volk ist er ein Luxus.[23]

19 Elser: Berliner Verhörprotokoll.

20 Vgl. Stefan Reinecke / Christian Semler: „Die Juden waren der ideale Feind“ [Interview mit Saul Friedländer]. In: *taz*, 11.10.2006. http://www.taz.de/1/archiv/archiv/?dig=2006/10/11/a0144 (Zugriff am 01.07.2013).

21 Postone: Antisemitismus und Nationalsozialismus, S. 177.

22 Wehler kritisierte *Hitlers Volksstaat* als „vulgärmaterialistisch“. Vgl. Arno Widmann: Da gibt es diesen Unterton. In: *Berliner Zeitung*, 06.05.2005. http://www.berliner-zeitung.de/archiv/in-frankfurt-stritten-goetz-aly-und-hans-ulrich-wehler-ueber--hitlers-volksstaat--da-gibt-es-diesen-unterton,10810590,10281924,view,printVersion.html (Zugriff am 01.07.2013).

23 Adorno / Horkheimer: *Dialektik der Aufklärung*, S. 179.

Auch die frühe Gesellschaftswissenschaft der DDR ging im Rahmen ihres ML-Systems davon aus, dass es der auf Befehl des „imperialistischen Finanzkapitals" handelnden NS-Politik vor allem um die Ausplünderung der ‚jüdischen Konkurrenz' sowie um die Zerstörung des „proletarischen Bewusstseins" und der „revolutionären" Organisationen gegangen sei.[24] Im Unterschied zum ML allerdings richtet sich Alys These gegen die vermeintlich marxistisierten ‚Unterschichten' bzw. gegen die Marxistisierer, die ihren „Klassenkrieg" als „Rassenkrieg" tarnten und in Wahrheit die Enteignung des bürgerlichen Eigentums anstrebten. Anders also als in der DDR-Wissenschaft, die Faschismus letztlich als eine imperialistische Verschwörung des Großkapitals deutete, waren es bei Aly letztlich ‚Sozialisten' wie Hitler oder Goebbels, die die Notlage der Bevölkerung ausnutzten und „ihre Anhänger- und Wählerschaft vor allem im Proletariat" suchten, um einen Rassen-Klassen-Kampf gegen das Bürgertum zu führen.[25] In der Annahme einer passiven Rolle des ‚deutschen Volkes' indes sind sich Aly und ML bemerkenswert nahe.

Hitlers Volksstaat beklagt eine umverteilende „Steuerhärte [des NS-Staates] gegen die Bourgeoisie"[26]. Spoerer widerspricht: Alys These gründe sich

> auf erstens die Erhöhung des Körperschaftsteuersatzes bzw. die Gewinnabschöpfung und auf zweitens die Ablösung der Hauszinssteuer 1943. [...] Im Bundesarchiv lagern große Bestände mit Preisprüfungsberichten, die bis in das Jahr 1943 hinein belegen, dass viele, auch kleine Unternehmen trotz der Steuererhöhungen riesige Gewinnzuwächse erzielten. Die kurz vor Kriegsende durchgeführten drastischen Steuererhöhungen dürften für die Unternehmen, die sich zu diesem Zeitpunkt längst keine Illusionen mehr über die Kaufkraft der Reichsmark machten und in Sachwerte flüchteten, allenfalls noch buchhalterische Bedeutung gehabt haben.[27]

24 Vgl. Wolfgang Heise: Antisemitismus und Antikommunismus. In: *Deutsche Zeitschrift für Philosophie* 9,12 (1961), S. 1423–1445.

25 Vgl. Aly: *Warum die Deutschen?*, S. 233–242, Zitat S. 234. In *Hitlers Volksstaat* ist angesichts des Rassen- und Vernichtungskrieges von „Kriegssozialismus", der „den Rückbau der Klassenschranken" beschleunigt habe, die Rede (Aly: *Hitlers Volksstaat*, S. 358). Die „Steuerhärte [des NS-Staates] gegen die Bourgeoisie" habe jüdische ebenso wie „arische Wertpapierbesitzer" getroffen (ebd., S. 82).

26 Vgl. ebd., S. 77–86.

27 Spoerer: Rezension zu Hitlers Volksstaat.

Alys These vom (Steuer-)Opfer der bürgerlichen ‚Leistungsträger' durch den „nationalen Sozialismus" ist wohl stärker von aktuellen „Neiddebatten" als durch die historische Wirklichkeit inspiriert worden. Unverkennbar ist der Versuch, die Rolle der deutschen Eliten vor und nach 1933 umzudeuten. In *Warum die Deutschen? Warum die Juden?* ist das Bemühen augenfällig, etwa anhand der Parteienfinanzierung der NSDAP zu belegen, dass der NS ausschließlich eine antibürgerliche sozialistische Revolution von unten gewesen sei. Zwar habe die Partei vor 1933 auch „Spenden von der deutschen Industrie [bezogen], ebenso wie andere",[28] finanziert habe man sich aber vor allem aus Eintrittsgeldern, Devotionalienverkauf und Beiträgen der Mitgliedschaft, die Aly zwar streng vom Großbürgertum geschieden, ansonsten aber soziökonomisch undifferenziert darstellt.[29] Die wenig innovative Conclusio lautet: Die monokausale These, der Aufstieg der NSDAP sei das Werk der ‚Großindustrie' gewesen, ist falsch. Das Parteienfinanzierungsbeispiel soll verdeutlichen, dass die Weimarer Republik nicht von bürgerlichen Eliten, sondern den sozial(istisch)en Träumereien der „Schwachen" zerstört wurde.

Eine Schilderung der Rolle der Industrie-Verbände und der konservativ-aristokratischen Eliten sucht man bei Aly indes vergebens. Ebenso wird verschwiegen, dass es das programmatische Amalgam aus Antisemitismus und Antimarxismus des NS war, das in der antimarxistisch und (!) antisemitisch gestimmten ‚bürgerlichen Mitte' seit Ende der 1920er Jahre auf Zustimmung traf.[30] Auch ein Blick auf die soziale Struktur der NSDAP der frühen 1930er Jahre, die sich ja massiv etwa von der der SPD, ja selbst der bereits stalinisierten KPD unterschied, hätte darauf verweisen können, dass die NSDAP keine Partei der „Schwachen" (schon gar nicht ihrem Selbstverständnis nach), wohl aber eine des Mittelstandes und Kleinbürgertums war. Richtig ist freilich, dass die so unterschiedlichen Milieus sowohl der SPD und KPD als auch der NSDAP dem

28 Aly: *Warum die Deutschen?*, S. 253.

29 Vgl. ebd., S. 252–253.

30 Vgl. Michael Mayer: NSDAP und Antisemitismus 1919–1933. In: *Munich Economics Discussion Papers* 5 (2002). epub.ub.uni-muenchen.de/9/1/0205_mayer.pdf (Zugriff am 04.02.2014). Mayer läuft jedoch Gefahr, Antimarxismus nicht als Ressentiment, sondern als berechtigte Abwehr zu interpretieren.

„Großkapital" oder den Junkern fremd waren, wenn sie nicht gar als pöbelhaft verabscheut wurden.

‚Wohlfahrt ist nicht nur Gift für die Konjunktur', Motivationen

Aly ist es daran zu tun, die in *Hitlers Volksstaat* aufgestellte These zu bekräftigen, die NS-Diktatur sei als eine „Gefälligkeitsdiktatur" der „Massen" gegen die „Bourgeoisie", das bürgerliche Zentrum gerichtet gewesen.[31] Die NS-Propaganda habe angesichts einer durch die Weltwirtschaftskrise verzweifelten ‚Masse' nur noch die Klaviatur des Unterschichten-Egalitarismus zu spielen gehabt, um „die Aggression und Verzweiflung der in ihren Zukunftsplänen Blockierten auf die Juden" zu lenken und so „das Gefühl der Entlastung" von der eigenen Unzulänglichkeit zu erzeugen.[32] Einem Verhängnis gleich brachten völkische und rassenhygienische Vordenker ihren ‚revolutionären' Antisemitismus über die nach gemütlicher Gleichheit strebenden Massen, wobei der NS als ein ‚Sozialismus' zum Urheber des Massen-Antisemitismus wird, während die deutsche Gesellschaft (samt der „Schwachen") mit ihrer traditionellen, aber veränderbaren Gleichheitsneigung allenfalls die Rolle der verführbaren Masse erhält. Da Aly die Geschichte des Antisemitismus als eine der sozialen „Gleichmacherei" zeichnet, gehen wichtige historische Entwicklungen nicht in die Betrachtung ein. (Ungenannt bleiben sowohl Massenvereine wie die *Alldeutschen*, der *Deutsch-nationale Handelsgehilfen-Verband* oder der *Stahlhelm* als auch rechts-nationale Autoren der sog. „Konservativen Revolution", die diversen „Herrengesellschaften" usw.)
Der Antisemitismus war Teil eines verbreiteten „kulturellen Codes" aus Antidemokratismus, Antiliberalismus und Antisozialismus. Die bürgerliche Gesellschaft, die den „Antisemitismus [als] ein eingeschliffenes Schema, ja ein Ritual der Zivilisation"[33] verinnerlicht hatte, brachte den NS hervor. Die bürgerliche Zivilisation ist, wie andere Gesellschaftsformen der bisherigen Menschheitsgeschichte, eine der Herrschaft. Sie ist es, die den „hohen Auftraggebern" des Mordes diejenige „Gefolgschaft" liefert, „die weder sexuell noch

31 Aly: *Hitlers Volksstaat*, S. 66, 77.

32 Aly: *Warum die Deutschen?*, S. 231.

33 Adorno / Horkheimer: *Dialektik der Aufklärung*, S. 180.

ökonomisch auf ihre Kosten kommt".[34] Die „respektablen Rackets" können auf antisemitisch fühlende, von „Zivilisation" „verblendete, der Subjektivität beraubte Menschen" zurückgreifen und sie „als Subjekte" auf die immer schon vorhandenen Total-Objektivierten loslassen.[35]

Fraglich sind also die Mordmotive, die Aly annimmt, denn unerklärlich bleibt, warum die „Gleichheitssucht" Friedrich Schneiders ihn nicht in die Arme der vermeintlichen Alternativen zur NSDAP trieb. Es zog ihn nicht in die Arbeiterbewegung, die im kleinbürgerlichen Milieu wohl eher gemieden, wenn nicht verabscheut wurde. Denn das Proletarische will der ‚Stehkragenproletarier' meiden oder beherrschen. Alys These, das Motiv des millionenfachen Mordes sei Wohlfahrt gewesen, ist nicht nur aus quantitativen Gründen bemängelt worden, auch wenn die „Tatsache räuberischer Kriegsfinanzierung [...] nicht zu bezweifeln" ist.[36] Zwar müssen die Subjekte auch in einem Vernichtungskrieg ernährt, ‚ideologisiert' und ausgerüstet werden. Das Ziel des deutschen Vernichtungskrieges war jedoch nicht Wachstum oder Wohlfahrt – das bestätigt auch das umfangreiche, seit Jahrzehnten in der Forschung ausgewertete Quellenmaterial[37] sowie die schlichte Tatsache, dass kriegswichtige Ressourcen vordringlich in die „Endlösung" flossen. Zweck des Vernichtungskrieges war er selbst und Destruktion. Dass Auschwitz „eine Fabrik zur ‚Vernichtung des Werts'" war,[38] mag jedoch ein Faktum sein, das weder einem „Vulgärmaterialismus" des ML noch eines patriotischen Neoliberalismus á la Aly ins Konzept passt. Adorno/Horkheimer schauten indes hinter die scheinbar zweckrationale Verhaltensweise des Raubens:

> [D]ie organisierten Raubmörder [...] ziehen aus, um zu plündern, und machen eine großartige Ideologie dazu, faseln von der Rettung der Familie, des Vaterlandes, der Menschheit. Da sie aber die Geprellten bleiben [nicht Nutznießer], was sie freilich insgeheim schon ahnten, fällt schließlich ihr erbärmliches rationales Motiv, der Raub, dem die Rationalisierung dienen sollte, ganz fort und diese wird ehrlich wider Willen. Der unerhellte Trieb [derjenigen, die

34 Adorno / Horkheimer: *Dialektik der Aufklärung*, S. 180.

35 Ebd., S. 179.

36 Michael Wildt: Hybris und Simplizität einer Wissenschaft. In: *Mittelweg 36* 14,3 (2005), S. 69–80, hier S. 69.

37 Vgl. ebd.

38 Vgl. Postone: Antisemitismus und Nationalsozialismus, S. 193.

erfüllende Entladung nie erfahren hatten], dem sie von Anfang an verwandter war als der Vernunft, ergreift von ihnen ganz Besitz.[39]

Nach dem Krieg ‚erwacht' Schneider scheinbar wie aus einem bösen Traum. Aufgehalten werden musste er und die gesamte deutsche Gesellschaft in ihrem Streben nach Vollendung der totalen antisemitischen „Tat", die „Selbstzweck" war und schon lange nicht mehr nach dem längst geraubten Eigentum der Juden lechzte. „Immer ruft der Antisemitismus erst noch zu ganzer Arbeit. Zwischen Antisemitismus und Totalität bestand von Anbeginn der innigste Zusammenhang. Blindheit erfasst alles, weil sie nichts begreift."[40] Nachdem dem Morden von außen mit Gewalt Einhalt geboten werden musste und sich die Erinnerung, die angesichts der im Kern unveränderten Verhältnisse potentielle Sprengkraft barg, gesellschaftlich und psychologisch verbat[41], konnte der in der Bundesrepublik angekommene Schneider ausrufen: „‚Was man mit den Juden gemacht hat, das ging entschieden zu weit.'"[42] Dem sich bieder-harmlos gebenden Bundesbürger der 1950/60er Jahre, über den der Krieg als Naturgewalt gekommen war, und der sich nun aber, als ‚Fußballweltmeister 1954', darüber freute, ‚wieder wer zu sein', waren Hitlers ungehobelte Schergen jetzt natürlich immer schon fremd gewesen.

Das tut man nicht! … solange man es nicht selber tut

Aber welche Rolle kommt in Alys Augen der bürgerlichen Gesellschaft zu? Durch die Identifizierung eines ‚jüdischen Verhaltens' mit den Werten des (Markt-)Liberalismus erscheint letzterer gleichsam als natürlicher Verbündeter und eigentliche helfende Kraft bei der Emanzipation der Juden. Bei aller pauschalen Verurteilung der „christlichen Deutschen" erscheinen Liberalismus und Bürgertum seltsam unbehelligt. Aly scheidet das sozialistisch blendbare ‚allerlei Volk' von der Elite. Wenn vom ‚Antisemitismus' die Rede ist, handelt es sich um den (von sozialistischen Verführern eingeimpften) Antisemitismus des ‚Volkes', das der Politikwissenschaftler

39 Adorno / Horkheimer: *Dialektik der Aufklärung*, S. 180.

40 Ebd., S. 181.

41 Vgl. Alexander Mitscherlich / Margarete Mitscherlich: *Die Unfähigkeit zu trauern*. München: Piper 1987, S. 15–46, 345–357.

42 Aly: *Warum die Deutschen?*, S. 217.

Aly weder kulturell noch soziologisch differenzieren wollen mag. ‚Dem deutschen Volke' habe eine liberale Elite gegenübergestanden, die im 19. Jahrhundert, anders als die neidischen und unbeweglichen Massen, Partei für die Emanzipation des homo oeconomicus ergriff und damit für die Emanzipation der Juden. Alys Zielrichtung ist trotz aller anekdotischer und ‚postideologischer' Plauderei also gar nicht so nebulös und hätte vielleicht noch vor 1945 als absurd-tragisch betrachtet werden können. Aus *Warum die Deutschen? Warum die Juden?* spricht entweder die anachronistische Überzeugung, das (markt-)liberale Bürgertum sei der natürlichste Verbündete und Emanzipator „der Juden", oder aber ein geschichtspolitisches Kalkül, das für das ‚Bürgertum' eine moralische Kraft aus dem ‚Opfergang' (Begriff: Holocaust!) der Jüdinnen und Juden zu gewinnen hofft, indem historiographisch eine traditionelle Verwandtschaft zwischen Bürgertum und Judentum konstruiert wird. So als könne man in den jüdischen Opfern das Bürgertum selbst in der Gaskammer sterben sehen.
Um die TrägerInnen des kleinbürgerlichen Bewusstseins, wie es Kracauer beschrieb, wird gebuhlt. Es soll erkennen, dass nur ein Denken des ‚Du kannst es schaffen, wenn Du es nur willst' die einzige Richtung sein könne, nicht der ‚Sozialismus'. Mit der richtigen Einstellung zur Freiheit (des Marktes) hätte die Barbarei verhindert werden können. Mit der Errichtung eines ‚echten Kapitalismus', der bei Aly nur die freie Waren- und Personenzirkulation und den Nachtwächterstaat kennt und nicht Sozialstaat, Monopol und staatliches Kartell, hätte Auschwitz nie geschehen können. Es sei nicht die bürgerliche Gesellschaft und nicht die mit ihr einhergehende psychische Beschädigung gewesen, die die Gaskammern ermöglichte. Falsche Einstellungen und allzumenschliche Dispositionen bewirkten die Barbarei. Es möge hier schlicht mit Adorno und Horkheimer erwidert werden:

> Der Liberalismus hatte den Juden Besitz gewährt, aber ohne Befehlsgewalt. Es war der Sinn der Menschenrechte, Glück auch dort zu versprechen, wo keine Macht ist. Weil die betrogenen Massen ahnen, dass dies Versprechen, als allgemeines, Lüge bleibt, solange es Klassen gibt, erregt es ihre Wut; fühlen sie sich verhöhnt. Noch als Möglichkeit, als Idee müssen sie den Gedanken an jenes Glück immer aufs neue verdrängen, sie verleugnen ihn um so wilder, je mehr er an der Zeit ist. Wo immer er inmitten der prinzipiellen Versagung als verwirklicht erscheint, müssen sie die Unterdrückung wiederholen, die der eigenen Sehnsucht galt. Was zum Anlass [nicht zur

> Ursache – wie bei Aly] solcher Wiederholung wird, wie unglücklich selbst es auch sein mag, Ahasver und Mignon, Fremdes, das ans verheißene Land, Schönheit, die ans Geschlecht erinnert, das als widerwärtig verfemte Tier, das Promiskuität gemahnt, zieht die Zerstörungslust der Zivilisierten [ihre Sehnsüchte ständig Vergewaltigenden] auf sich, die den schmerzlichen Prozess der Zivilisation nie ganz vollziehen konnten. [...] Der Gedanke an Glück ohne Macht ist unerträglich, weil es überhaupt erst Glück wäre. [...] Der Bankier wie der Intellektuelle, Geld und Geist, die Exponenten der Zirkulation, sind das verleugnete Wunschbild der durch Herrschaft Verstümmelten, dessen die Herrschaft sich zu ihrer eigenen Verewigung bedient.[43]

Während des Berliner Antisemitismus-Streits 1879/80 verurteilten Mitglieder der herrschaftlichen Rackets – die wirklichen Gewinner der Moderne – die unsittlichen antisemitischen Verbalangriffe der neidischen Gemeinen. In ständischem Ton warnte man „‚vor dem Anheizen der Leidenschaften des Volkes‘“[44]. Zur Ehrenrettung des kaiserlichen Bürgertums verweist Aly auf ihre ‚öffentlichen Statements‘:

> Am 14. November 1880 veröffentlichten 75 einflussreiche Berliner in der Nationalzeitung ihre Stellungnahme gegen die judenfeindlichen Umtriebe, darunter der Oberbürgermeister Max von Forckenbeck, der Stadtälteste August Gesenius, Rudolf Virchow, Werner Siemens, Johann Gustav Droysen, Theodor Mommsen, Gustav Robert Kirchhoff, Rudolf von Gneist, die Spitzen der Berliner Kaufmannschaft, Landgerichtsdirektor Carl Robert Lessing, Geheimer Sanitätsrat Friedrich Koerte, Stadtschulrat Eduard Cauer, Professor August Wilhelm von Hofmann (Chemiker und Rektor der Universität), weitere Professoren, Rechtsanwälte, Stadträte, Kommerzienräte und Direktoren.[45]

Aly gilt das bloße ‚Statement‘ als politische Tat, als soziale und materiale Wirklichkeit. Sagen will er: ‚Seht her, wir haben uns für die Juden ausgesprochen!‘ Das liberale (Bildungs-)Bürgertum habe sich als die eigentliche Schutzmacht der „Juden“ gezeigt; auch aus Dankbarkeit:

> Von Kopf bis Fuß antisemitisch durchdrungen war die wilhelminische Bürgergesellschaft nicht. Ihre besten Köpfe[!] dankten der Vorsehung, dass sie dem ziemlich spröden ‚germanischen Metall für seine Ausgestaltung einige Prozent Israel‘ beigesetzt hatte, wie der Historiker Theodor Mommsen es ausdrückte.[46]

43 Adorno / Horkheimer: *Dialektik der Aufklärung*, S. 181.

44 Zit. n. Aly: *Warum die Deutschen?*, S. 36.

45 Ebd.

46 Ebd., S. 37.

Hier wird nicht nur deutlich, dass die „besten Köpfe" der „Bürgergesellschaft", ähnlich wie ihre feudalen Vorgänger in der Herrschaftsausübung[47] und nunmaligen Mitherren, trotz ökonomischen „Formwechsel[s] der Herrschaft"[48] (in kaum einem anderen europäischen Nationalstaat ist das Bürgertum eine derartig devote Allianz mit den feudalen Kräften eingegangen wie in Deutschland), wie gewohnt Jüdinnen und Juden weiterhin als kollektiv identifizierte Objekte ansahen und nicht etwa als individuelle Subjekte. Weil es den Herrschenden nützlich dünkte, sie sich davon wie zu feudalen Zeiten u. a. ökonomische und kulturelle Impulse versprachen, habe man, gleichsam zum Zwecke der ‚Veredlung', „‚einige Prozent Israel' beigesetzt". Das instrumentelle Denken dieses Bürgertums wird demonstriert. Zugleich muss zur Vervollständigung der historischen Szenerie hinzugefügt werden, dass derselbe bürgerliche Liberalismus, der sich hier gegen den politischen Antisemitismus aussprach, die „Judenfrage" stellte. Die Einpassung der Jüdinnen und Juden in die neue Allgemeinheit war ein mit geradezu missionarischem Eifer formuliertes Gebot der bürgerlichen Gesellschaft. Detlev Claussen fasst zu Recht zusammen:

> Die bürgerliche Gesellschaft selbst stellt die ‚Judenfrage', die ihr eine historische Erblast ist. Die bürgerliche Gesellschaft belegt die Juden mit einem Assimilationszwang, der den Druck der Durchsetzung allgemeiner Gesetze ansonsten übertraf. In der Judenemanzipation können die Juden sich nicht als kämpfende Subjekte befreien, sondern sie werden zu Objekten der Befreiung.[49]

Die deutsche bürgerliche Gesellschaft blieb nur in der Durchsetzung ihrer ökonomischen Freiheitsideale konsequent und gedieh – auch unter Blut und Eisen. Anders als in Frankreich kam es in den deutschen Territorien lediglich zu *einer* freiheitlich-bürgerlichen Revolution, obzwar wohl mehr nötig gewesen wären. So konnte sich der aufgeklärte Liberalismus, der sich im zweiten Schritt dann selbst noch hätte aufklären müssen, niemals ernsthaft etablieren.

Die wirkliche, die echte Revolution indes, die industrielle, schritt massiv voran und fraß ihre Kinder: Die noch grüne bürgerliche Gesellschaft verlor zunehmend Bürger; weil das Kapital schon

47 Vgl. Claussen: *Grenzen der Aufklärung*, S. 51–52.
48 Ebd., S. 55.
49 Ebd., S. 52.

Ende des 19. Jahrhunderts im Rahmen diverser Krisen, sich permanent seiner Mit-Bürger entledigte. Stattdessen musste die Herrschaft der weniger Werdenden verwaltet werden. Der (*Traum* vom) *citoyen* ging darüber endgültig verloren: ihn (z)ersetzten die Staatsbürger, Beamten, Offiziere, Lehrer usw., die Kleinbürger(*-träume*).

Somit vollzog sich im Zuge des sich beschleunigenden kapitalistischen Prozesses bereits Ende des 19. Jahrhunderts, in kürzester Zeit also, ein weiterer eklatanter „Formwechsel der Herrschaft". Nicht mehr wie noch bei Mommsen die „Vorsehung", oder die Smith'sche „unsichtbare Hand" des Marktes, sondern der beherrschte ‚Herrenmensch' forderte nun die Verfügungsgewalt über „die Juden", derer sich die totale Gesellschaft nunmehr bald entledigen wollte. Dies geschah dann, als die einstigen Vermittlungsinstanzen der Herrschaft, in die man die Objektivierten eingesperrt hatte (Zirkulation, geistige Elfenbeintürme, Kunst und Medien), für die deutschen Verhältnisse entbehrlich wurden, gar störten. Man brauchte keinen freien Journalismus mehr, sondern Zentralorgane, keine „entartete Kunst", sondern „arische Kunst", keine Parteien und Gewerkschaften, sondern Massenorganisationen, keinen Klasseninteressensausgleich, sondern nur noch totale Integration in Produktion und Destruktion.

Vor diesem historischen Hintergrund ist Alys Versuch einer Ehrenrettung der „respektablen" Bürger und ihrer bürgerlichen Gesellschaft, welche in der Nachbetrachtung gegenüber dem zur Groteske erklärten Antisemitismus des ‚Volkes' auf Abstand gehalten werden soll, recht fragwürdig. An mehreren Stellen stellt Aly einen zwingenden transgenerationalen Zusammenhang her zwischen den Anhängern des Nationalsozialismus in den 1920er und 30er Jahren und denjenigen, die vor 1914 als Landflüchtlinge und Arbeiter in die Städte zogen. Die Kinder der wilhelminischen ArbeiterInnen erscheinen als die historisch entscheidenden VerursacherInnen und TrägerInnen des NS.[50] Eine vergleichbare transgenerationale Analyse zu den Erben derjenigen, die sich als die „besten Köpfe" des Kaiserreiches noch um 1880 gegen den volkstümlichen Antisemitismus aussprachen, bleibt der Autor schuldig. In der obigen Aufzählung von Berliner Bürgern der ehrbaren Gesellschaft erscheinen die Eliten des Kaiserreichs: Professoren,

50 Aly: *Warum die Deutschen?*, S. 212–213, 233.

Bürgermeister, Unternehmer, hohe Staatsbeamte, Wissenschaftler, Juristen, Richter, Mediziner usw. Welche Bedeutung dieselben Milieus nur 50 Jahre später bei der Zerstörung der Weimarer Republik und der Etablierung der NS-Bewegung innehatten, bleibt unerwähnt. Eine nennenswerte öffentliche Empörung gegen den ebenso ‚unsittlichen' Antisemitismus der 1920er und 30er Jahren hat es von Seiten großindustrieller Familien, der Landgerichtsdirektoren, Richter und hohen Beamten, Professoren und Universitätsrektoren nicht gegeben.

Und daher findet hier die als Errungenschaft gepriesene Einbeziehung des „Archivs der Familie Aly" keine Anwendung. Denn anders als im Falle des „Aufsteigers" Schneider hält der Enkel die Rolle seines „Vorfahrens väterlicherseits", Wolfgang Aly (1881–1962), der nur als ‚Opfer' des Ersten Weltkriegs erscheint,[51] zum Verständnis des Antisemitismus für „ungeeignet", weil er „dem Bürgertum an[gehörte]".[52] Die NS-Karriere des Altphilologen der Universität Freiburg steht der These von der Widerstandskraft des (Bildungs-) Bürgertums diametral entgegen. Als erster Dozent seiner Universität trat Wolfgang Aly 1931 NSDAP und SA bei, stieg zum Hauptsturmführer auf, wurde 1933 NSDAP-Gauschulungsredner und wurde als SD-Denunziant gefürchtet. Beteiligt war er 1933/34 an der Zwangsbeurlaubung des Altphilologen Eduard Fraenkel.[53]

Durchaus treffend beschreibt Aly für die Zeit von 1930 bis 1933 die ‚geistige' Lage des „Volkes der Angestellten", wobei jedoch Gruppen wie die LandarbeiterInnen oder die ostelbischen Junker ebenso unerwähnt bleiben, wie die äußerst heterogene ArbeiterInnenschaft kaum eine differenzierte Beachtung erfährt. Völliges Schweigen herrscht über das Wirken von Figuren wie von Hugenberg, von Papen, Schacht, Thyssen, Krupp, Flick, Borsig, Heidegger, Gehlen, Schmitt, von Hindenburg usw. Auskunft wird gegeben über den vom Autor angesichts der kleinen jüdischen Bevölkerungsgruppe im Deutschen Reich übertriebenen ‚materiellen Vorteil' des ‚kleinen

51 Vgl. Aly: *Warum die Deutschen?*, S. 148, 153.

52 Ebd., S. 214.

53 Vgl. Jürgen Malitz: Klassische Philologie. In: Eckhard Wirbelauer (Hrsg.): *Die Freiburger Philosophische Fakultät 1920–1960. Mitglieder – Strukturen – Vernetzungen.* Freiburg: Alber 2006, S. 303–364, hier S. 307–310, 336–346, 359; Bernd Martin: Die Universität Freiburg im Breisgau im Jahre 1933. In: *Zeitschrift für die Geschichte des Oberrheins* 136 (1988), S. 445–477, hier S. 452–454, 472–473.

Mannes'. Wie er die armselige Ausbeute der „Arisierung" oder die wenigen frei gewordenen Stellen nach der Vertreibung der Juden und Jüdinnen aus dem Arbeitsleben begehrt.[54] Das Zusammenspiel aus Herrschaft, monströsen Apparaten und Ideologie auf der einen Seite und den total in Produktion integrierten und in der „Volksgemeinschaft" rasend aufgelösten Beschädigten, kurz: den ihrer Subjektivität beraubten Subjekten auf der anderen wird von Aly missverstanden als eine antibürgerlich-sozialistische Liaison aus Führer und Kollektiv, dem die bürgerliche Gesellschaft beinahe oppositionell gegenübergestanden habe.

Nationalliberale Beiträge zur bundesdeutschen Geschichtserzählung

Der ehemalige Rebell Aly leistet seinen geschichtspolitischen Kotau vor der Bundesrepublik. Er beteiligt sich an der Beseitigung der letzten Erinnerungs-Überreste, die seit Jahrzehnten in der Bundesrepublik als störende Altlasten die Stimmung trüben. Für die zu diesem Zwecke hilfreiche These, der Nationalsozialismus sei ein Sozialismus gewesen, wird der ehemalige Exilant, spätere ordoliberale Berater Ludwig Erhards und Walter Eucken-Schüler Wilhelm Röpke in den Zeitzeugenstand gerufen. Röpke

> war kein Sozialist, ganz im Gegenteil: Ordoliberaler, zudem Germane durch und durch. Die Marburger Professoren und Studenten verjagten ihn als überzeugten, publizistisch gewandten und streng marktwirtschaftlich orientierten Feind des nazistischen Staatssozialismus.[55]

Er habe nach 1945 darauf hingewiesen, dass einstige Sozialisten das NS-Regime getragen hätten; nicht das Bürgertum. Und Röpke schrieb 1948 in der Tat:

> Die Legende von den bösen Kapitalisten, die mithilfe des Nationalsozialismus die unschuldigen deutschen Massen vergewaltigt haben sollen, kann nicht rücksichtslos genug zerstört werden. Man kann nicht oft genug die Wahrheit aussprechen, dass es sich natürlich anders verhalten hat[...].[56]

Röpkes Denken, das erst mit der Zuspitzung des Kalten Krieges um 1948 wieder en vogue wurde, gehört in die Tradition des Nationalliberalismus, welcher politischen Konservatismus mit

54 Vgl. Aly: *Warum die Deutschen?*, S. 258–259.

55 Ebd., S. 249.

56 Wilhelm Röpke: *Die deutsche Frage*. University of California: Rentsch 1948, S. 28.

marktlibertärem Denken verknüpft.[57] Ein Gegner der NSDAP war er zweifellos, verstand er diese Bewegung doch vermutlich als eine Gefahr für die einstige wilhelminisch-christliche Ordnung, die entfesselte Märkte ebenso kannte wie einen hierarchisch-nationalen Wertkonservatismus von Gottes Gnaden. Darin unterschied er sich kaum von vielen Konservativen, die bis 1933 angesichts ihrer ständischen Haltungen den „plebejischen Charakter" des NS verabscheuten und „sich in der Tat mit einem autoritären, weniger revolutionären, von der Reichswehr gestützten Regime zufrieden gegeben hätten."[58] Dass sich Hitler recht erfolgreich um die Gefolgschaft dieser konservativen Eliten bemühte, die entscheidend an der Zerstörung der Weimarer Republik mit ihren sozial(demokratisch)en Errungenschaften beteiligt waren, ist hinlänglich bekannt.

Figuren wie Röpke oder Eucken, die als die Vordenker der „sozialen Marktwirtschaft" gelten, dienten den verschiedensten Apologien der Bundesrepublik als moralisch-rechtfertigende Vorbilder bei der Reaktivierung der bürgerlichen Gesellschaft, die noch in den unmittelbaren Nachkriegsjahren als diskreditiert galt.[59] Den Untergang des Nationalsozialismus und die Errichtung der „sozialen Marktwirtschaft" interpretierte Röpke aber bereits 1948 als ein endgültiges Scheitern des ‚Sozialismus'. In dieser Zeit wurde dem vertrauten antisozialistischen Ressentiment das Bild eines eschatologischen Widerspruchs zwischen östlichem Sozialismus/Totalitarismus und westlicher bürgerlicher Gesellschaft zur Seite gestellt. In den 1980er Jahren lieferte Ernst Nolte, eine weitere „durch und durch" ‚germanische' Stimme, das entsprechende historiographische Narrativ. Seit 1990 erachten Autoren dieser Denkweise den über Jahrzehnte beschworenen ‚Endkampf' zwischen ‚Sozialismus und Freiheit' als entschieden.

57 Vgl. Helge Peukert: Röpke, Wilhelm. In: *Neue Deutsche Biographie* (Online-Fassung) 21 (2003). http://www.deutsche-biographie.de/pnd118601989.html (Zugriff am 03.08.2013)), S. 734–735.

58 Vgl. Jean Solchany: Vom Antimodernismus zum Antitotalitarismus. Konservative Interpretationen des Nationalsozialismus in Deutschland. 1945–1949. In: *Vierteljahrshefte für Zeitgeschichte* 44,3 (1996), S. 373–394, hier S. 378.

59 In den 1946/47er Parteiprogrammen von CDU, SPD und LDPD wurde die kapitalistische Eigentumsordnung oder zumindest das Privateigentum an Schlüsselindustrien sowie der Militarismus ganz oder teilweise infrage gestellt.

Heute offenbaren Stimmen der sog. *Neuen Rechten*, die sich weiterhin im ‚Streit mit dem Östlichen', das heute teils südlicher liege, sehen, solche Gedankengänge. Der ‚neurechte' Publizist Josef Schüßlburner, der als Ideengeber für die *Neue Rechte* gilt,[60] vertritt wie Röpke (und andere libertäre Ökonomen wie Friedrich August von Hayek) und Aly die These von der „Entstehung des Nationalsozialismus aus der Sozialdemokratie".[61] Auch er wähnt eine direkte Linie vom Sozialismus nach Auschwitz (während Sebastian Haffner noch Kontinuitäten *Von Bismarck zu Hitler* ausmachte). Angesichts der allgemeinen Begriffslosigkeit haben sich also allerlei merkwürdige rhizomatische Verstrickungen ergeben.

Die Rehabilitierung des Bürgertums bei gleichzeitiger Skepsis gegenüber ‚der Stimme des Volkes', das statt zu demokratischer Mitbestimmung eher zu Arbeitsamkeit und privatem Konsumglück angehalten wurde, begleitet die Bundesrepublik indes seit ihren frühen Jahren. Zu diesem Zwecke kam es in den verschiedensten Phasen der Republik zu nationalen Mythenbildungen, insbesondere über den antifaschistischen Widerstand. Das Stauffenberg-Attentat rehabilitierte Militär, Adel und Großbürgertum, die Weiße Rose stand für das christliche Gewissen. Die DDR pflegte eigene erinnerungspolitische Operationen, die mit ihrem vollumfänglichen Untergang für heutige Diskurse jedoch weniger virulent sind.

Das bundesrepublikanische Narrativ, das geblieben ist, erklärt die Bundesrepublik zum diametralen Gegenentwurf zu NS und Sozialismus. Und eine ihm entsprechende publizistische wie akademische NS-Betrachtung, welche die Rolle der Herrschaft ausübenden Gruppen, der *Rackets* also, als Gegner und Zerstörer der Weimarer Republik und Befürworter des „Dritten Reiches" vernachlässigt und sich, bei aller Berechtigung der Betrachtung der ‚Massen', einseitig auf die Beherrschten fokussiert, ist längst in Ressentiment umgeschlagen. Entweder erscheint ‚das Volk' oder erscheinen ‚die

60 Vgl. Antwort der Bundesregierung auf die Kleine Anfrage der Abgeordneten Ulrich Maurer, Sevim Dağdelen, Ulla Jelpke, weiterer Abgeordneter und der Fraktion DIE LINKE, 13.09.2007, Drucksache 16/6364. http://dipbt.bundestag.de/dip21/btd/16/063/1606364.pdf (Zugriff am 03.08.2013).

61 Er beruft sich auch auf Edmund Silberner. Vgl. Josef Schüßlburner: *Roter, brauner und grüner Sozialismus*. Düsseldorf: Lichtschlag 2013, S. 29, 249. In einem neurechten Magazin setzt er die „68er" mit dem NS gleich. Vgl. Josef Schüßlburner: Der Nationalsozialismus der 68er. In: *eigentümlich frei* 53,6 (2005), S. 34–38.

Deutschen' als passiv ‚Verführte', hin und wieder gar als Opfer des ‚verhängnisvollen Krieges', als von Nazi-Verschwörern Überrumpelte oder als aktive, von ‚totalitären Utopisten' mit falschen sozialen Versprechungen verblendete ‚(Markt-)Freiheitsverweigerer', die den Herrschenden ihren (angestammten oder im Wettbewerb erkämpften) Stand nicht gönnen können. In diesen Ansätzen schwingt Ressentiment gegen die plebejische und naive „Masse",[62] wobei die ihr angedichtete Passivität oder Verführbarkeit zugleich eine Unschuld garantiert, denn sie wussten es eben nicht besser. In dieser nationalkonservativen Lesart, die auch Röpke vertrat, konnten die anständigen und Führungsqualitäten aufweisenden Eliten in (Groß-)Bürgertum und Adel, die gleichsam mit ‚mehr Überblick' ausgestattet seien, Hitler nicht mehr stoppen, da ihm „Vermassung" und „Säkularisierung" in die Hände gespielt hätten.[63] Zu diesem Narrativ tragen Alys Texte ebenso bei wie etwa die Infotainmentprodukte eines Guido Knopp. Letzterer rettet die Konservativen, die Großindustriellen, die Hohenzollern, die Generäle, die ostpreußischen Junker, die „Opfer der Vertreibungen"; Aly das (national-) liberale Bürgertum und verbindet dies mit einem Imperativ zu Eigenverantwortung und Flexibilität.

Exkurs
Umdeutungen des vernichtenden Antisemitismus zu einer rein sozialrevolutionären Ideologie des ‚Pöbels'

Bei Ernst Nolte hieß es:

> Aber gleichwohl muss die folgende Frage als zulässig, ja unvermeidbar erscheinen: Vollbrachten die Nationalsozialisten, vollbrachte Hitler eine ‚asiatische' Tat vielleicht nur deshalb, weil sie sich und ihresgleichen als potentielle oder wirkliche Opfer einer ‚asiatischen' Tat betrachteten? War nicht der ‚Archipel Gulag' ursprünglicher als ‚Auschwitz'? War nicht der ‚Klassenmord' der Bolschewiki das logische und faktische Prius des ‚Rassenmords' der Nationalsozialisten?[64]

62 Vgl. Solchany: *Vom Antimodernismus zum Antitotalitarismus*, S. 380–382.

63 Ebd.

64 Ernst Nolte: Vergangenheit, die nicht vergehen will. Eine Rede, die geschrieben, aber nicht gehalten werden konnte. In: *Frankfurter Allgemeine Zeitung*, 06.06.1986, S. 25.

Aussagen wie diese lösten 1986 den sog. Historikerstreit aus. Noltes geschichtsrevisionistische Thesen, die dem totalitarismustheoretischen Denkprinzip am konsequentesten gefolgt waren, fanden in der veröffentlichten Meinung Mitte der 1980er Jahre noch keinen reibungslosen Anschluss an das „Wissen" dieser Zeit. Die Gleichsetzung von Kommunismus und Nationalsozialismus oder gar die Umkehrung der Rangliste der Verwerflichkeit, die das Urverbrechen im – so verstehen ihn auch seine Unterstützer von der *Jungen Freiheit*[65] – ‚(jüdischen) Kommunismus' verortete, war noch nicht unumstritten. Noch in dieser Zeit also, als man sich gerade daran zu gewöhnen begann, dass man 1945 nicht besiegt, sondern befreit worden war, erschienen solche Gedanken-Spiele, wenn auch nicht diskursiv ausgeschlossen, so aber doch verdächtig. Der Widerstand war groß und von ‚öffentlichen Autoritäten' vorgetragen; vor allem aus dem Lager des Linksliberalismus; der ‚Schutzschild' schien stabil.

In dieser Zeit hatten zugleich einstige MaoistInnen, Sponties und APOs von (Nach-)„68" längst ihren Weg in die Institutionen gefunden. Man wurde PolitikerIn, HistorikerIn usf. Es ist daher auf den ersten Blick einigermaßen verblüffend, wie sehr Götz Aly, inzwischen zweifelsohne ein stolzer Anhänger der „Berliner Republik", nunmehr erneut (oder noch immer?) die alte Bundesrepublik bekämpft. Ziel der Attacke ist jedoch nicht ihre Wirklichkeit vor 1989, sondern die ihr zugeschriebene „*political correctness*", die heutzutage allenthalben bekämpft wird. Einstige bzw. heute so erinnerte Vorkämpfer dieser eigentlich niemals wirkmächtigen *PC*, „Intellektuelle" wie Walter Jens, Günter Grass, Martin Walser usf., sind mangels entweder lupenreiner antifaschistischer Vergangenheit oder Haltung als Denkmäler gestürzt. Sie sind vergessen oder setzen sich heute als Leidende am „Verdikt ‚Antisemitismus'"[66]

65 Vgl. Ernst Nolte und Michael Paulwitz erhalten Gerhard-Löwenthal-Preis. In: *Junge Freiheit*, 19.11.2011. http://www.jungefreiheit.de/Single-News-Display-mit-Komm.154+M5f1706f02a2.0.html?PHPSESSID=31e13ff17460f6a39c08f0f2daf49f2a (Zugriff am 29.08.2013).

66 Günter Grass: Was gesagt werden muss. In: *Süddeutsche Zeitung*, 10.04.2012. http://www.sueddeutsche.de/kultur/gedicht-zum-konflikt-zwischen-israel-und-iran-was-gesagt-werden-muss-1.1325809 (Zugriff am 22.06.2013).

oder als Opfer von „Auschwitz […][als] jederzeit einsetzbares Einschüchterungsmittel oder Moralkeule“[67] in Szene.

Die sich als Freidenker fühlenden Sympathisanten Noltes dagegen beklagen, wie der Althistoriker Egon Flaig, mehr denn je – und da sind sie einigen der „Intellektuellen“ der Altbundesrepublik gar nicht unähnlich – die ominöse Macht eines „semantischen Gerichtshofs“, der „Denkverbot[e]“ verhänge und eine „Sakralisierung der Schoa“ betreibe.[68] Sie entladen ungeniert ihre Rage gegen „die pestartige Virulenz der Political Correctness und des Gutmenschentums mit seiner spezifischen Intelligenz“[69]. Der Weg scheint inzwischen frei. Es mangelt längst am sich empörenden „Gutmenschentum“, an der einstmals hin und wieder wirkenden altbundesrepublikanischen Illusion von der humanistischen Zivil gesellschaft. Dagegen gewinnt die Tradition des ‚Wartburgfest-Liberalismus‘ eines „Karl Freigedank“ Dominanz.[70] Sie entspricht dem Selbstverständnis der heutigen „Berliner Republik“ viel eher als die ‚vornehme Zurückhaltung‘ des besetzten Deutschlands bis zum Zwei-Plus-Vier-Vertrag. Ernst Nolte, der den „Historikerstreit“ ausgelöst hatte, galt bestimmten Milieus in der alten Bundesrepublik als nicht salonfähig. Die neue ‚intellektuelle‘ „Berliner Republik“ hat im Zuge der „Normalisierung eines Volkes“ nun aber selbst die „Political Correctness“ durch ihre ‚nationalen Interessen‘ vollständig ersetzt und sich von der „Sprache des moralischen Terrors“[71] befreit – wie es der wütend aufatmende Flaig in

67 Martin Walser: Dankesrede zur Verleihung des Friedenspreises des Deutschen Buchhandels in der Frankfurter Paulskirche am 11. Oktober 1998. http://www.dhm.de/lemo/html/dokumente/WegeInDieGegenwart_redeWalserZumFriedenspreis (Zugriff am 22.06.2013).

68 Egon Flaig: Die Habermas-Methode. In: *Frankfurter Allgemeine Zeitung*, 17.07.2011. http://www.faz.net/aktuell/feuilleton/debatten/historikerstreit-die-habermas-methode-13568.html (Zugriff am 22.06.2013).

69 Ebd.

70 Auf dem sog. Wartburgfest 1817 postulierten national gesinnte Radikalliberale neben dem Einheitswunsch antifranzösische und antisemitische Parolen. Unter dem Pseudonym „Karl Freigedank“ veröffentlichte der radikalliberale Revolutionär von 1848/49 Richard Wagner 1850 seine im Züricher Exil entstandene antisemitische Schrift *Das Judenthum in der Musik*. Auch Wilhelm Marr, der Wagner und sein Werk zeitlebens vergötterte, gehörte in diese Kategorie des radikalen Liberalismus. Vgl. Moshe Zimmermann: *Wilhelm Marr. The Patriarch of Anti-Semitism*. New York: Oxford UP 1986, S. 20–35.

71 Ebd.

der *FAZ* auswarf. In frappierender Ehrlichkeit ehrte sie Nolte 2011 mit dem *Adenauer-Preis*. Die Laudatio hielt Horst Möller, ehemaliger Schüler Noltes und damals Direktor des *Instituts für Zeitgeschichte* (IfZ), das die Aura des altehrwürdigen Epizentrums bundesdeutscher Holocaustforschung verbreitete.[72]

Ein derart Maß an Ehre wurde Aly noch nicht zuteil. Zu sehr noch wehrt sich die Akademie gegen den als zu ‚populärwissenschaftlich' geltenden Autor, der angesichts seiner inhaltlichen Position jedoch wohl reif wäre für Ehrerbietungen des Wissenschaftsbetriebes. Aly sucht den Anschluss zum geehrten und als Tabu-Brecher gefeierten Nolte mit inhaltlichen Übereinstimmungen. In *Warum die Deutschen? Warum die Juden?* setzt er u. a. Lenin, Stalin, Mussolini, Horthy und Hitler in eine Reihe typischer Sünder der Gleichmacherei.[73] Dabei sei nicht der Antisemitismus selbst „Gleichheitssucht" – wie Adorno und Horkheimer analysierten[74] –, vielmehr bringe der sozialistische Egalitarismus den Antisemitismus als eine Art Oberflächenphänomen hervor, hervorgegangen aus 150-jährigem deutsch-jüdischem Wettbewerb. Der Antisemitismus sei sozusagen zu verstehen als AgitProp einer Politik der ‚sozialen Gemütlichkeit', die sich letztlich nicht gegen Juden, sondern das Bürgerliche als solches richtete und richte.[75]

Wie ML und Teile der „68er" betreibt Aly exakt das, was er kritisiert: Der Antisemitismus wird in seiner Zentralität für den NS zugunsten einer anderen idealisierten (Opfer-)Gruppe geleugnet, seine

72 Vgl. Reinhard Mohr: Verwilderung der Sitten. In: *Der Spiegel*, 19.06.2000, S. 264–265.

73 Vgl. Aly: *Warum die Deutschen?*, S. 237–238.

74 Vgl. Adorno / Horkheimer: *Dialektik der Aufklärung*, S. 179.

75 Aly stellt Zitatfetzen Hitlers und Goebbels' zusammen, um den Eindruck zu erwecken, als äußere sich eine proletarisch-sozialistische Bewegung. Im Widerspruch zur ‚sozialen' Rhetorik, die niemals von Aufhebung der Klassen, sondern von ‚Harmonie unter den Klassen' sprach, stand die reale NS-Politik der konsequenten Ungleichheit. Ohne Quellenkritik werden Aussagen zur „sozialen Sendung des Nationalsozialismus" als ‚Egalitarismus' interpretiert. Unerklärlicherweise zitiert Aly ebenso eine Passage aus Goebbels Roman *Michael*, in der vom Kampf „‚gegen die Gleichheit der Demokratie'" die Rede ist und dem „‚Arbeitertum'" ins Gewissen geredet wird: „‚Wehrt Euch dagegen, mit jedem Trottel auf eine Stufe gestellt zu werden.'" Diese Ausweise (klein-)bürgerlicher Ungleichheitssucht erkennt der Autor nicht; auch nicht, dass der Erfolg der NSDAP in der ArbeiterInnenschaft sich bis 1933 in Grenzen hielt. Vgl. Aly: *Warum die Deutschen?*, S. 235–237.

deutsche Spezifik aus der deutschen Geschichte ausgelagert und als ein idealtypisches Beispiel des sozialistischen Kollektivismus universalisiert und enthistorisiert – die Geschichte wird „in sorgfältig eingehender Weise auf Distanz“[76] gehalten. In der Geschichtsschreibung des ML avancierten die – in der Tat massiv verfolgten und tausendfach ermordeten – SozialdemokratInnen und KommunistInnen zur systemlogisch priorisierten Opfergruppe des ‚Hitlerfaschismus‘, der ähnlich in eine universale Liste der Faschismen eingeordnet wurde. Im SED-Verständnis etwa stand er je nach gegenwärtiger Lageeinschätzung in einer Reihe mit Apartheid in Südafrika, „US-Imperialismus“ und „Zionismus“.[77]

Bei Aly hingegen steht der „nationale Sozialismus“ Hitlers in einer Reihe mit Mussolini, Stalin und Lenin. Diese Riege offener oder verbrämter Klassenkämpfer habe u. a. „Juden“ als bürgerlichen Klassengegnern nach dem Leben getrachtet. Ähnlich wie Mussolinis Werdegang vom Sozialisten zum Faschisten dies belege, ließe sich auch bei Hitler klassenkämpferische Einstellung zeigen. So sei er nicht nur Anhänger der Räterepublik Kurt Eisners gewesen,[78] sondern betreibe in *Mein Kampf* eine regelrechte „Klassenanalyse“[79]. Abweichend von seiner ‚Methode‘ der authentisch-empirischen Zeitzeugenschaft bezieht sich Aly hier auf das nicht unumstrittene Buch *Hitlers Judenhass*[80] des Bild-Journalisten und Nolte-Fürsprechers Ralf Georg Reuth.[81] Hitlers Behauptung, immer schon Anti-Sozialist gewesen zu sein, weist Aly als eine Legende zurück, die auch nach 1945 jahrzehntelang aufrechterhalten worden sei, um „die Entstehung des Nationalsozialismus

76 Aly: *Warum die Deutschen?*, S. 8.

77 Vgl. Raiko Hannemann: Antisemitischer Antizionismus von links? – Nahost-Berichterstattung im „Neuen Deutschland“ in den 1980er Jahren. Berlin: Humboldt-Universität zu Berlin, Philosophische Fakultät I, Magisterarbeit 2008. http://edoc.hu-berlin.de/master/hannemann-raiko-2008-03-27/PDF/hannemann.pdf (Zugriff am 14.07.2014).

78 Vgl. Aly: *Warum die Deutschen?*, S. 166–167.

79 Ebd., S. 233.

80 Ralf Georg Reuth: *Hitlers Judenhass. Klischee und Wirklichkeit.* München / Zürich: Piper 2009.

81 Vgl. Klaus Kempter: Rezension zu Ralf Georg Reuth, Hitlers Judenhass. Klischee und Wirklichkeit, Piper Verlag, München / Zürich 2009. In: *Archiv für Sozialgeschichte* (Online-Ausgabe) 53 (2013). http://www.fes.de/cgi-bin/afs.cgi?id=81419 (Zugriff am 10.08.2013).

von anderen Geschichtsströmen zu isolieren und auf ein radikales Männermilieu zu begrenzen."[82] Jenseits der verschwörungstheoretisch anmutenden Attacke gegen einen vermeintlich auf dem linken Auge erblindeten Forschungsmainstream, der Hitlers sozialistische Neigungen vertusche, bezieht Aly hier, genau wie Reuth, Stellung für Noltes These von der „bolschewistischen" Urheberschaft von Auschwitz.

Unter den gegenwärtigen Diskursbedingungen der „Berliner Republik" erregt ein solcher nivellierender Vergleich der NS-Verbrechen mit dem ‚Kommunismus', den Marcel Reich-Ranicki zu Recht als „Geschichtsfälschung"[83] bezeichnete, kaum noch Widerspruch. Stattdessen scheint diskursiver Freiraum vorhanden für diejenige Denkweise, die tatsächlich den NS aus der Geschichte „auslagert", indem er zum Sozialismus erklärt und sein Antisemitismus als PR-Coup des (gar nicht so) heimlichen Sozialisten Hitler heruntergespielt wird. Antisemitismus interpretiert Aly nicht als Ressentiment gegen Juden, sondern als verbrämten Klassenkampf gegen die Erfolgreichen und Eigenverantwortlichen.

Verwirrung genutzt: Die bürgerliche Gesellschaft in der Baracke, der Sozialist auf dem Wachturm

Alys Verfahrensweise der Nicht-Theorie, die sich als Rebellion gegen den Wissenschaftsbetrieb inszeniert, ist in der politischen Intention nicht beliebig. Die nivellierende Entterminologisierung von Begriffen wie „Volksgemeinschaft", „Sozialstaat", „Kommunismus", „Nationalsozialismus", „Sozialdemokratie", „Gleichmacherei", „Volk", „Arbeiter" usw. ist nicht durch eine ‚postmodern' verspielte Leichtigkeit eines journalistischen Essayismus motiviert – auch wenn die teilweise flapsige Wortwahl dies vermuten ließe. Die Aufmerksamkeit erheischenden, starken Behauptungen, die mit einseitigen Nachweisen oder gar ohne auskommen und auf begrifflichen Unschärfen basieren, sind auf einen virtuellen Feind gerichtet. Aly zeigt einen geradezu missionarischen Eifer, jedwede soziale Rebellion moralisch zu diskreditieren. Marxismus (heute fast

82 Aly: *Warum die Deutschen?*, S. 167.

83 Marcel Reich-Ranicki: *Mein Leben*. München: dtv 2003, S. 547.

vergessen) und Sozialdemokratie (längst in der Defensive untergehend) stehen besonders unter Beschuss.

Um „Klassentheorien" (besonders die marxistische) zu diffamieren, werden sie in die Nähe der NS-Ideologie gerückt. Hitlers *Mein Kampf* versteht Aly als „klassenanalytisch[es]" Werk, auf dessen Grundlage jene Politik der vernichtenden Gewalt abgeleitet worden sei.[84] Doch nicht nur die marxistische Theorie, sondern die Grundlage aller Kritik des Bestehenden, die Vorstellung, es möge (zumindest etwas) menschlicher zugehen, soll restlos ausgemerzt werden. Als Tugendwächter strebt Aly einerseits nach der Entlastung der bürgerlichen Gesellschaft von der Geschichte und empfiehlt andererseits den Hoffenden auf eine „vernünftige und menschliche Einrichtung [...] des gesellschaftlichen Ganzen"[85] ein schlechtes Gewissen. Träumen, Wünschen und Begehren sind diskreditiert; Arbeiten, Sich-Anbieten und -Darstellen resultieren als Tugenden aus den Lehren der Geschichte.

Freiheit vs. Utopie?

Aly hat es auf das utopische Denken abgesehen. Dazu spielt es sich leicht auf der Klaviatur der Totalitarismustheorie, die einen Widerspruch *Freiheit* vs. *Utopie* konstruiert und so den (utopischen) Radikalismus des (frühen) Bürgertums vergessen macht. „Im 20. Jahrhundert entstanden große, im Namen von Gleichheit und Gemeinschaft verfolgte, bald schon gewalttätige Utopien"[86], heißt es bei Aly. Anhand dreier literarischer Zukunftsvisionen aus den 1920er Jahren will er den Zusammenhang zwischen Sozialismus und Antisemitismus illustrieren. Der Ausflug in die Literatur beginnt mit Jewgenij Samjatins Roman *Wir*, den Aly als antiutopische Schrift interpretiert, die „die Wünsche nach sozialer Homogenität und Rassenreinheit [...] aussagekräftig"[87] problematisiere.

Der Revolutionär der ersten Stunde, Samjatin, wurde früh zu einem Kritiker der Oktoberrevolution. Sein Science-Fiction-Roman von 1920 beschreibt einen totalen Staat, der alle Menschen in

84 Vgl. Aly: *Warum die Deutschen?*, S. 233.

85 Max Horkheimer: Begriff der Bildung (1952). In: Ders.: *Gesammelte Schriften*, Bd. 8: Vorträge und Aufzeichnungen 1949–1973. Frankfurt am Main: Fischer 1985, S. 409–419, hier S. 416.

86 Aly: *Warum die Deutschen?*, S. 189.

87 Ebd.

transparenten und standardisierten Wohneinheiten einquartiert, sie uniformiert, nummeriert und ihre Sexualität nach wissenschaftlich-technischen Standards organisiert. Der menschliche Körper wird im Sinne einer zur Maxime erklärten Zweckrationalität in einen staatsmonopolistischen Produktionsorganismus totalintegriert. Ratio und mathematisches Denken sind heilige Verhaltenskodizes; Wissenschaft ist sakralisiert. Der vollständig in Produktion eingepasste Mensch wird in diesem szientistischen Totalitarismus seiner individuellen „Seele" und „Phantasie" beraubt, indem Teile des Gehirns „exstirpiert" werden.[88] Samjatin reagierte so auf die Fehlentwicklungen der Oktoberrevolution, die mit rätedemokratischen Vorstellungen, die auf das Absterben des Staates hinausliefen, gestartet war und als terroristischer Ein-Parteien-Staat mit seinem alternativlosen ‚wissenschaftlichen Marxismus-Leninismus' endete.[89] Er kritisierte hier bereits die dann im Stalinismus pervertierte Zwangsindustrialisierung der Sowjetunion, die einherging mit zweckrationalem Fortschrittsglauben und der Vernichtung wirklicher und vermeintlicher Abweichler. *Wir* beklagt die Brechung von Millionen Menschen zur Herstellung industriell-technizistischer Herrschaftsverhältnisse.

Will man Samjatins Text aber, wie es Aly tut, dem Kontext der Oktoberevolution entreißen, so entpuppt er sich als eine grundsätzliche Kritik an der hochindustriellen Moderne, die sich das Individuum nunmehr vollständig untertan macht – samt seiner Wünsche, Träume, Moralvorstellungen usw. Im Roman manipuliert der „Einzige Staat" die Hirnmasse, um seelische Konflikte zwischen individuellem Begehren und schmerzhafter Ohnmacht angesichts einer alles nivellierenden modernen Wirklichkeit zu eliminieren. Die reibungslose Verfügbarmachung des Menschen für die (tayloristisch-fordistische) Produktion bedarf der Kulturindustrie, wie sie Adorno und Horkheimer problematisierten. Der in Samjatins Parabel beschriebene chirurgische Eingriff des „Einzigen Staates" ins Denken lässt sich durchaus mit der kulturindustriellen Schaffung einer standardisierten Gedanken-, Wunsch- und Gefühlswelt in Verbindung bringen. Die Auslöschung des

88 Jewgenij Samjatin: *Wir*. Köln: Kiepenheuer & Witsch 2008, S. 84–88, 167.

89 Vgl. Richard Saage: Die konstruktive Kraft des Nullpunkts. Samjatins „Wir" und die Zukunft der politischen Utopie. In: *Utopie Kreativ* 64,2 (1996), S. 13–23.

psychischen Konfliktpotentials dient der Totalintegration. Im Fokus der Kritik stehen die Mythisierung von Rationalität, Technik und Wissenschaft, sowie die physische und psychische Objektivierung von Subjekten zu bloßen Funktionen einer Gesamtrationalität der Herrschaft. Anders als Aly es glaubt, ist *Wir* kein Plädoyer für eine bürgerlich-kapitalistische Gesellschaft der freien Konkurrenz, sondern eine Kritik am autoritär-bürokratischen Staatsmonopolismus. Sie richtet sich nicht gegen kommunistische Utopie, sondern gegen ihre Eliminierung in einem wissenschaftspositivistischen Staatstotalitarismus.

Am Höhepunkt des Romans – das verschweigt Aly – kommt es zu einer revolutionären Erhebung gegen das inhumane Staatsungetüm. Eine regelrechte Ansteckung der unterdrückten Massen mit utopischer Menschlichkeit zerstört dort die Basis dieses menschenfressenden (Re-)Produktions- und Herrschaftssystems. Jürgen Rühle bezeichnete daher dystopische Schriftsteller wie Samjatin oder George Orwell zu Recht als „Sozialisten und Revolutionäre, wenn auch enttäuschte". Bei Samjatins Roman handele es sich

> um eine optimistische Tragödie. Nicht allein die Protagonisten, sondern eine Unzahl von Nummern [=Einwohner], ja eigentlich alle handelnden Personen, werden vom Nonkonformismus befallen. Tausende von Nummern rebellieren […]. Es kommt zu einer Revolution, die den ganzen Staat erfasst und am Schluss des Romans noch längst nicht niedergeschlagen ist.[90]

Der totale Staat erscheint hier als Unglück und nicht etwa als Wille ‚des Volkes'. Die Revolution erstrebt nicht eine Wiederherstellung von Ungleichheit und Wettbewerb. Sie ist auf *die* Freiheit gerichtet, die eine soziale ist, weil sie der Totalintegration des Individuums die Stirn bietet. Durch die Horrorvision eines die Menschen ausbeutenden Herrschaftssystems schimmert in *Wir* die Hoffnung auf eine künftige menschliche Gesellschaft hindurch. Es ist dies ein von revolutionärer Hoffnung getragener „tragisch-utopischer" Roman, der noch auf den ‚Humanismus des Volkes' zählt. Die zum Aufstand drängenden Kräfte des Unbewussten, im Roman *Liebe* und *Fantasie*, haben hier eine humanisierende Wirkung, was von der fortschrittsoptimistischen Grundhaltung des Autors zeugt.

90 Jürgen Rühle: Nachwort. In: Samjatin: *Wir*, S. 213–224, hier S. 221.

Der von Aly konstruierte Zusammenhang zwischen *Wir* und dem Nationalsozialismus ist dagegen fragwürdig, denn zu einem humanistisch-utopisch motivierten Aufstand gegen den von der „Volksgemeinschaft" gewollten NS-(Un-)Staat kam es bekanntlich nie. Während er die sozialistisch-revolutionäre Stoßrichtung des Romans gegen moderne Gleichmacherei verbirgt, deutet Aly den Text stattdessen im Sinne seiner totalitarismustheoretischen Gleichsetzung von Sozialismus und Nationalsozialismus als eine Warnung vor „den gleichmacherischen Träume[n] der bolschewistischen Revolution" und „sozialer Harmonie"[91]. Bestrebungen nach „Gleichheit und Gerechtigkeit", die „Menschlichkeit und Menschen" widersprechen,[92] liefen per se – dies glaubt Aly im Roman thematisiert – letztlich auf gewalttätige Eingriffe in Körper und Geist des Individuums hinaus. In diesem dahinter verborgenen Anthropologismus sind ausschließlich ‚Ungleichheit' und ‚Wettbewerb' (‚Kampf'?) der menschlichen Natur adäquat. Utopisches Denken hingegen erscheint als gefährlich, da ‚unnatürlich', aus der ‚Art' schlagend. Die Absage an utopisches Denken bedeutet indes die Absage an Kritik überhaupt, was der heute modischen, ja hegemonialen ‚Alternativlosigkeit' entspricht.
Doch unbeirrt von Inhalten und historischem Kontext stellt Aly *Wir* in eine Reihe mit zwei deutsch-österreichischen Zukunftsvisionen aus der Zwischenkriegszeit, die abweichend von Samjatin die Gegenwart des Antisemitismus als aggressive volkstümliche Bewegung des Kleinbürgers problematisieren. In Hugo Bettauers 1922 in Wien entstandenen Satire *Die Stadt ohne Juden* sowie in der 1926 in München erschienenen Posse *Der jüdische Gerichtsvollzieher* von Siegfried Lichtenstaedter glaubt Aly ebenso literarische Auseinandersetzungen mit dem Übel sozialer Gleichmacherei vorliegen zu haben. Beide Texte unterscheiden sich jedoch grundlegend von Samjatins konstruierter Fantasiewelt. Sie sind satirische Auseinandersetzungen mit dem in Österreich und der Weimarer Republik ganz realen Antisemitismus, der nicht als gefährliche utopische Träumerei dargestellt wird, sondern als bereits existierender Zeitgeist, der auf seine unmittelbare politische Umsetzung wartet. Beide Texte schildern, anders als die dystopische Literatur, den

91 Aly: *Warum die Deutschen?*, S. 189, 191.

92 Ebd., S. 189.

bereits sich verwirklichenden Horror eines Vernichtungszeitalters der Ungleichheit! Weder Bettauer noch Lichtenstaedter thematisieren Utopie, die in Horror umschlage. Ihre Texte sind nah an der deutschen und österreichischen Wirklichkeit und antizipieren konkrete, längst absehbare Ereignisse – ja sogar bereits Geschehenes. So erinnert der volkstümliche Bundeskanzler Dr. Karl Schwertfeger in Bettauers Text an den antisemitischen Wiener Bürgermeister der Jahrhundertwende, Karl Lueger.[93]

Um soziale „Gleichmacherei" geht es in den Satiren wahrlich nicht. Äußerst realistisch werden die stufenweise Entrechtung, Ausgrenzung und Vernichtung einer rassistisch-markierten Gruppe geschildert. In *Die Stadt ohne Juden* ist es ein unter Inflation und Krise leidendes, völkisch aufgebrachtes „Bürger"-Volk, das den Staat nicht zu sozialer Gleichheit, sondern zur Ausweisung „der Juden" zwingen will.[94] Lichtenstaedter karikiert das antisemitische Ressentiment, das ‚Juden' mit Macht, Geld und Betrügerei verbindet und letztlich die Vernichtung fordert.[95] Weder bei Bettauer noch bei Lichtenstaedter schimmert eine Hoffnung auf bessere Zeiten durch die Handlung. Ganz im Gegenteil wird hier die destruktiv-nihilistische Stimmung des Kleinbürgertums, das dem Kommunismus oder der Sozialdemokratie feindlich gesinnt ist, spürbar.

Wir blieb Fiktion, denn niemals ist es der Herrschaft gelungen, die massenhaft in der Ohnmacht unterdrückten Energien des Unbewussten zu beseitigen; im inhumanen wie humanistischen Sinne: Bisher konnte weder ein chirurgischer Eingriff noch eine ausgeklügelte Propaganda die Beschädigten mit der Herrschaft derart versöhnen, dass sie auf den Gewaltexzess des sich hin und wieder gefährlich Geltung verschaffenden Subjektseinwollens verzichten könnte. Auch kam es nicht zu einer humanistischen Erhebung, die die falschen äußeren Verhältnisse, die maßgeblich sind für das Unbehagen, überwunden hätte. Bettauer und Lichtenstaedter dagegen beschrieben realistischere Szenarien: Die Verhältnisse bleiben oder werden noch unmenschlicher. Der in Herrschaft unlösbare Konflikt aus Allmachtsfantasie und Ohnmachtserfahrung wird schadhaft kanalisiert in massenhafte Destruktivität, in negative

93 Vgl. Aly: *Warum die Deutschen?*, S. 191.

94 Vgl. ebd., S. 191–195.

95 Vgl. ebd., S. 200–202.

Produktion. Der Antisemitismus will nicht das Denken exstirpieren, sondern den vermeintlich pathologischen Teil des Kapitalismus, den er im ‚Juden' verkörpert sieht. Die reichlich konstruierte Kombinierung zweier unterschiedlicher Stoßrichtungen von Kritik an unterschiedlichen Erscheinungen – einem Zwangsmodernisierungsstaat, der gegen die Mehrheit der Bevölkerung existiert, auf der einen Seite und einer NS-‚Volksgemeinschaft' mit ihrem „Unstaat"[96] auf der anderen Seite – ist eine Aly'sche Chimäre, die auf das heutige allgemeine Verständnis vom ‚Totalitarismus' zählen kann. Weder Samjatins Text noch diejenigen Bettauers und Lichtenstaedters sind Kritik an utopischen Entwürfen. Während Samjatin um die Rettung der emanzipatorischen Utopie bemüht ist, deuten Bettauer und Lichtenstaedter auf die gefährliche Entwicklung der bürgerlichen Gesellschaft und offenbaren somit ebenso utopische Wünsche nach vernünftigen Verhältnissen.

Alys Antagonismus aus Utopie und Freiheit will utopisches Denken diskreditieren, indem dieses den heutigen, als einzig ‚vernünftig' geltenden Zuständen unversöhnlich gegenübergestellt wird. Nationalsozialismus (einst bittere Realität) und Sozialismus (bis heute Utopie) werden als „gewalttätige Utopien" vorgestellt. Historisch einst real existierende, von ‚kommunistischen' Parteinomenklaturen geführte Staaten werden mit dem Utopischen verwechselt. Schlimmer noch, weil geschichtsrevisionistisch, werden diese so unterschiedlichen ‚kommunistischen' Staats- und Produktionsungetüme mit Nationalsozialismus gleichgesetzt, u. a. indem Alys ‚empirischer' Zugang zum historischen Sein die NS-Propaganda beim Wort nimmt. Dahinter verbirgt sich ein magisches Sprachverständnis, das sowohl bei denjenigen vorliegt, die mit ‚Nationalsozialismus' einen ‚Sozialismus' bezeichnet sehen, als auch bei denjenigen, die die ‚Deutsche Demokratische Republik' für demokratisch halten. Doch Aly ist hierin nicht konsequent. Denn einerseits schließt er von der nazistischen Selbstbezeichnung ‚Sozialismus' auf den Charakter der Bewegung, kauft ihr andererseits aber die für ihr Weltbild essentielle Doppelhelix *Antisemitismus/Antibolschewismus* nicht ab. Der ‚Klassenkämpfer' Hitler, dessen Antisozialismus Aly ignoriert, habe einen „sozialen Ausgleich zwischen Unternehmern und

96 Vgl. Franz Neumann: *Behemoth. Struktur und Praxis des Nationalsozialismus 1933–1944*. Frankfurt am Main: Fischer 1984.

Arbeitern" angestrebt.[97] In Wahrheit wurden aus Arbeitern, Beamten und Eigentum – „deutsche Arbeiter", „deutsches Berufsbeamtentum" und „arisiertes Eigentum". Aly möchte der NS-Mär von der klassenharmonischen „Volksgemeinschaft" gerne auf den Leim gehen, will „sozialistische Gleichmacherei" sehen; als sei der Rassen- ein getarnter Klassenkampf.[98] So schiebt er der Utopie *Sozialismus* „den schwarzen Peter"[99] zu. Zur Missverständnisvermeidung: Aly hält zweifelsohne eine ‚Überwindung' der Klassen für möglich, indem er u. a. per Lächerlichmachung des Klassenbegriffs ihre Existenz abstreitet. Solche ‚Überwindung' der Klassen findet jedoch nur im „Bewusstsein ihrer Angehörigen"[100] statt, die in das ‚Leistung lohnt sich' vertrauen und statt Klasse lieber ‚*ein* Volk' sind, der Bundestrainer und Twitterer.

Verdrehte Sozialfaschismustheorie – „Wenn […] falsche Projektion die Umwelt sich ähnlich"[101] macht

Es gibt eine Geschichte des Sozialismus, der Sozialdemokratie und des Marxismus. Und es gibt eine Geschichte des antisozialistischen Ressentiments. Diejenige der Sozialdemokratie und/oder ihrer Institutionen ist zweifellos geprägt von Irrtümern, Spaltungen und Selbstdestruktionen. Sie ist eine Geschichte des Aufstiegs, Falls und der Verfolgung der Arbeiterbewegung, auch ihrer Selbstaufgabe. Diese Prozesse wurden begleitet von Kritik, aber auch Ressentiment. Dass antisozialistisches Ressentiment Kommunisten und Sozialdemokraten nicht unterscheidet, musste die SPD in den 1960er Jahren schmerzhaft erfahren. Krampfhaft wehrte sie sich gegen Kampagnen wie „Freiheit statt Sozialismus" oder Angriffe auf Willy Brandt, die ihn als Drückeberger, sexuellen Libertin und unehelichen Sohn diffamierten. Erfolglos versuchte sich die SPD per Abgrenzung vom Marxismus und Betonung ihres Patriotismus vor den Anfeindungen zu schützen, denn antisozialistisches

97 Vgl. Aly: *Warum die Deutschen?*, S. 233–234.

98 Vgl. Ebd., S. 234.

99 Bahners: Ein Historiker im Kampf gegen den Egalitarismus.

100 Theodor W. Adorno: Spätkapitalismus oder Industriegesellschaft? In: Ders.: *Gesammelte Schriften*, Bd. 8, S. 354–370, hier S. 358.

101 Adorno / Horkheimer: *Dialektik der Aufklärung*, S. 196.

Ressentiment wird den Beteuerungen seines Hassobjektes keine Bedeutung beimessen.
Auch Alys Angriffe sind nicht kritischer Natur; vielmehr soll die Attacke auf das sozialdemokratische Totem sämtliche emanzipatorische Geister endgültig austreiben. Zwar scheint der Autor berechtigte Kritik zu erheben; bspw. wenn Kollektivismus und Etatismus beanstandet werden. Doch Ressentiment wird offensichtlich, wenn der Arbeiterbewegung in *Warum die Deutschen? Warum die Juden?* die Urheberschaft von Kollektivismus, Etatismus und sogar Antisemitismus in Rechnung gestellt wird, was die Geschichte der Moderne von den Füßen auf den Kopf stellt. Und das sollte all diejenigen, die der Sozialdemokratie ansonsten routiniert per se Verrat unterstellen, nicht zu früh entzücken, denn Aly beanstandet nicht etwa die ‚Verbürgerlichung' von SPD, KPD und Gewerkschaften. Sein scheinbar kritisches Verhalten zur längst vernichteten Arbeiterbewegung, sein Antisozialdemokratismus und Antikommunismus richten sich auf dasselbe Objekt der hassenden Begierde und offenbaren antiemanzipatorisches Ressentiment, das als solches eine verwirrende Geschichte besitzt.[102] Ein Aspekt dieser Historie vermag, dies zu illustrieren: Jenseits berechtigter Kritik an der Sozialdemokratie entwickelte sich seit den 1920er Jahren ein Denksystem, das sie diffamierend in die Nähe des Faschismus rückte. 1924 schrieb Josef Stalin:

> Der Faschismus ist eine Kampforganisation der Bourgeoisie, die sich auf die aktive Unterstützung der Sozialdemokratie stützt. Die Sozialdemokratie ist objektiv der gemäßigte Flügel des Faschismus. […] Diese Organisationen schließen einander nicht aus, sondern ergänzen einander.[103]

Diese Losung, die Moskau regelmäßig ausgab, spielte besonders für die Parteiprogrammatik der KPD zwischen 1929 und 1934 eine zentrale Rolle. Die ‚Sozialfaschismusthese' erklärte die Sozialdemokratie zum linken Ausläufer des Faschismus und unterstellte dem Konkurrenten um die Gunst der Arbeiterschaft, aktiv am Aufstieg des Faschismus mitzuwirken. Seit spätestens 1935 rückte man von dieser Linie ab, um 1948 nunmehr in der SED zum gewohnten

102 Vgl. Wolfgang Wippermann: *Heilige Hetzjagd. Eine Ideologiegeschichte des Antikommunismus*. Berlin: Rotbuch 2012.

103 Josef Stalin: Zur internationalen Lage. In: Ders.: *Werke*, Bd. 6. Berlin: Dietz 1952, S. 251–269, hier S. 253.

Feindbild „Sozialdemokratismus" zurückzukehren.[104] Den Vorwurf, die Sozialdemokratie sei Wegbereiter des Faschismus gewesen, konnte man bisher also eher im Arsenal marxistisch-leninistischer Kampfrhetorik vermuten. Dies ist jedoch nicht mehr haltbar. Im Buch *Unser Kampf. 1968* von 2008 identifizierte Aly das Auftreten der „68er" an den bundesdeutschen Universitäten mit den „antibürgerlichen Methoden" der NS-Studentenschaft der frühen 1930er Jahre. In *Hitlers Volksstaat* erschien das ‚Dritte Reich' als nivellierendes Wohlfahrtsstaatsparadies des ‚kleinen Mannes'. Dass Aly nicht gewillt ist, die verschiedenen Sozialdemokratie*n* (Marxismus, Reformismus, SPD als „Volkspartei" usw.) sowie ihre Abspaltungen zu differenzieren, sondern sie allesamt als kollektivistischen Egalitarismus der „Freiheit" gegenüberstellt, wurde oben bereits ausgeführt. Es lässt sich sagen, dass nun zu Beginn des 21. Jahrhunderts mit dem „68er"-Buch, *Hitlers Volksstaat* und *Warum die Deutschen? Warum die Juden?* gleichsam dem ‚Sozialfaschismus' wieder der Kampf ansagt wird. Diese erneuerte Sozialfaschismusthese, deren ursprüngliche Version dem Autor aufgrund eigener biographischer Bezüge bestens vertraut sein dürfte – war die Sozialdemokratie doch 1968 „Intimfeind der neuen Linksradikalen"[105] – erscheint angesichts seines neoliberalen Bekenntnisses in neuem Licht.
Nach Aly habe sich „Gleichheitssucht" in der deutschen Geschichte niedergeschlagen. So

> brachten die Deutschen die wichtigsten Theoretiker des Kommunismus und des Sozialismus hervor, sie erfanden die Systeme der Sozialversicherungen, den nationalen Sozialismus Hitlers, die in der DDR beschworene Einheit von Wirtschafts- und Sozialpolitik und die in der Bundesrepublik gepflegte soziale Marktwirtschaft. Deutsche verstümmelten den Begriff Gesellschaft zum Synonym für Staat […].[106]

Diese historiographische Gleichmacherei, die sich die Wirklichkeit zu einem Dualismus aus (Markt-)Freiheit und Sozialismus zurechtbricht, verdichtet sich in einer seltsam verdrehten, nationalliberalen Sozialfaschismustheorie. In Alys aggressiver Egalisierung, die

104 Vgl. Ulla Plener: „Sozialdemokratismus" – Instrument der SED-Führung im Kalten Krieg gegen Teile der Arbeiterbewegung (1948–1953). In: *Utopie kreativ* 161 (2004), S. 248–256, hier S. 249.

105 Vgl. Aly: *Unser Kampf*, S. 37–38.

106 Aly: *Warum die Deutschen?*, S. 13–14.

dem feindlichen Sozial(demokrat)ismus das vorwirft, was sie in Wahrheit ist, nämlich Gleichmacherei, werden Erscheinung und Wirklichkeit umgekehrt, um dieser „falsche[n] Projektion“, die „die Umwelt sich ähnlich“[107] macht, den Anschein von Wirklichkeit zu verleihen. Dazu muss der tiefe, raserische Hass des Nationalsozialismus auf den Sozialismus als bloßes politisches Spektakel erscheinen, als Budenzauber, der vom Antisozialismus nur fabuliere, in Wahrheit jedoch selbst sozialistische Politik betreibe. Als seien die Verfolgung von SozialdemokratInnen und KommunistInnen oder der Massenmord auf Basis des „Kommissarbefehls“ nur Symptom eines Konkurrenzkampfes verschiedener Fraktionen derselben politischen Idee gewesen. Gestützt wird diese Verkehrung durch die Betonung äußerlicher Ähnlichkeiten als Wesensmerkmale eines ‚Totalitarismus‘. Eine solche Nivellierung historischer Wirklichkeit macht sich die Geschichte zum Baukastensystem:

> Äußerlich verhielten sich einige dieser politischen Formationen wie Feuer und Wasser. Doch alle versprachen als verlockendes Ziel Ähnliches: ein einig Volk von Brüdern, wehrhaft geschützt vor den Feinden des Volkes, und eine blühende nicht allzu ferne Zukunft. Das Ausmaß des Terrors differierte. Die Opfer zählen nach Hunderten, Tausenden und Millionen; die Beispiele reichen bis in die Gegenwart: Armenier in der Türkei, Geisteskranke, Bettler und Juden im zu reinigenden arischen Volkskörper, Polen in Deutschland, Deutsche in Polen, Ungarn in Rumänien, Rumänen in Ungarn, zu geistiger Arbeit ausgebildete Brillenträger im Bauernreich Pol Pots, störende Kosovaren in Groß-Serbien, Rest-Serben im Kosovo, störrische Sozialdemokraten in der Sozialistischen Einheitspartei Deutschlands, chinesische Händler in Indonesien, Sozialisten in Chile, Afrikaner in einer deutschen Kleinstadt, Besitzer einer Kuh als Kulak in Stalins Sowjetunion, Tutsi in der zu homogenisierenden Hutu-Nation.[108]

So lässt sich auch noch der entlastende nationale Opfermythos von deutscher „Flucht und Vertreibung“ in die allgemeine Gleichheit der Geschichte integrieren.

107 Adorno / Horkheimer: *Dialektik der Aufklärung*, S. 196.

108 Aly: *Warum die Deutschen?*, S. 289–290.

Die sechs Sünden der Sozialdemokratie

Alys Verkehrung ist total: Die Urheberschaft von Kollektivismus, Vermassung, Etatismus, Uniformierung, selbst Militarisierung politischer Organisationen wird in der frühen Sozialdemokratie verortet und in sechs Punkten begründet:

1. Mit „ihrer antikapitalistischen Programmatik" habe die Sozialdemokratie „das Gefühl" des Antisemiten befördert, die Juden seien „ganz überwiegend Agenten des Kapitalismus".[109]

Einen Beleg dafür bleibt der Autor schuldig. Zu vermuten ist, dass Antikapitalismus für Aly per se antisemitisch ist. So würde die Begründung der These durch diese wiederum begründet.

2. Linke Massenorganisationen förderten Aly zufolge den sozialen Aufstieg. Dieses Streben nach Gleichheit habe mehrere Generationen von Arbeitern und Arbeiterkindern, die jedoch aufstiegen, auf die NSDAP, „eine Partei der Aufsteiger", vorbereitet.[110]

Hier wird nicht nur verschwiegen, dass von der Kirche bis zur Schule auch andere Quellen ‚Werte' vermittelten und das Streben nach gesellschaftlichem Prestige keiner klassisch arbeiterlichen Haltung entsprach. Der Beitrag der Arbeiterbildungsvereine – bei allen Irrtümern – zu Demokratisierung, Alphabetisierung, Aufklärung wird geleugnet.

3. Die Sozialdemokratie forderte „glückstheoretisch" Umverteilung. Somit „stachelte [sie] zum Neid auf und machte ihn zum Bestandteil eines politischen Programms. Folglich förderten Sozialdemokraten einen Faktor, der [...] das Entstehen der modernen Judenfeindschaft und des organisierten Antisemitismus in Deutschland angeheizt hatte und immer wieder aufs Neue befeuerte."[111]

Notwendig führe das Streben nach Überwindung sozialer Ungleichheit und Armut zu Neid, nach Aly die mentale Grundlage von Antisemitismus und Holocaust.

4. „Der starke proletarische Staat sollte dem Volkswohl dienen. Weil sozialistische Parteien vorrangig für Gleichheit und für soziale Gerechtigkeit eintraten, relativierten sie notwendigerweise die Werte der individuellen Freiheit. Mit den kollektivistischen Begriffen Klasse, Klassenkampf, Klassenhass und Klassenfeind gewöhnten Sozialisten ihre Anhänger an ein

109 Aly: *Warum die Deutschen?*, S. 130.

110 Ebd., S. 131.

111 Ebd.

politisches Denken und Handeln, das die Eindeutigkeit der Freund-Feind-Optik bevorzugte."[112]

Abgesehen davon, dass hier ausgerechnet den „sozialistischen Parteien" die manichäistische Freund-Feind-Theologie des NS-Ideologen Carl Schmitt untergeschoben wird, verwechselt Aly, wie einst der ML, „proletarischen Staat" und „Volkswohl" mit „[sozialer] Gleichheit und […] Gerechtigkeit". Dass die Sozialdemokratie ja gerade diejenige Bewegung des 19. Jahrhunderts war, die auf die Einlösung der Versprechungen der bürgerlichen Revolution nach Würde, politischer und individueller Freiheit, Demokratie, Wahlrecht usw. drängte, bleibt unerwähnt. *Sie* forderte den *citoyen*, den das reüssierende Bürgertum im kaiserlichen Ständestaat längst aufgegeben hatte.

Besonders fantasievoll ist Alys Sündengeschichte der Sozialdemokratie jedoch in der Behauptung, die Arbeiterbewegung habe mit der Erfindung der Klasse und der Aufforderung zu „Klassenkampf" und „Klassenhass" im starken Staat jene aggressive Unruhe erzeugt, die sich der NS zu nutzen habe machen können. Ja selbst Uniformierung und Vermassung in Massenorganisationen gehe auf ihr Konto.[113] Die Prozesse der Industrialisierung, der Massenproduktion, der millionenfachen Konzentrierung von Arbeitenden in Mietskasernen, der Bürokratisierung des modernen Staatsapparates, der Entwicklung des uniformierten und nivellierenden Massenheeres im Nationalstaat, der Standardisierung des Denkens und Fühlens durch Kulturindustrie, die Taktung von Arbeitstag und Freizeit durch Öffnungszeiten und öffentliche Transportmittel, die Verwaltung des Individuums in Ämtern, die Mathematisierung und Verwissenschaftlichung des Lebens und der Produktion usf., all diese Entwicklungen spielen in Alys Betrachtung keine Rolle. Dass die gesellschaftlichen Verhältnisse sozioökonomische Klassenformationen hervorbrachten, die sich politisch manifestieren können (nicht müssen), dass nationalstaatliche und betriebliche Organisationsformen die Verfassung politischer Organisationen prägten, scheint für Aly undenkbar.

112 Ebd., S. 131–132.

113 Vgl. auch ebd., S. 130.

Die Klasse ist keine böswillige Schöpfung neidischer Mentalität (weder bei Marx noch Weber noch Dahrendorf), sondern eine analytische Kategorie, die vor Rassismus und antisemitischer Sozialdemagogik schützen kann. Jedoch: Die in der Arbeiterbewegung teils durch Verfolgung, Gewalt und andere Integrationsmechanismen erzwungene, teils durch selbstverschuldete Prozesse begünstigte kulturell-dogmatische Affirmation der Klasse, die die Marxsche Theorie eigentlich zu überwinden anstrebte, bleibt mit Aly unverständlich. Verklärungen von ‚Arbeiterklasse' und Fabrikarbeit, das Marschieren von Teilen der organisierten Arbeiterbewegung im Takt der Maschinen und Märsche sowie die zentralistische Masseninstitutionalisierung nach dem Vorbild der großen verwalteten Wirtschaftsmonopole dieser Zeit, läuteten nicht nur das Ende der Bewegung ein, sondern integrierten ihre Mitglieder umso nachhaltiger in die „verwaltete Welt"[114].

5. Aly legt der Programmatik der deutschen Arbeiterorganisationen des 20. Jahrhunderts Worte in den Mund: Ersetze man die „Vorstellung vom entrechteten Proletariat durch die Vorstellung vom entrechteten und bedrohten deutschen Volk, wie sie nach 1918 Gemeingut wurde, dann war der Weg zur nationalsozialistischen Utopie nicht weit."[115]

Die Selbstaufgabe der kommunistischen Idee in der teilweisen Übernahme des ‚Volksmythos', der das ‚Proletariat' ersetzte, scheint Aly hier zu treffen. In Wahrheit jedoch sieht er darin nicht eine Selbstauflösung, sondern im Gegenteil eine Endkonsequenz des Marxschen Denkens. Entsprechend konstruiert er daher seine letzte ‚Begründung':

6. „[...] die von Marx entwickelte Theorie vom sozialen Unterbau und vom kulturellen, rechtlichen und moralischen Überbau" – deren Kenntnis durch den Autor sich im Buch weder erschließt noch nachgewiesen wird – öffne Gedankenwege in die Rassentheorie. Der „Unterbau" sei demnach eine „wie auch immer geartete gesellschaftliche Basis (Volk, Schicht, Klasse, Berufsgruppe)". Man müsse nur „Klasse" durch „Rasse" ersetzen und man lande beim „verjudeten Überbau".[116]

114 Vgl. Theodor W. Adorno / Max Horkheimer / Eugen Kogon: Die verwaltete Welt oder: Die Krise des Individuums. Aufzeichnung eines Gesprächs im Hessischen Rundfunk am 4. September 1950. In: Max Horkheimer: *Gesammelte Schriften*, Bd. 13: Nachgelassene Schriften 1949–1972. Frankfurt am Main: Fischer 1989, S. 121–142.

115 Aly: *Warum die Deutschen?*, S. 132.

116 Ebd., S. 132.

An dieser Stelle fällt es schwer, nach dem rationalen Kern dieser Aussage zu fragen, da sie offensichtlich nicht auf der Lektüre der Marxschen Schriften basiert. Was der Klassentheorie, deren Gesellschaftsanalyse ja gerade die nötigen Instrumente liefert, um eine Völker- oder Rassenpsychologie als Ideologie zu entlarven, zu unrecht unterstellt wird, betreibt der Autor in seiner kulturalistisch anmutenden und bewusst unscharf definierten Gruppencharakterologie. Was die Klassentheorie – übrigens auch eines Max Webers – einfordert, nämlich die sozioökonomische Differenzierung von Gruppen hinsichtlich ihrer Zugänge zu Herrschaft, tut Aly als ‚Theoretisiererei' ab und stellt dem eine kollektive Zuweisung von nationalen und/oder religiösen Charaktereigenschaften entgegen. Der Begriff der Rasse fehlt freilich; der Gruppendualismus aus „jüdischen Deutschen" und „christlichen Deutschen" wird auch nicht stringent durchgehalten. Die Völkerpsychologie ist dem Autor auch nicht zentral, sondern lediglich Mittel zur Herleitung der antisozialdemokratischen Thesen und der damit verbundenen politischen Imperative. Die Grundaussage ist indes deutlich: alles Übel fußt auf der sozialdemokratischen „Geisteshaltung". In der praktischen Politik habe sich die Weimarer SPD zwar als „staatstragende, pragmatische Mitte" präsentiert, während sich der „linke Flügel" abspaltete und gemeinsam mit der NSDAP „die Demokratie und ihre Institutionen" zerstörte.[117] Das „Gift des Neides"[118] jedoch war injiziert. Indes: Die vorsichtige Fürsprache für die ‚Pragmatiker' der SPD, also die Sozialdemokraten, die keine mehr waren, weil sie Staatskritik durch Staatstreue ersetzten und sich der ‚Nation' verpflichtet fühlten, verrät Alys Position zum Nationalen.

Normaler Nationalismus vs. „nervöse Prahlerei"

Dass *Warum die Deutschen? Warum die Juden?* einer nationalliberalen Tradition verpflichtet ist, zeigt sich nicht nur im antisozialistischen Ressentiment, sondern auch in der Affirmation des Nationalen, das im Buch als Gegenprinzip zum Völkischen dargestellt wird. Wie zentral aber das Nationale etwa für die Semantik des modernen

117 Ebd., S. 134.
118 Ebd., S. 288.

Antisemitismus ist, hat u.a. Klaus Holz herausgearbeitet.[119] Nationales Denken ist wie kaum eine andere totalitäre Ideologie konstitutiv mit Antisemitismus verwoben, da sie beide dem für die Moderne so typischen Identitätsdruck in Gänze entsprechen. Nivellierung im Nationalen unter Beibehaltung von (sozialer) Ungleichheit ist Programm. Aly problematisiert dagegen nicht die nationale Weltsicht schlechthin, sondern ihre germanophile Erscheinung im 19. Jahrhundert, die einem gleichsam gesunden, normalen Nationalismus entgegenstehe. Die pathologische Übertreibung des Nationalen erscheint bei Aly wie eine durch Neid verursachte kollektive nationale Schwäche. Hier bewegt er sich offensichtlich in der Tradition der Arendtschen Totalitarismustheorie, die im Nationalsozialismus nicht die radikale Konsequenz, sondern die Negation des bürgerlichen Nationalstaates ausmachte.[120] Neidgetriebene, von „nationalen Minderwertigkeitskomplexe[n]"[121] zerfressene ‚Unterschichten' zerstörten die Idee des Nationalen. Während des Ersten Weltkrieges sei es durch die Sozialdemokratie zu der letztlich fatalen Verschmelzung von Sozialismus und Nationalem gekommen. Nicht der Gedanke der Nation und die Ludendorffsche Militärdiktatur samt Apparat, sondern der beigemischte ‚Sozialismus' habe „unter sozialdemokratischer Miturheberschaft" zu der „Vorform des totalen Staates" geführt, die sich im NS vollendet habe.[122]

Nicht nur verdreht Aly die zum historischen Verständnis essentielle Ursachenkette, wenn er die Anpassungen der sich in Parteien und Gewerkschaften institutionalisierenden Sozialdemokratie, die im Kaiserreich politisch machtlos und verfolgt war, an den national-militaristischen Zeitgeist zur Ursache für diesen macht (auch wenn der Anteil der institutionalisierten Sozialdemokratie an der Stabilisierung von Nationaldenken, Rassismus, Staatsfetischismus etc. kritisch zu bedenken ist). Er entlastet den antidemokratischen bürgerlich-kaiserlichen Militärstaat, indem er ausgerechnet den Sozialdemokraten Vermassung und „totalen Staat" vorwirft. Aly zeichnet ferner das schiefe Bild von einem angeblich aus den Ideen der Sozialdemokratie hervorgegangenen proletarischen

119 Vgl. Holz: *Nationaler Antisemitismus*, insbes. S. 12–19.
120 Vgl. Arendt: *Elemente und Ursprünge totaler Herrschaft*, S. 402–452.
121 Aly: *Warum die Deutschen?*, S. 120.
122 Vgl. ebd., S. 151–152.

Nationalismus, wenn er für 1914 behauptet: „Überall marschierten proletarische und bürgerliche Soldaten begeistert, Seite an Seite" in den Krieg.[123] Forschungen zum Ersten Weltkrieg haben dagegen gezeigt, dass die Vorstellung einer klassenübergreifenden nationalistischen Kriegsbegeisterung im sog. „Augusterlebnis" ins Reich der Legenden gehört; der „Geist von 1914" erfasste in erster Linie das städtische Bürgertum.[124]

Dessen ungeachtet führt Aly das ‚ungesunde Nationale' auf Neid und das lange fehlende einheitliche Staatsgebiet zurück. Letztere vor 1870/71 relevante Tatsache habe einen entspannten, selbstbewussten, also bürgerlichen Patriotismus unmöglich gemacht. In den klassischen Nationen England und Frankreich, wie in den USA, sei ein derart nervöser Nationalismus nie nötig gewesen, nationales Bewusstsein sei dort von den Rechtstraditionen des Individualismus und der Toleranz bestimmt und daher weniger aggressiv gewesen.[125] Diese Ausführungen sind mit der Geschichte des Nationalismus (Rassismus, Kolonialismus usw.) kaum in Einklang zu bringen. Die historische Wirklichkeit des wenn auch heterogenen Nationalgedankens verweist auf bis heute virulente Traditionen der Persönlichkeitsrechtsverletzung in 300 Jahren bürgerlichen Nationalstaats.[126] Die Zustimmung der Deutschen zum NS führt Aly dagegen nicht auf Nation, sondern Volkscharakter zurück:

> Die dem deutschen Nationalismus eigene Selbstunsicherheit führte zwischen 1800 und 1933 zu den bekannten Auswüchsen nervöser Prahlerei. […] Zu Hitlers 44. Geburtstag 1933 ließen sich die Deutschen als ‚das erste Volk des Erdballs' umschmeicheln. Wer so redet, dem fehlt die innere Balance.[127]

Zweifelsohne scheint Aly ein äußerliches Phänomen des deutschen Nationalismus zu treffen, wenn er etwas paternalistisch betont:

> Die deutschen Patrioten waren nicht Manns genug, die überkommenen Sozialstrukturen zu sprengen, den regionalen Feudalautokraten Beine zu machen und den religiösen Zwiespalt zwischen Protestanten und Katholiken

123 Ebd., S. 150.

124 Vgl. Jeffrey Verhey: *Der „Geist von 1914" und die Erfindung der Volksgemeinschaft.* Hamburg: HIS 2000.

125 Vgl. Aly: *Warum die Deutschen?*, S. 67, 80–82.

126 Vgl. bspw. Karin Priester: *Rassismus. Eine Sozialgeschichte.* Leipzig: Reclam 2003; Eric Hobsbawm: *Nationen und Nationalismus. Mythos und Realität seit 1780.* Bonn: bpb 2005.

127 Aly: *Warum die Deutschen?*, S. 13.

> zu überwinden. Prompt schoben sie die Schuld einigen Zehntausend Juden zu, die angeblich über so viel Macht verfügten, Hoffmann [von Fallersleben], Jahn, Fries und Arndt und ihren Burschen- und Turnerscharen das Vaterland unter den Filzpantoffeln wegzuziehen.[128]

Eine zentrale Schwäche in Alys Texten ist aber die fehlende historisch-sozioökonomische Differenzierung, etwa wenn geistig-qualitative Schwächen des deutschen Bürgertums verallgemeinert werden. Dass der Mangel an bürgerlicher Revolution eine nachhaltige Wirkung auf die ‚deutsche Moderne' zeitigte, dass sich eine Tradition des *citoyens* nicht etablieren konnte, während andere Elemente der Moderne wie Staat, Recht, Wissenschaft, Massenproduktion und Markt blühten, ist keine innovative Erkenntnis. In Alys Darstellung der über „die Deutschen" verhängnisvoll hereinbrechenden Moderne finden aber weder der preußisch-protestantische Absolutismus noch die Vermengungen von feudalem mit bürgerlichem Bewusstsein Erwähnung. Die Vorgeschichte des friderizianischen militaristisch-ständischen Zentralstaats bleibt außen vor, während es scheint, als habe das moderne Unheil den ahnungslosen deutschen Michel unsanft aus dem Winterschlaf gerissen. Die eigentlich freiheitliche Idee der Nation habe nach Aly aufgrund dieses ‚Volkscharakters' jenes unheilvolle Minderwertigkeitsgefühl erzeugen müssen.

Dem deutschen „Kulturnationalismus" mangelte es zweifelsohne an geographischer Wirklichkeit und revolutionären Gründungsmythen. Zu seiner identitären Selbstkonstruktion bedurfte er stärker als bei westeuropäischen Nationalismen der Markierung von Feindgruppen und Mythologie. Aly weicht jedoch dem historischen Grund für das Aufkommen der Nation aus: Das Entstehen der bürgerlichen Gesellschaft als ein europäischer Prozess, der allerdings unterschiedliche Verläufe und Ergebnisse zeitigte. Insofern gehört der ‚aufgeklärte' preußische Königsstaat ebenso in diese Entwicklung der Nationenbildung wie die konstitutionelle Monarchie im britischen Empire. Anders als es Hannah Arendt etwa suggeriert, hatte die bürgerliche Nationenbildung Demokratisierung (wer ist *demos*?) und Emanzipation (wessen und wovon?) nicht zwangsläufig zum Ergebnis. Gerade das deutsche Beispiel zeigt die Möglichkeit der Nation unter ständischen Bedingungen. Gerade die deutsche

128 Aly: *Warum die Deutschen?*, S. 68.

bürgerliche Gesellschaft hat sich seit spätestens 1848 jeder Emanzipationsbewegung tendenziell eher widersetzt. Aber auch die „entspannten" ‚westlichen' Nationen zeigen, an ihre Kolonialverbrechen sei erinnert, dass bürgerliche Gesellschaften Demokratie, Emanzipation oder Würde nicht zwingend garantieren.
Napoleons Truppen trafen auf eine sich in verschiedensten Ausprägungen manifestierende frühbürgerliche Gesellschaft, die sich vom französischen Beispiel z. T. deutlich unterschied. Das ansonsten so heterogene und untereinander konkurrierende Bürgertum dieser Zeit vereinte jedoch ein gemeinsames Interesse: ihr polit-ökonomisches. Die Forderung der Nationalen nach einem einheitlichen Wirtschaftsraum, nach Schutz des privaten Eigentums und Hauses, nach Abbau personrechtlicher Bevormundung spielte auch im deutschen Bürgertum eine entscheidende Rolle. Aly aber erzeugt den Eindruck, als habe sich der an der Moderne interessierte „jüdische Unternehmergeist" von einem ‚nichtjüdischen' Gemütlichkeitsgeist im Bürgertum unterschieden. Von ‚nichtjüdischen' Industriellen ist daher nicht im Geringsten die Rede. Die bereits im Feudalismus bedrängtesten Bevölkerungsgruppen des Dritten Standes erhofften sich Verbesserungen in ihrer Lebenssituation. Die Stärkung der Seite des *citoyen* lag vor allem im Interesse derjenigen, die in der feudalen und auch frühbürgerlichen Gesellschaft wahrhaftig zu den „Verdammten dieser Erde" gehörten: Juden, Frauen, Kleinbauern, (die ersten) Arbeiter. In dieser Tradition befand sich in Wahrheit die Sozialdemokratie. Die Idee der Menschenwürde und des Humanismus hat in der deutschen Entwicklung bekanntlich kaum Erfolg gehabt. Im Gegensatz zu Alys Spekulation über eine Tradition der „Gleichheitssucht" ist es vor allem die Sucht nach Exklusion und Hierarchie, nach das Individuum negierender Differenz, die die Geschichte der Nation bestimmt hat. Obrigkeitsanbetung bei gleichzeitiger Herabwürdigung Unterer konnte dabei besonders in der deutschen Nation reüssieren. Der Glaube an Rangfolgen und vermeintlich natürliche soziale Ungleichheit bildete die Grundlage von Kolonialismus, Sklavenhandel, Rassismus, Eugenik, Sozialchauvinismus und -darwinismus usf. Diese nationalen Bewusstseinsformen ermöglichen erst eine kollektivistische Mordmaschine, die das Ungleiche vernichten will, in Wahrheit aber Ungleichheit zum ewigen Weltprinzip erklärt.

Ressentiment bewahrt vor der Einsicht in den Unterschied zwischen unversöhnlich sich gegenüberstehenden Prinzipien, zwischen „Jedem nach seinen Bedürfnissen. Jeder nach seinen Fähigkeiten" und kollektivistischer „Volksgemeinschaft", die soziale Ungleichheit radikal verewigt. Die frühaufklärerische Naturrechtsphilosophie hatte geglaubt, dass gleiche, freie Menschen sich als *citoyens* auf der Agora des Staats und Markts begegnen und mit ihrer angeborenen Vernunftfähigkeit das größtmögliche Glück für die größtmögliche Zahl der Staatsbürger herstellen könnten. Spätere Aufklärer wie Immanuel Kant mussten jedoch der Smith'schen Zuversicht von der „unsichtbaren Hand" des Markts oder der Hobbes'schen Hoffnung auf Sicherheit durch Staat bereits Moral und Ethik beifügen, um dem Glück auf den Fersen zu bleiben – die naturrechtlich hergeleitete Würde des *citoyen* bewegte alle utopischen Geister der Aufklärung.

Doch: Die bürgerliche Vorstellung vom Glück aller (Bürger) scheiterte an den bürgerlichen Verhältnissen selbst. Mit der Durchsetzung selbst der politischen Freiheiten und Rechte war es beim Bürger und Eigentümer niemals weit her. Selbst die von der Naturrechtsphilosophie des 17. und 18. Jahrhunderts formulierten Versprechen der bürgerlichen Revolutionen von Würde, Freiheit und politischer Gleichheit mussten stets von jenen erkämpft werden, die dem Eigentum, der Freiheit und der Würdigung am weitesten entfernt waren. Und zu Recht wies Ernst Bloch darauf hin, dass SozialistInnen und SozialdemokratInnen für den *citoyen* – in Berücksichtigung seiner „kritisch erachteten Vergangenheit" – „die sonstwo fallengelassene, die haltbare Fahne der alten Grundrechte", die die Wirklichkeit der bürgerlichen Gesellschaft längst infrage stellte, aufhoben. Sie waren dem „Humanem" verpflichtet und forderten das „Unabgegoltene" des einstigen Naturrechts ein, das seinen Humanismus ursprünglich noch fest an das „(damals progressive) Privateigentum an Produktionsmitteln" gebunden hatte.[129]

129 Das Naturrecht war beseelt vom protokapitalistischen „Traum" vom Eigentum, das „keineswegs als übergroßes, ausbeuterisches", sondern „als gleichmäßig verteiltes" und „gerade als ein Schild gegen Unfreiheit" gedacht wurde (Bloch: *Naturrecht und menschliche Würde*, S. 213–216).

Insofern ist die Vorstellung einer Befreiung oder Emanzipation durch eine bloße (auch noch staatliche) Gewährung von Grundrechten (durch wen auch immer: Franzosen, Verhängnis, bürgerliche Gesellschaft) für ‚die Juden' völlig verfehlt. Bloch wies darauf hin, dass die Naturrechtler irrten, wenn sie glaubten, „dass der Mensch von Geburt an frei und gleich sei."[130] In der bürgerlichen Wirklichkeit musste einst Versprochenes permanent erkämpft werden. Spätere Verfechter einer umfassenden Emanzipation, die der politischen folgen müsse, forderten, „alle Verhältnisse umzuwerfen, in denen der Mensch ein erniedrigtes, ein geknechtetes, ein verlassenes, ein verächtliches Wesen ist"[131], und mussten mit ihrem Programm der sozialen Emanzipation für das eintreten, was die früheren Revolutionäre in ihrer neuen Rolle als Herren aufgegeben hatten. Ideengeschichtlich weist Bloch nach:

> An der Wiege des Marxismus stand also nicht nur die ökonomische Parteilichkeit für die *Mühseligen* und *Beladenen*, sondern doch auch die naturrechtliche für die *Erniedrigten* und *Beleidigten* [...].[132]

Mit ihrer Verwirklichung nahm die bürgerliche Rechtsphilosophie die einst durch ihre utopischen Vordenker formulierten Grundsätze sukzessive zurück. Die Dominanz des Privatmanns setzte das Sein des *bourgeois* gegen das (Noch-immer-)Nicht-Sein des *citoyen* durch. Real existierende Ungleichheit, Unfreiheit und Entwürdigung fanden ihre ‚wissenschaftliche' Sanktionierung sowohl im „manchester-kapitalistischen" Kontraktualismus als auch im Staatsfetischismus während des „Übergang[s] von der freien Konkurrenz zum Monopol- und wie sehr erst zum Staatskapitalismus, dem öfter getarnten"[133]. Sie fanden sie sowohl im Gewohnheitsrecht zwischen Adel und Pöbel, Weißen und Sklaven als auch in der totalen Preisgabe des *citoyen* in Eugenik und Rassentheorie.
Götz Aly nimmt den in der Moderne unauflöslichen Widerspruch zwischen *citoyen* und *bourgeois* nicht zur Kenntnis. In seinem Freiheitsbegriff schlägt sich die unaufhörliche Unterminierung, die längst zerbrochene „Eierschale"[134] der Grundrechte nieder, während er

130 Ebd., S. 215.

131 Marx: Zur Kritik der Hegelschen Rechtsphilosophie. Einleitung, S. 385.

132 Bloch: *Naturrecht und menschliche Würde*, S. 213.

133 Ebd., S. 214.

134 Ebd.

das „Aufnehmen der Fahne der Grundrechte“ durch neue sozialistische Strömungen im 19. Jahrhundert und ihre Parteinahme für die „Beladenen“ *und* „Entwürdigten“ leugnet. Er will nicht wahrhaben, dass „der Faschismus bedeutsam zu zeigen imstande war“, dass „nicht alles Sozialismus [ist], was sich, qua Anti-Person, Anti-Liberalität, so nennt.“[135]

Mag der Aly'sche Text sich auch an die ressentimentschwangere Gedankenwelt des Kleinbürgers angliedern wollen. Sein ideologisches Paradigma der Identität von Würde und Markt ist – angesichts der Monstrosität der letzten 200 Jahre – kaum nachvollziehbar, signalisiert aber Parteinahme für die Interessen derjenigen, die entschlossen sind, ihre heute wie nie zuvor gefestigten Privilegien zu verteidigen, und denen der *citoyen* daher ein Dorn im Auge ist. Die heutige Sakralisierung des Bürgers (bei gleichzeitiger Leugnung der Klassenrealität im Begriff der „Zivilgesellschaft“) besiegelt die Schrumpfung der einstigen Grundrechte auf die Eigentumsfreiheit, der hin und wieder schwache Mahnungen der sog. Wirtschaftsethik beigefügt werden; *(nouvelle) noblesse oblige*. Der Mensch aber wurde durch dieses einseitige Petitum „nicht vom Eigentum befreit. Er erhielt die Freiheit des Eigentums.“[136] D. h. „Eigentum an Produktionsmitteln“ unterminiert die politische und rechtliche Gleichstellung und widerspricht dem bürgerlichen Ideal des Individuums auf der Agora.

Aly verkennt in seinen Schilderungen, in denen ‚Juden‘ als Virtuosen des Eigentums erscheinen, dass die Forderung nach Anerkennung und Würde eine humanistische und keine des geschäftlichen Interesses oder gar eines „jüdischen Unternehmergeists“ war. Den bisher Entsubjektivierten und nach Emanzipation Drängenden war es daran zu tun, sich aus ihrem feudalen Gefängnis zu befreien. Die von Aly so hervorgehobene Gewerbefreiheit, die man zu Beginn des 19. Jahrhunderts nun auch Juden zugestand, war zu dieser Zeit noch eine Stärkung des *citoyen*, nicht des *bourgeois*. Letzterer nämlich hatte sich bereits eingerichtet in seinem privilegierten ständischen Besitztum (man denke an die Bürgerfamilien in den Hansestädten oder die sich verbürgerlichenden Großgrundbesitzer). Den freien

135 Bloch: *Naturrecht und menschliche Würde*, S.214.

136 Karl Marx: Zur Judenfrage. In: Ders. / Engels: *MEW*, Bd. 1, S. 347–377, hier S. 370.

Markt auf Startpunkt Null hat es als Wirklichkeit niemals gegeben. In Wahrheit kamen nicht – wie Aly behauptet – die gebildeteren und „wirtschaftlich erfahreneren" Juden mit einem Vorsprung in die durch „preußische Reformer" angeblich angestoßene „freie Entfaltung der wirtschaftlichen Kräfte". Tatsächlich hatten Juden keine Chance denjenigen gegenüber, die bereits seit Jahrhunderten Eigentum besaßen – Bürger und Adlige, Handwerker und Bauern, Manufakturbesitzer und Grundherren. Auch nach der Gewährung der Gewerbefreiheit blieb den in der realen Eigentumsstruktur weiter stark benachteiligten Juden kaum die Möglichkeit, in der Produktionssphäre „erfolgreich" zu werden.

Diesen Vorsprung der Nichtjuden, der zusätzlich durch die typisch modernen und Juden verwehrten Karrieren im Staatsdienst ausgebaut wurde, konnten sie niemals aufholen. Wenn bei Aly also von wirtschaftlich erfolgreichen „Juden" die Rede ist, die „den staatlichen Anreiz zur Eigeninitiative weit besser zu nutzen wussten als ihre von Grundherren und Klerikern klein gehaltenen christlichen Landsleute"[137], dann stand dem weniger die geschichtliche Wirklichkeit Modell, als vielmehr ein stereotypes Bild vom „Juden" als cleverer, mutig investierender *bourgeois*, der sich dem ‚freien Wettbewerb' stellt. Zugleich zeichnet Aly das sozialdarwinistische Bild des Kämpfers im Kampf aller gegen alle. Wer oben ist, ist zu Recht oben. Wer jedoch unterliegt oder dieses Prinzip beklagt, gar infragestellt, ist in Wahrheit unzulänglich, neidisch und – gefährlich.

„Die Schwachen sind die Gefährlichen"

Verblüffend ist in Alys Buch, dass der völkische Antisemitismus rundweg zum Gegenprinzip des Wettbewerbs omnia contra omnes erklärt wird. Sozialdarwinismus war sowohl aus der feudalen Gewaltgewöhnung als auch aus der modernen Realität hervorgegangen, die des atomisierten Individuums im Wettstreit bedurfte. Er speiste sich ebenso aus den zweckrationalen Ordnungs- und technizistischen Effizienzfantasien in der allenthalben angenommenen freien Konkurrenz. Diese ideologischen Entmenschlichungen samt ihrer Ursprünge verschwinden bei Aly hinter einer Idealisierung des Wettstreites, der mit dem Grundton des ‚Jeder kann es schaffen, wenn er es nur will' einen altbekannten optimistischen Anstrich

137 Aly: *Warum die Deutschen?*, S. 280–281.

erhält, der zugleich aber all diejenigen moralisch anklagt, die ‚es nicht schaffen'. Ihr Scheitern und Unbehagen erscheint aus der Perspektive dieses nivellierenden Scheinindividualismus als individuelles Versagen und Schlecht-Verlieren-Können (alles scheint Spiel). Der kleinbürgerlichen Selbsttäuschung von der Leistungsgesellschaft wird mit der Neid-Chiffre Nahrung gegeben: Wer nichts ‚leistet' oder unfähig ist, soll vom Konsumieren oder (Gut-)Leben besser schweigen. Bei Aly klingt das so:

> Neider […] zernagt der Erfolg der anderen, sie schmähen die Beneideten als geldgierig, unmoralisch, egoistisch und daher verachtenswert.
>
> Aus welchen Quellen sprudelt der Neid? Aus Schwäche, Kleinmut, mangelndem Selbstvertrauen, selbstempfundener Unterlegenheit und überspanntem Ehrgeiz.
>
> Neidgetriebene Menschen sprechen ausgiebig von eigener Benachteiligung, fürchten die Freiheit und neigen zum Egalitarismus. Sie […] brachten […] die wichtigsten Theoretiker des Kommunismus und Sozialismus hervor […].[138]

Wer die Schwachen seien, bleibt unklar. Werden jedoch Kommunismus, Sozialismus zusammen mit Hungeraufständen, wie dem der schlesischen Weber, im gefährlichen Sündenpfuhl des durch eigene Faulheit und Charakterschwäche erzeugten Neides verortet, dann erscheinen die „Seufzer der bedrängten Kreatur"[139] als potentiell mörderisches Gegröle des Pogromisten. Die Arbeiterbewegung wird somit zu einer massenhaften Selbstreflexionsverweigerung der eigenen Unfähigkeit und Schwäche. „Die Schwachen sind die Gefährlichen"[140] heißt es. Der Autor verleiht ob des Umstands, dass es unverändert „Schwache" und „ohnmächtige Möchtegerns"[141] gibt, daher seiner Sorge Ausdruck, dass sich der Massenmord (gleichsam gegen das Bürgerliche) wiederholen könnte. Man solle bloß „nicht glauben, die Antisemiten von gestern seien gänzlich andere Menschen gewesen als wir Heutigen."[142] Und auch der heutigen Sozialdemokratie, deren heutige Realität als neoliberale und national gesinnte Staatspartei nur wenig mit Alys Bild

138 Aly: *Warum die Deutschen?*, S. 11–13.

139 Marx: Zur Kritik der Hegelschen Rechtsphilosophie. Einleitung, S. 378.

140 Aly: *Warum die Deutschen?*, S. 277.

141 Ebd., S. 282.

142 Ebd., S. 301.

von „Sozialdemokratie" gemein hat, wird ins Stammbuch diktiert, dass „Sozialdemokraten" schon damals (und auch z. T. im Gegensatz zu ihrer damaligen Realität)

> die Umverteilung von Reichtum der Bemittelten zugunsten der Unbemittelten glückstheoretisch nach dem Doppelprinzip [begründeten]: Ich kann mich nicht freuen, wenn andere nichts haben – ich kann mich nicht freuen, wenn andere mehr haben. [...] Folglich förderten Sozialdemokraten einen Faktor, der [...] das Entstehen der modernen Judenfeindschaft und des organisierten Antisemitismus in Deutschland angeheizt hatte und immer wieder aufs Neue befeuerte.[143]

Der „unbequeme Wahrheiten" verbreitende „Pathetiker der bürgerlichen Freiheiten"[144] liefert einer bestimmten Klientel hier zweifelsohne die Stichworte für ihre Aversionen und Überlegenheitsattitüden gegenüber der ‚Unterschicht'. Er verdammt soziale Emanzipationsbestrebungen überhaupt, indem er sie nicht von faschistoider Sozialdemagogie scheiden mag, und befreit diesen Sozialchauvinismus somit von der historischen Bürde der Shoah, indem er Auschwitz einer von Sozialisten fehlgeleiteten, ‚neidischen Unterschicht' in die Schuhe schiebt.

Dies korrespondiert insofern mit den salonfähigen Thesen Thilo Sarrazins, die sich freimütig aggressiv gegen ‚Unterschichten' und bestimmte MigrantInnengruppen wenden.[145] Damit steht Alys Antisozialdemokratismus mit der *Realität* der *heutigen institutionalisierten Sozialdemokratie* gar nicht so sehr im Widerspruch. Allein die Unfähigkeit oder gar Unwilligkeit der SPD, Thilo Sarrazin aus der Partei auszuschließen, lässt erahnen, warum aus ihren Reihen keine Kritik an Alys Antisozialdemokratismus zu vernehmen ist. Dies zeigt auch, wie wenig Alys Bild von der Sozialdemokratie als einem gleichmacherischen Utopismus, dem seine ganze Abneigung gilt, mit der Wirklichkeit heutiger sich sozialdemokratisch heißender oder sich mit der Sozialdemokratie verbunden fühlender Institutionen und öffentlicher Protagonisten in Deutschland gemein hat. Es muss hier daher darauf verwiesen werden, dass Alys marktradikale und nationale Imperative dem in der SPD verbreiteten

143 Ebd., S. 131.

144 Thomas Thiel: Keine Angst vor Freiheit. In: *Frankfurter Allgemeine Zeitung*, 04.06.2012. http://www.faz.net/aktuell/feuilleton/buecher/autoren/boernepreis-fuer-goetz-aly-keine-angst-vor-freiheit-11773153.html (Zugriff am 01.11.2012).

145 Vgl. Sarrazin: *Deutschland schafft sich ab.*

Fetisch der Erwerbsarbeit sowie ihrem häufig nationalbezogenen Auftreten nicht sehr fern sind. Auch die jahrelange empfindliche Abwehr etwa der Partei *Die Linke* (ungeachtet ihrer Wirklichkeit) erinnert selbst an antisozialdemokratischen/ -sozialistischen Würgereflex gegen die u. a. dort vermuteten ‚Gleichmacher'. Eine von verbandsinterner Glorifizierung *und* Antisozialismus freie, kritische Betrachtung der Geschichte der Institution SPD kann hier indes nicht geleistet werden.

VI.
Warum die Juden? Warum jetzt?

> Nach 1945 war es nicht opportun, das begriffen die meisten schnell, Antisemitismus öffentlich zu bekennen. […] Der Antikommunismus dagegen wurde bald wieder gesellschaftsfähig. Die ‚bolschewistischen Untermenschen' von gestern sind mehr oder weniger auch die ‚bolschewistischen Untermenschen' von heute. […] Da hat sich im Denken […] dank des Kalten Krieges und den begierig aufgegriffenen Identifikationsmöglichkeiten mit den westlichen Siegern wenig geändert.[1]

Zeitgeister, die ich rief und die mich riefen

Europaweit beschwört zunehmend eine nationalliberale ‚Neue Rechte' einen Aufstand der Empörten zugleich gegen „Sozialdemokratisierung" und „Multikultipolitik". Sie warnen vor einem Europa, in dem „zunehmend Selbsttäuschung, Gleichmacherei und Sozialismus um sich"[2] greifen und zu wenig über eine kulturelle und soziale Unterwanderung durch eine „bildungsferne und von Transfers abhängige Unterschicht"[3] und „manche

1 Margarete Mitscherlich: Trauerfähigkeit der Deutschen – Illusion oder Hoffnung? In: Dies.: *Erinnerungsarbeit. Zur Psychoanalyse der Unfähigkeit zu trauern*. Frankfurt am Main: Fischer 1987, S. 13–35, hier S. 23.

2 Hans-Olaf Henkel: Henkel trocken. God Save Europe, not the Euro! In: *Handelsblatt*, 13.08.2012. http://www.handelsblatt.com/meinung/kolumnen/kurz-und-schmerzhaft/henkel-trocken-god-save-europe-not-the-euro/6993876.html (Zugriff am 05.09.2013).

3 Sarrazin: *Deutschland schafft sich ab*, S. 64.

Kulturkreise"[4] diskutiert werde. Übermäßige Sozialpolitik und zu offene Freizügigkeit innerhalb der Europäischen Union hätten zu ,leistungsfeindlichen Anreizen' gegenüber In- und Ausländern geführt. In den schillerndsten Szenarien werden ,Gefahren' beschworen: Eine angeblich überbordende geographische und soziale Mobilität zersetze die bürgerlich-freiheitliche Gesellschaftsordnung, die bisher dem Leistungsgedanken, „gesundem Menschenverstand, Eigenverantwortung und Wettbewerbsgeist"[5] verpflichtet gewesen sei. Während Sozialsysteme über das ökonomisch Vertretbare hinausschössen, werde der ,Steuerzahler' und ,Leistungsträger' gegen seinen Willen über Gebühr belastet. Die kleinbürgerliche Angst vor einer „systematische[n] Unterwanderung unseres Bildungswesens und Rechtssystems mit dem Ziel der ,Islamisierung' des Westens" und „Einführung der Scharia mitten in Europa"[6] wird aufgegriffen und mit einer Mittelstands-Rhetorik verknüpft, die das ,europäische Schuldenproblem' einer vermeintlich schlechteren „Arbeitsmoral" der Südeuropäer, die „weniger und entspannter arbeiten wollen", anlastet[7] und zu Lasten ,fleißiger Deutscher' gehe. Zuviel Gleichheit sei ein ökonomisches, kulturelles und sicherheitspolitisches Problem. In Deutschland argumentieren seit längerem Publizisten und (z.T. neue) politische Organisationen, wie *ProDeutschland* oder *Alternative für Deutschland*, aber auch einzelne VertreterInnen der etablierten Parteien, in diese Richtung.[8]

4 Alexander Gauland: Offener Meinungskampf. Das politisch korrekte Deutschland. In: *Der Tagesspiegel*, 10.12.2012. http://www.tagesspiegel.de/meinung/offener-meinungskampf-das-politisch-korrekte-deutschland-/7498170.html (Zugriff am 05.09.2013).

5 Henkel: Henkel trocken.

6 Alice Schwarzer: Wie die Islamisten Deutschland unterwandern. In: *Die Welt*, 18.09.2010. http://www.welt.de/debatte/article9723059/Wie-die-Islamisten-Deutschland-unterwandern.html (Zugriff am 04.09.2013).

7 Vgl. Rainer Hank / Winand von Petersdorff: Raus aus dem Euro? AfD will nicht zurück zur D-Mark [Interview mit Bernd Lucke und Dennis Snower]. In: *Frankfurter Allgemeine Zeitung*, 18.05.2013. http://www.faz.net/aktuell/wirtschaft/raus-aus-dem-euro-afd-will-nicht-zurueck-zur-d-mark-12187441.html (Zugriff am 04.09.2013).

8 2010 frohlockte der *Focus* über eine neue „rechtsliberale" „Bürger-Bewegung". Als mögliche Gründer werden Hans-Olaf Henkel, Peter Sloterdijk, Arnulf Baring, Eva Herman, Joachim Gauck und Thilo Sarrazin genannt. Vgl. Michael Klonovsky: Die Bürger-Bewegung. In: *Focus*, 26.07.2010. http://www.

Zur AgitProp dieser heterogenen publizistischen Bewegung gehört nicht selten fernerhin eine demonstrative Sympathiebekundung für Israel, die auf den ersten Blick recht abstrus scheint. Doch diese wird möglich angesichts einer allgemein mangelhaften Durcharbeitung der NS-Vergangenheit, die in der ‚Neuen Rechten' daher eine Umdeutung erfahren kann. Nach Jahrzehnten diversester Versuche, die bürgerliche Gesellschaft vom NS reinzuwaschen (s. o.), soll in einem weiteren Versuch eine ostentativ erklärte (freilich nicht erwiderte) Solidarität mit dem jüdischen Staat die historischen Spuren bis in die Vorgeschichte des „Dritten Reiches" verwischen und die bittere Essenz der neuerlichen sozialchauvinistischen Welle süßlich übertünchen. An Israel, wie man es sich in diesen Kreisen weismacht, wird die militärische Stärke (gegen die „islamische Bedrohung") und die wirtschaftliche Leistungskraft des Landes geschätzt. Die ‚Bewunderung' für „das jüdische Volk" reicht jedoch auch weit in die Vergangenheit. Seine Bewunderung für die angeblich traditionell intelligenten und erfolgreichen „Juden" erklärte bspw. Thilo Sarrazin in *Deutschland schafft sich ab*, woraus hier einmal ausführlicher zu zitieren ist:

> In Deutschland hatten die Juden 1933 einen Bevölkerungsanteil von 0,8 Prozent. Sie konzentrierten sich aber in den großen Städten, vor allem in Berlin und Hamburg, und waren vorwiegend in den Bereichen Handel, Verkehr und Dienstleistungen tätig. Im Bankwesen, in der Wissenschaft, in den Medien, unter Ärzten und Rechtsanwälten waren sie weit überdurchschnittlich vertreten, weshalb ihr beruflicher und damit wirtschaftlicher Erfolg weit über dem Durchschnitt der Bevölkerung lag. […] 1928 stellten sie 80 Prozent der führenden Mitglieder der Berliner Börse.
>
> Die spezifische Kultur der osteuropäischen Juden und der hohe Status, den Intellektuelle und Gelehrte in ihren Gemeinwesen besaßen, führten hier zu einer überdurchschnittlichen Vermehrung der besonders Intelligenten.
>
> Der Rabbi hatte hohe Fortpflanzungschancen, weil er die reiche jüdische Kaufmannstochter heiraten konnte. Eine über Jahrhunderte betriebene Familien- und Heiratspolitik, die dem intellektuellen Element

focus.de/politik/deutschland/deutschland-die-buerger-bewegung_aid_534171.html (Zugriff am 03.07.2013). Die AfD kann als Organisierungsversuch gelten. Vgl. Alexander Häusler: Die „Alternative für Deutschland" – eine neue rechtspopulistische Partei? Materialien und Deutungen zur vertiefenden Auseinandersetzung, hrsg. v. Heinrich-Böll-Stiftung NRW. http://www.forena.de/2013/10/die-%E2%80%9Ealternative-fur-deutschland%E2%80%9C-eine-rechtspopulistische-partei (Zugriff am 15.10.2013).

überdurchschnittliche Fortpflanzungschancen gab, führte allmählich zur Ausbildung der überdurchschnittlichen Intelligenz. Der vor dem Weltkrieg ermittelte Intelligenzvorsprung der europäischen Juden kam in einem gemessenen IQ von durchschnittlich 115 zum Ausdruck. Noch heute wird bei den Juden Nordamerikas eine solche Größenordnung ermittelt, und auch sie sind weit überdurchschnittlich in der Wissenschaft, in den intellektuellen Berufen und im Geschäftsleben repräsentiert.[9]

Abgesehen von der im Vergleich zu Aly freimütigeren Wortwahl und den rassebiologischen Spekulationen, zeigt Sarrazin sich ähnlich beeindruckt von der Dominanz „der Juden" in den zentralen Gesellschaftssektoren der Moderne. Ebenso wie bei Aly, der „strikt empirisch" arbeitet, findet der Fetisch der Zahl auch im ehemaligen Berliner Finanzsenator und Bundesbanker einen Anhänger. Sarrazin hat einen überragenden Erfolg verbuchen können mit einem ‚Sachbuch', das von einer vorbildhaften ‚jüdischen Erfolgsgeschichte' schwärmt. Auch hier werden eigentlich als Vorurteile bekannte Semantiken zur Demonstration bürgerlicher Imperative verwendet. Sarrazins Konstruktion des intelligenten und erfolgreichen „Juden" dient als positives Gegenbild zum „muslimischen Migranten", „Unfähigen und Faulen"[10]. Hier verknüpft sich – wenn auch mit fragwürdiger Bewunderung verbrämt – antisemitisches Ressentiment mit den üblichen Elementen des ewig gleichen Tickets: Antidemokratismus (heute ‚Postdemokratie'), Sozialchauvinismus (mit Biologisierung des Bürgerlichen)[11] und Antiintellektualismus. Letzterer, der mit der biologistischen Überhöhung der „Intelligenz" koinzidiert, zeigt sich in Sarrazins volkstribunaler Attitüde, die sich gegen einen „Teil der Intellektuellen und liberalen Presse", gegen eine „Medienmacht, die die politisch Korrekten ausüben", wendet.[12] Es ist dies der für die ‚Neue Rechte' charakteristische, inszenierte

9 Vgl. Sarrazin: *Deutschland schafft sich ab*, S. 93–96.

10 Ebd., S. 371.

11 Sarrazin fordert eine staatlich-pronatale, „eugenische" Förderpolitik gezielt für Akademikerfrauen, um in der Bundesrepublik „eine dysgenisch wirkende Geburtenstruktur zu verhindern" (ebd., S. 90–93, 356–390, Zitate S. 93, 378). Zugleich beklagt er, dass „ständig neue kleine Kopftuchmädchen produziert" würden (Frank Berberich: Klasse statt Masse. Von der Hauptstadt der Transferleistungen zur Metropole der Eliten. Thilo Sarrazin im Gespräch. In: *Lettre International* 86 (2009), S. 197–201, hier S. 199).

12 Sarrazin: *Deutschland schafft sich ab*, S. 12, 289. Vgl. auch ders.: *Der neue Tugendterror. Über die Grenzen der Meinungsfreiheit in Deutschland.* München: DVA 2014.

Tabubruch gegen einen angeblichen alt-68er Links-Zeitgeist der „liberale[n] Gutmensch[en]"[13] und „Habermasianer", die der Sarrazin verteidigende Peter Sloterdijk verabscheut.[14]

Aber warum der positive Bezug auf „die Juden" und Israel? Jene neuen pro-israelischen bzw. pro-jüdischen Haltungen zeigen sich ebenso beim niederländischen „Rechtspopulisten" Geert Wilders, der unentwegt seine unverbrüchliche Solidarität mit Israel erklärt.[15] Selbst auf Demonstrationen der rechtsradikalen Partei *ProDeutschland* sind regelmäßig Israel-Fahnen auszumachen.[16] Diese fragwürdigen Solidaritätsbekundungen mit Israel von rechts verzerren die geschichtliche Wirklichkeit und erzeugen erinnerungsstrategische Verwirrung, sodass der tiefbraune Abgrund, in dem diese Erscheinungen ihren Ursprung haben, nicht zu deutlich sich auftue. Von Neo-Nazis distanziert man sich; mit ‚anti-bürgerlichen Chaoten' wolle man natürlich nichts zu tun haben. Mithilfe der Herstellung einer Nähe zur jüdischen Opfergeschichte versucht man auf magische Weise, etwas vom vermuteten moralischen Potential des Opfers auf sich selbst zu übertragen. Dies erlaubt zum einen die fortdauernde Pflege altbekannter antisemitischer Vorurteile, indem der Glaube an eine ‚jüdische Nähe' zu Geld, Intelligenz und Macht verbrämt als Bewunderung dessen, was man für „jüdisch" hält, weiterhin ausgelebt wird. Zum anderen legitimiert dies die ebenso traditionsreiche Aversion gegen diejenigen, die der ‚Macht' und Herrschaft am ausgeliefertsten sind. Im ‚Juden' glaubt der antisemitische ‚Israel-Freund' sowohl den Großbürger zu erkennen, der sich gegen eine Auflösung der Herrschaftsordnung durch ‚Sozialisten' wehrt, als auch den westlichen Vorkämpfer gegen eine ominösfremde Macht barbarischer Massen aus dem Osten.

13 Sarrazin: *Deutschland schafft sich ab*, S. 274.

14 Vgl. Matthias Matussek: Eingeweide des Zeitgeistes. Der Philosoph Peter Sloterdijk über seine umstrittenen Thesen zum Steuerstaat und sein Manifest für Leistungsträger. In: *Der Spiegel*, 26.10.2009, S. 172–173, hier S. 172.

15 Vgl. Charles Hawley: Allianz von Islamgegnern: Rechtspopulisten entdecken Israel als Verbündeten. In: *Der Spiegel*, 31.07.2011. http://www.spiegel.de/politik/ausland/allianz-von-islamgegnern-rechtspopulisten-entdecken-israel-als-verbuendeten-a-777210.html (Zugriff am 01.07.2013).

16 Vgl. Heiko Klare / Bernhard Steinke / Michael Sturm: Eine „deutsche Rechte ohne Antisemitismus"?, 27.04.2011. http://www.hagalil.com/archiv/2011/04/27/pro-nrw/print (Zugriff am 01.07.2013).

In Alys neueren Büchern, die zumindest teilweise dieser „rechtsliberalen Bürgerbewegung" zuarbeiten, werden in neoliberalem Tonfall die Zusammenhänge zwischen Nationalsozialismus und Moderne verzerrt. Warum jetzt?

Geschichte und Ressentiment im Zeichen des „fiskalischen Bürgerkriegs"

Warum die Deutschen? Warum die Juden? erscheint mitten in der ‚Finanzkrise', die sich seit 2008 vor aller Augen abspielt. In der einstigen linksliberalen veröffentlichten Meinung wird teilweise versucht, den (Beinahe-)Kollaps des globalen Bankensystems und die daraus resultierenden Rezessions- und Staatsschuldenwellen als ein Problem zu behandeln, das in erster Linie von einigen wenigen Akteuren der Finanzbranche verursacht worden sei. Solch dürftige Erklärungen bleiben übrig nach Jahrzehnten des ‚neoliberalen Zeitgeists', der zwar durchaus, wenn auch eher ungewollt, die klassische Nationalökonomie in ihrer Antiemanzipation entlarvte, jedoch jede Kritik der politischen Ökonomie völlig pulverisierte. Dies geschah in einem diffamierenden Jargon, der Arbeitslose verleumdete, ‚Sozialneid' beklagte und ‚Eigenverantwortung' einforderte. Seit 2008 wird über Managergehälter und von der ‚Realwirtschaft' abgekoppelte Finanzwelten diskutiert. Die Ursachen der ‚Krise' werden personifiziert, anthropologisiert oder in biblische Metaphern übersetzt. Die ‚Gier' als menschliche Schwäche der Manager bewegt das Gemüt des Mittelständlers ebenso wie die unersättlichen ‚Finanz-Heuschrecken' oder charakterlose Superreiche. Der größte Teil der deutschen Publizistik, der sich noch bis vor kurzem im neoliberalen Mainstream verfangen hatte und nun völlig rat- und richtungslos die Empörung auf leicht identifizierbare „schwarze Schafe der Branche" richtet, befindet sich in einer uneingestandenen Krise der Orientierungs- und Sprachlosigkeit. Der eisern in Medien und Wissenschaft verbreitete Glaube an ein neoliberales Ende der Geschichte hat seit 1990 besonders im linksliberalen und SPD-nahen Meinungsumfeld jede Kritikfähigkeit gegenüber Nation und Kapitalismus zerstört. Sehr scharfäugig erkannte Michael Wildt bereits in Alys *Hitlers Volksstaat* ein Symptom für die grassierende Kritikunfähigkeit dieser Publizistik, die sich dem Zeitgeist der „Ächtung des Sozialstaates" vollends hingegeben hatte:

> Dass Götz Aly mit seiner Volksstaatsthese derart viel Zustimmung erhält, lässt auf das Ausmaß der Orientierungskrise schließen, in der sich die Bundesrepublik im Umbau ihrer Wohlfahrtsstaatlichkeit und Neudefinition ihres politischen Selbstverständnisses befindet. In einer Situation, in der offenbar so vielen, erschöpft vom konzeptlosen Pragmatismus der letzten Jahre, jede Idee für das Soziale abhanden gekommen ist, entlastet das Buch von Aly ungemein, weil es ratlos gewordenen Intellektuellen über die irritierenden Fragen nach Freiheit und sozialer Gerechtigkeit hinweghilft und stattdessen im vertrauten Ressentiment bestätigt, dass der Bauch den Geist regiert und die plebejischen Massen, mit Wohltaten gefüttert, über Leichen gehen. Vor der normativen Herausforderung, das Soziale neu und vor allem freiheitlich zu denken, flüchten sich diese linken Konvertiten in den bedenkenlosen Neoliberalismus.[17]

Diese Riege der ehemaligen (links-)liberalen „Intellektuellen", die ihre Kritikfähigkeit gegen die *Ideologie der Ideologielosigkeit* tauschten, aber ihre kritische Pose beizubehalten versuchten, indem besonders eifrig der nicht mehr real existierende Sozialismus verurteilt und umso fanatischer der Marktradikalität das Wort geredet wurde, steht heute vor einem uneingestandenen Scherbenhaufen. Die Orientierungslosigkeit ist umso totaler, als nach einer restlosen Auslöschung jedes Zugangs zu emanzipatorischen Traditionen auch der neoliberale Glaube zumindest zeitweilig Federn hat lassen müssen. Seit Beginn der ‚Finanzkrise' blieb der ehemals kritischen Publizistik nur noch das Personifizieren nicht mehr begriffener Verhältnisse. Statt Gesellschaftskritik setzte es kaum mehr als bieder empörte Managerschelte.

Und just zu dieser Zeit einer skelettlosen ‚geistigen Arbeiterschaft', die, wenn überhaupt, das einstige neoliberale Ressentiment gegen ‚reformunwillige Gewerkschafter' durch dasjenige gegen ‚gierige Manager' ausgetauscht hat, erneuert Aly seine Dämonisierung sozialer Emanzipationsbestrebungen, die den „Sozialneid" angeheizt und damit Auschwitz zumindest mitverursacht hätten. Indem er, trotz des leider abnehmenden Widerspruchs aus der Geschichtswissenschaft, Sozialismus und Nationalsozialismus sowie Judentum und Kapitalismus identifiziert, betätigt er sich nicht nur als kompromissloser Anwalt des (großen) Privateigentums, sondern

17 Wildt: Vertrautes Ressentiment.

ebenso als neoliberaler Moralist, der das Antasten der Privilegien bestimmter sozioökonomischer Gruppen als barbarisch, ja letztlich zum Holocaust führend bezeichnen kann. Unter den Bedingungen einer unkritischen ‚Öffentlichkeit' genügt dazu eine fragwürdige Küchen- und Völkerpsychologie, die im ewigen Neid die mythische Negativkraft des Sozialismus zu erkennen glaubt, während die einst links-liberale Publizistik in ihrem hilflosen Unvermögen angesichts dieser Ungeheuerlichkeiten erschreckend blind, taub und stumm bleibt. In Ermangelung eines so nötigen argumentativen Widerstands durch eine kritische Publizistik haben nationalliberal gewandelte „linke Konvertiten" wie Aly freies Feld bei der Umdeutung zentraler historischer Zusammenhänge.

Komplementär setzen andere, wie der (TV-)Philosoph Peter Sloterdijk, dem zerstörerischen ‚Neid der Schwachen' eine schöpferische, „thymotische" Kraft des „Leistungsträgers" für den bevorstehenden mythischen „fiskalischen Bürgerkrieg" entgegen.[18] In Vorbereitung auf diesen „Krieg" werden die letzten potentiellen, aber angeblich desavouierten Verteidiger der ‚Schwachen', *Soziologie* und *Kritische Theorie*, als „altbacken" oder „Sekte" diffamiert; sogar liquidiert, indem man ihren „Tod" verkündet.[19] Schon 2002 rief das ehemalige SPD-Mitglied Arnulf Baring die „Bürger auf die Barrikaden" zum fiskalischen Kampf gegen die gleichmacherischen und „antriebsarmen" Parteien der damaligen rot-grünen Bundesregierung. Er monierte „die Mitspracherechte der Gewerkschaften", die zugunsten einer Arbeitsmarktliberalisierung zu beschneiden seien, und forderte einen „massenhaften Steuerboykott" gegen das „erstarrte Parteiensystem", das „auf den Prüfstand" gehöre.[20] Bis heute moralisiert ein rechtsbürgerlich-revolutionärer Jargon gegen eine angebliche Dominanz der „Asozialen", die aus den „leistungslosen Milieus" von „Geldelite" und „Unterschicht" herkommend

18 Peter Sloterdijk: Die Revolution der gebenden Hand. In: *Frankfurter Allgemeine Zeitung*, 13.06.2009. http://www.faz.net/aktuell/feuilleton/debatten/kapitalismus/die-zukunft-des-kapitalismus-8-die-revolution-der-gebenden-hand-1812362.html (Zugriff am 10.07.2013).

19 Vgl. Sven Gächter: „Es gibt lediglich Dividuen". Interview mit Peter Sloterdijk. In: *Die Weltwoche*. http://www.weltwoche.ch/ausgaben/2004-29/artikel-2004-29-es-gibt-lediglic.html (Zugriff am 10.10.2013).

20 Arnulf Baring: Bürger auf die Barrikaden! Deutschland auf dem Weg zu einer westlichen DDR. In: *Frankfurter Allgemeine Zeitung*, 19.11.2002, S. 33.

beim „Tricksen" um Steuern oder „Transferzahlungen des Sozialstaates" das „Leistungsprinzip" unterliefen und eine „zersetzende Wirkung" entfalteten, die „sich von den Rändern bis ins Zentrum durch[frisst]"; eine weitere Spielart der unheilvollen Totalitarismus- bzw. Extremismusdoktrin.[21]

Woher nimmt diese menschenfeindliche Vorurteilswelle in der neueren deutschen Publizistik ihre unerträgliche Leichtigkeit? Der Historiker Aly, der sich, wie oben ausgeführt, in einer Gemeinschaft mit den Shoah-Opfern wähnt, liefert das moralisch-historische Narrativ, traditionell Aufgabengebiet der herrschaftspositivistischen Geschichtswissenschaft. Die moralischen Geschütze, die er schmiedet, sind schwergewichtig: Jede Kritik an sozialer Ungleichheit, Kapitalismus und Herrschaft führt in Alys Meistererzählung zwangsläufig in die Menschenvernichtung, wie einst nach Auschwitz. Der Gerechtigkeitsruf ertönt also nicht mehr für, sondern gegen soziale Gleichheit. Damit soll delegitimiert werden, was auch Sloterdijk in „medizinmännische[r] Gewichtigkeit"[22] bekämpft. Während Aly den „Terror der Schwachen" beklagt, geht Sloterdijk verbal den nächsten Schritt, wenn er eine „thymotische Umwälzung" der Zustände fordert, einen mythischen „ewigen Widerstreit zwischen Gier und Stolz" besingt und sehnt, letzterer möge „die Oberhand gewinnen".[23] Ein Abwehrkampf gegen eine „Kleptokratie" der Vielen in einer „Revolution der gebenden Hand" aus Notwehr gegen die ‚Gier des Sozialstaates' stünde an.[24] Kampf und Krieg scheinen (nicht nur) verbal ohnehin wieder ins Zentrum der Tugend und Politik zu rücken (was die aktuelle kampagnenartige ‚Debatte' um ein stärkeres militärisches ‚Engagement' in der bundesrepublikanischen Außenpolitik bestätigt). So wird seit längerem bekanntlich der „Clash of Civilizations" beschworen. Die antisozialistische Legende vom „ewigen Widerstreit zwischen Gier und

21 Vgl. Walter Wüllenweber: *Die Asozialen. Wie Ober- und Unterschicht unser Land ruinieren – und wer davon profitiert.* München: DVA 2012, S. 10–11.

22 Max Horkheimer: Egoismus und Freiheitsbewegung. Zur Anthropologie des bürgerlichen Zeitalters. In: *Zeitschrift für Sozialforschung* 5,2 (1936), S. 161–234, hier S. 219.

23 Peter Sloterdijk: Kleptokratie des Staates. In: *Cicero*, 13.07.2009. http://www.cicero.de/weltb%C3%BChne/kleptokratie-des-staates/39837 (Zugriff am 01.07.2013).

24 Ebd.

Stolz" offenbart einen bellizistischen Manichäismus, welcher der ‚Gier der Unproduktiven' und dem ‚Neid der Schwachen' auf der einen Seite einen ‚Stolz der Leistungsträger' auf der anderen unversöhnlich gegenüberstellt. Und indem man eine sittliche Gemeinschaft aus Shoah-Opfern und „Leistungsträgern" konstruiert und damit die bürgerliche Gesellschaft selbst in ein NS-Opfer verwandelt, soll gesichert werden, auf welcher Seite dieser eschatologischen Auseinandersetzung *die* Moral liege.

Was Aly mit dem neuen Opfermythos ebenso zu glorifizieren versucht, ist das bürgerliche Idealbild vom frei-willigen Einzelkämpfer im Überlebenskampf jedes gegen jeden. Wenn man bei der euphemistischen Betrachtung des allgemeinen ‚Spielfelds' der Moderne ‚die Juden' als die bisher Durchsetzungsfähigeren beschreibt, befindet man sich indes in gefährlicher Nähe zu sozialdarwinistischem Gedankengut. Denn dem „Neider" wird nicht weniger nahegelegt, als das System des ‚Survival of the Fittest' anzunehmen und im Falle des Unterliegens den Schiedsspruch des Wettbewerbs zu akzeptieren. Wenn Aly „die Schwachen" zu den „Gefährlichen" erklärt, leugnet er nicht nur Herrschaft, sondern verzerrt die Geschichte ins Unkenntliche, da der Eindruck entsteht, als sei der Nationalsozialismus in Wahrheit nicht Auswuchs, sondern Gegenprinzip des moralisch nunmehr goutierten Sozialdarwinismus gewesen. Auf dieses Zerrbild, das in der oben behandelten Buchbesprechung Seibts Wohlwollen erhielt, reagierte ein alarmierter Leser, der Seibt und Aly empört erwiderte:

> Die Verfolgung der Juden ist seit 2000 Jahren dokumentiert […] und hat nichts mit dem „Sozialstaat" zu tun. Dies ist ein Versuch der übelsten, antisemitischen Diffamierung, um Stimmung gegen das jüdische Volk zu machen. Ich wiederhole: Der Holocaust und der Sozialstaat haben keine Korrelation und jeder der dies konstruieren will, ist ein Antisemit übelster Sorte, der Stimmung gegen das jüdische Volk machen will, weil er impliziert, man müsse sich zwischen Juden und Sozialstaat entscheiden.[25]

In Alys verspielt-wortakrobatischer Leichtigkeit steckt bitterer Ernst. Umso mehr ist Skepsis geboten, wenn von den auffallend oft bemühten Begriffen *Freiheit* und *Individuum* die Rede ist. Anders

25 Schlomo_Goldstein: Absoluter Quatsch. Online-Leserkommentar zu „Judenfeinde wie wir", 12.08.2011. http://www.sueddeutsche.de/kultur/ursachen-des-holocaust-judenfeinde-wie-wir-1.1130473-2?commentspage=all:1:#comments (Zugriff am 29.10.2012).

als bei *Sozialismus* oder *Gleichheit* ist der Autor hier definitorisch mitnichten diffus: „Zur Freiheit gehörte das Risiko. Das ängstigte die christliche Mehrheit."[26] Hier offenbaren sich fest miteinander verknüpfte geschichts- und sozialpolitische Intentionen:

1. Alys *Freiheits*begriff sanktioniert den Kampf aller gegen alle und setzt das Prinzip vom *Individuum* als Monade voraus, das die Atomisierung des in modernen Verhältnissen objektivierten und durch Kulturindustrie bewusstseinsmäßig gleichnamig gemachten Menschen rechtfertigt. Die hässliche Formel vom ‚*Recht des Stärkeren*' vermeidet Aly freilich. Dennoch bedeutet sein Konzept *Unfreiheit.* Ein dem diametral entgegengesetzter humanistischer Freiheitsbegriff bezeichnete indes die freie individuelle Entfaltung eines emanzipierten sozialen Subjekts, das angstfrei ist, weil es keine existentiellen Risiken einzugehen hat – das bei Aly als Befreiung gepriesene *Risiko* ist eine Schranke, nicht eine gefallene Schranke, es bedeutet Unfreiheit und nicht Freiheit im emanzipatorischen Sinne!

2. Die geschichtspolitische Bedeutung in Alys *Freiheits*begriff liegt nicht nur in der Diskreditierung sozialer Emanzipation durch die Konstruktion einer Ursächlichkeit des Sozialismus für den Nationalsozialismus. Der durch *antisozialistisches Ressentiment* gestützte Begriff von Freiheit ist ein geschichtsrevisionistisches *Entlastungsangebot* an die deutsche Gesellschaft, die bis heute mit und von dem Mythos lebt, den NS und die Verbrechen „aufgearbeitet" zu haben. Margarete Mitscherlich umschrieb bereits Ende der 1980er Jahre sehr treffend die Prozesse nationaler Erleichterung:

> Die bundesdeutsche Gesellschaft hat eine glänzende Fassade nach Art der Potemkinschen Dörfer um ihre düstere Vergangenheit gestellt. Das Land strahlt Wohlstand, Wohlanständigkeit und Selbstzufriedenheit aus. An Bündnistreue und Antikommunismus lässt es sich von keinem seiner westlichen Mitstaaten überbieten. Seine wirtschaftlichen Erfolge zählen zu den weltbesten. Nicht zu vergessen der Sport, auf den die Deutschen [...] einen großen Teil ihrer nationalistischen und chauvinistischen Neigungen verlagert haben. [...] Je mehr [...] das misstrauische Ausland den Leistungen und den Bürgertugenden der bundesdeutschen Saubermänner applaudiert, um so weniger scheinen die Deutschen Anlass zu haben, sich mit den schwärzesten Jahren ihrer Geschichte auseinanderzusetzen.[27]

26 Aly: *Warum die Deutschen?*, S. 280–281.

27 Margarete Mitscherlich: Vorbemerkungen – Die Diagnose gilt noch. In: Dies.: *Erinnerungsarbeit*, S. 7–12, hier S. 9–10.

Aly ist es daran zu tun, den NS zum Gegenprinzip der bürgerlichen Gesellschaft zu stilisieren. Dazu muss teilweise bisherige Forschung liquidiert werden, indem man ihr Verdrängung und die Auslagerung des NS aus der Geschichte durch Theorie vorwirft. Doch mit seiner verharmlosenden Universalisierung des NS als ein System unter all den Totalitarismen des 20. Jahrhunderts ist es Aly selbst, der ihn aus der Entwicklung der bürgerlichen Gesellschaft auslagert und damit eine aufklärerische Durcharbeitung verhindert.

VII.
Was nicht (mehr) ist, kann ja noch (einmal) werden

> Wenn von Vernunft bestimmtes Handeln zum Menschen gehört, ist die gegebene gesellschaftliche Praxis, welche das Dasein bis in die Einzelheiten formt, unmenschlich, und diese Unmenschlichkeit wirkt auf alles zurück, was sich in der Gesellschaft vollzieht.[1]

Adorno wies in *Erziehung nach Auschwitz* darauf hin, dass die gesellschaftlichen Voraussetzungen, die Auschwitz einst ermöglichten, mit der militärischen Niederringung des „Dritten Reiches" nicht überwunden wurden. Der gesellschaftliche Druck lastet weiter, trotz aller Unsichtbarkeit der Not heute. Er treibt die Menschen zu dem Unsäglichen, das in Auschwitz nach weltgeschichtlichem Maß kulminierte.[2]

Im Angesicht jenes Drucks, der nicht nur den „christlichen Deutschen" einst Angst machte, gestattet sich der ‚normale Marktteilnehmer' unter den heutigen Bedingungen des sich vollendenden Kapitalismus nicht einmal mehr Angst, die erfolgreich aus der gegenwärtigen ‚Volksgesundheit' ausgeschlossen wurde. Ständig neue Generationen werden heute auf die ‚globalisierte' Arbeitswelt nach allen Mitteln der Kunst und Kulturindustrie penibelst ‚vorbereitet'. Sie lernen, Druck zu ertragen, aufkommende Unruhe und

1 Horkheimer: Traditionelle und kritische Theorie, S. 30.

2 Theodor W. Adorno: Erziehung nach Auschwitz. In: Ders.: *Erziehung zur Mündigkeit, Vorträge und Gespräche mit Hellmuth Becker 1959–1969*. Frankfurt am Main: Suhrkamp 1970, S. 92–109, hier S. 92.

Unbehagen zu beherrschen (ihnen wird weisgemacht, Selbstbeherrschung sei Herrschaft). Auspizien der als archaisch desavouierten Angst sind in die Diagnose *Burn-Out* und *Depression* gebannt. Als nichtintegrierbare *Phobien* gelangen sie als zu behandelndes Pathologisches in die klinische Exklusion.

Adorno kritisierte in den 1960er Jahren eine Bildungstradition, die ein „Erziehungsbild zur Härte" pflegte. Dies scheint (!) heute überwunden. Doch Alys erfolgreiche Lobhymnen auf den (marktkonformen, als „jüdisch" bezeichneten) Einzelkämpfer im freien Wettbewerb sowie die Verurteilung der zaudernden „Gemütlichkeit" offenbaren die frappierende Relevanz der Adornoschen Warnung vor dem Leitbild des „Ertragen-Können[s]", das „wie früher, auch noch Prämien auf den Schmerz setzt und auf die Fähigkeit, Schmerzen auszuhalten".

> Das gepriesene Hart-Sein, zu dem da erzogen werden soll, bedeutet Gleichgültigkeit gegen den Schmerz schlechthin. Dabei wird zwischen dem eigenen und dem anderen gar nicht einmal so sehr fest unterschieden. Wer hart ist gegen sich, der erkauft sich das Recht, hart auch gegen andere zu sein, und rächt sich für den Schmerz, dessen Regungen er nicht zeigen durfte, die er verdrängen musste.[3]

Zu plädieren ist für eine bewusste Angst. Wenn sie

> nicht verdrängt wird, wenn man sich gestattet, real so viel Angst zu haben, wie diese Realität Angst verdient, dann wird gerade dadurch wahrscheinlich doch manches von dem zerstörerischen Effekt der unbewussten und verschobenen Angst verschwinden.[4]

Angst und Unbehagen sind der Wirklichkeit adäquat und können mittels Gewalt oder Ideologie, die etwa die „Gemütlichkeit" tadelt, nur um den Preis verdrängt werden, dass sie sich anderweitig zerstörerisch Bahn brechen. Alys Scheinkritik am ‚Deutschen', der Liberalität aus „Neid" gegen „Juden" verabscheue, weil letztere erfolgreicher mit Freiheit umgingen, entpuppt sich als Appell zur spielerischen Härte mit sich selbst. Zu Recht beanstandet er zwar die autoritäre deutsche Erziehungstradition.[5] Preußischer Gehorsamsdrill, der unzählige Generationen von Kindern verängstigte, gilt Aly jedoch als vormodern. Dem entgegen stehe die bedingungslose

3 Adorno: Erziehung nach Auschwitz, S. 101.

4 Ebd.

5 Vgl. Aly: *Warum die Deutschen?*, S. 44–47.

Hinwendung zum Markt als modern-freiheitlichem Ideal, das in der „jüdischen" Erziehung zu Gewandtheit, Abstraktionsfähigkeit, „Unternehmergeist" usw. verwirklicht sei. Dass Unterordnung und Ertragen-Können, und dies mit „kecker" Leichtigkeit, wichtige „Skills" heutiger Markt-Integrationsfähigkeit sind, bleibt freilich unerwähnt. Die vermittelte und damit totalere Form der Unterordnung unter Herrschaft durch Automutilation erscheint hier als die vermeintliche Freiheit des Lebenskünstlers in der bunten Welt „der unbegrenzten Möglichkeiten"; als seien Leben und Existenzsicherung nur ein postmodernes Spiel.

Alys Lobpreisung wirtschaftslibertärer Ideologie und Verdammung sozialer Politik, die, wenn emanzipatorisch ausgerichtet, auf eine weniger beängstigende Wirklichkeit zielt, offenbart eine Gesinnung der Härte, die diejenigen tadelt, die sich aus Furcht vor der ‚Freiheit' des Marktes zurückziehen. Dem Widerwillen gegen die Härte der Zivilisation spricht Aly jede moralische Qualität ab, indem er ihn per se mit den Deutschen, die Auschwitz taten, gleichsetzt, obwohl es doch gerade umgekehrt jene Härte gegen sich selbst und andere war, die der „Reichsführer-SS" Heinrich Himmler in der berüchtigten Posener Rede vom 4. Oktober 1943 anpries und die die Millionenmorde der ‚Einsatzgruppen' und in den Vernichtungslagern ermöglichte. Nicht Herrschaft und Entfremdung selbst sind bei Aly von *Übel*, sondern das *Leiden* an ihnen. Die Sehnsucht nach aufrechtem Gang und besserem Leben diffamiert er als rückwärtsgewandte und asoziale Unzulänglichkeit schmollender Faulpelze und Nörgler. Doch nicht das Unbehagen, sondern gesellschaftliche Begebenheiten sind Ursache der Verstümmelung des Individuums, das an einem „beschädigten Leben" leidet. Im an sich ungerichteten Leid an der Zivilisation liegt indes zweierlei Potenz. Daher lässt sich abschließend über Alys Thesen sagen:

1. Götz Aly ist ein Mystiker des Bestehenden, das ihm kraft Existenz Beweis genug ist für seine Berechtigung sowie für die Unmoralität jedweden auf Künftiges gerichteten Träumens von menschlicheren Verhältnissen. Nur mithilfe dichterischer Abspaltungen des NS vom Geschichtsepos der bürgerlichen Gesellschaft und der synchronen Etikettierung von Auschwitz als sozialistischem Projekt können die Opfer der Shoah genutzt werden, um das Träumen anrüchig erscheinen zu lassen. Betrachtet man Auschwitz aber als totales Scheitern moderner Zivilisation, so folgt aus dem „Unsäglichen"

geradezu eine moralische Pflicht zur Alternative derjenigen Verhältnisse, die es einst verursachten. Somit muss Aly widersprochen werden: Was nicht ist, kann ja sehr wohl noch werden. Es gibt keine Aporie des Leids.

2. Wenn der Autor jedoch warnt, dass das, was geschah, sich wiederholen könne, dann wird durchaus Wahres ausgesprochen. Das, was ist, soll aber verewigt werden, indem die Geschichte als Lehrmeisterin für die Unausweichlichkeit des Bestehenden präsentiert wird. Wenn dem so sei, ließe sich in der Tat sagen: Was nicht mehr ist, kann wieder werden – Auschwitz. Die Bedingungen, aus denen es einst kroch, bestehen fort und werden durch ihre ideologischen Propheten der ‚fröhlichen Härte' und Schlangenbeschwörer der Angst vor einer wahrhaft beängstigenden Wirklichkeit nur virulenter.

Wer Antisemitismus zur Ideologie der sozialen Wärme erklärt, deren Umsetzung der NS-Staat sei, reaktiviert, gewollt oder nicht, die Legende von der gemütlich-warmen „Volksgemeinschaft", die so mancher ehemaliger „Volksgenosse" nach 1945 seinen Kindern und Enkeln auftischte. Zur kalten Wirklichkeit der „Volksgemeinschaft" noch einmal Adorno:

> […] wären sie also nicht zutiefst gleichgültig gegen das, was mit allen anderen geschieht außer den paar, mit denen sie eng und womöglich durch handgreifliche Interessen verbunden sind, so wäre Auschwitz nicht möglich gewesen, die Menschen hätten es dann nicht hingenommen. Die Gesellschaft in ihrer gegenwärtigen Gestalt […] [beruht] auf der Verfolgung des je eigenen Interesses gegen die Interessen aller anderen. Das hat im Charakter der Menschen bis in ihr Innerstes hinein sich niedergeschlagen. Was dem widerspricht, der Herdentrieb der sogenannten *lonely crowd*, der einsamen Menge, ist eine Reaktion darauf, ein Sich-Zusammenrotten von Erkalteten, die die eigene Kälte nicht ertragen, aber auch nicht sie ändern können. […] Die Kälte der gesellschaftlichen Monade, des isolierten Konkurrenten, war als Indifferenz gegen das Schicksal der anderen die Voraussetzung dafür, dass nur ganz wenige sich regten. Das wissen die Folterknechte; auch darauf machen sie stets erneut die Probe.[6]

Dasjenige Gesellschaftsmodell, das Götz Aly als Medizin gegen Barbarei empfiehlt, hatte den „Millionen Deutschen" das abgewöhnt, was zu ihrer Verhinderung nötig gewesen wäre: menschliche Wärme. Der Hof- und Nationalhistoriker Aly verteufelt die

6 Adorno: Erziehung nach Auschwitz, S. 106.

Utopie der mitmenschlichen Wärme, indem er sie für Auschwitz verantwortlich zeichnet. Sein Rezept dagegen ist, die Kälte lieben zu lernen, mit ihr warm zu werden.

Epilog
Herrn Alys Umwälzung der Wissenschaft und der Schrecken der Hoffnung

> An der Wiege des Marxismus stand also nicht nur die ökonomische Parteilichkeit für die *Mühseligen* und *Beladenen*, sondern doch auch die naturrechtliche für die *Erniedrigten* und *Beleidigten* […].[1]

Hoffnung ist heute ein Wagnis. Oder besser: wer Hoffnung wagt, ist heute rar. Auf sie zu hoffen, gilt vielen selbst schon als esoterisch oder gefährlich. *Utopie* hat ihren Hoffnung spendenden Schimmer, ihren Rang als Triebmittel zum Besseren eingebüßt. Nicht mehr nur jenen traditionellen Bewahrern der noch immer vorhistorischen Wirklichkeit, deren Wahrheitsgehalt aus ihrem Bestehen behauptet wird, gilt sie als Schaden bringend. Wer hofft, ist auch den neuen ‚Materialisten' nicht geheuer, ja verdächtig.
Doch: In Götz Alys scheinbar von der Schwere der Geschichte erleichterten ‚Umwälzung' der Antisemitismusforschung, die sie als Verdrängung durch Abstraktion verwirft, wird aus Verdacht Anklage. Der mordende Hass auf „jüdischen Unternehmergeist", der durch letzteren provoziert und durch sozialistische Gemütlichkeitspropheten verursacht worden sei, gerät zum Menetekel: Die Hoffnung aufs Bessere schminkt man sich besser ab, nicht nur weil sie töricht ist, sondern gefährlich, wie Auschwitz beweise. Was heute überhaupt noch gewagt werden könne, sei das, was heute

1 Bloch: *Naturrecht und menschliche Würde*, S. 213.

ist. Allein diejenigen Theoretiker, die das Bestehende als absurdes Wagnis überhaupt erst entlarven, erscheinen als Utopisten, Verdränger, gefährliche Ideologen.

Alys Schriften dokumentieren in der Tat eine Umwälzung der Wissenschafts- und Geschichtskultur in Deutschland, die, wie bei Kundera beschrieben, unerträglich leicht daherkommt. Sie zeugt von einer neuen, ‚fröhlichen' Moral im vollendeten Kapitalismus, einem „kulturellen Code", der die Hoffnung und die ihr verpflichtete Wissenschaft zum Ursprung für Auschwitz und damit zum totalen Schrecken erklärt. Einer die Hoffnung erst ermöglichenden, erinnernden melancholischen Schwere, die an die Pflicht zum Anders-Machen mahnte, wird eine vergessen machende Leichtigkeit des Ertragenkönnens entgegengestellt.

Alys nationalliberale Meisterzählung reagiert auf aktuelles, hoffnungsloses Unbehagen mit atemberaubender Angriffslust gegen jede Gesellschaftskritik. Und er kann es, denn sogar die kritische Wissenschaft selbst hat alle Hoffnung längst begraben. Gute Gründe dafür gibt es viele. Diejenigen, die es gewagt hatten, Künftiges (gegen Bestehendes), sogar Glück im Auge zu haben, endeten mit ihren Utopien jäh in Auschwitz oder wurden in alle geographischen Richtungen und Vergangenheiten zerstreut. Der also *vor* der Postmoderne geführte Angriff gegen die Hoffnung war so total und einschüchternd, dass der von Ernst Bloch einst so eindringlich thematisierte gattungsgemäße Traum vor der Wirklichkeit (nicht der Wahrheit!) und der Angst vor neuer Barbarei weichen musste.

Ausgeträumt ist er jedoch auch aufgrund des sich durchgesetzt habenden Missverständnisses der ungetrübt wahren Formel von der „Dialektik der Aufklärung" als „Grandhotel Untergang". Danach ist das Sprechen ins Gerede gekommen. Und heute bemäntelt rhizomes Gerede die allseitige Sprachlosigkeit. Wem kommt da noch in den Sinn, dass die Erkenntnis von der „Dialektik der Aufklärung" auf utopischem Grund fußt? In Teilen kritischen Denkens nach 1945 wurde dies verschüttet. Das Missverständnis des von Adorno modifizierten Marx'schen kategorischen Imperativs, die Pflicht zur Verhinderung von Auschwitz durch Überwindung seiner Vorrausetzungen, brachte einige zur Überzeugung, dass die zwar unmenschlichen, aber weniger unmenschlichen Verhältnisse nach Auschwitz von nun an zu verteidigen seien.

Diese Hilfe von unverhoffter Seite befreit die Ideologie im ‚postideologischen' Zeitalter von der einstigen Last der Abwehr utopischer Hoffnungen. Mehr noch: Sie schuf allen kreativen Raum, der Ideologiekritik selbst die „antibürgerlichen" Großverbrechen von Auschwitz bis Sibirien anzulasten. Während sich inzwischen die einstige Nach-Auschwitz-*Schock*starre in Kritik und Theorie mehrheitlich in einen *Leichen*stillstand verwandelt hat, feiert die Ideologie ihren Einfallsreichtum bei der Schaffung ihrer Frankensteinesken Kunst-Untoten. Die gründliche *Leichen*fledderei am zerfetzten Theoriekorpus liefert das Material: Hier ein bisschen kritische Pose, dort ein bisschen Sympathie für die toten (und wehrlosen) „Opfer der Gewalt", dazu eine Prise Anschlag auf die „politische Korrektheit" vermengt mit Ingredienzien klassisch bürgerlicher Ideologie: Eigentum, Staat und Staatsbürger. Einstige Parias des akademischen Betriebs inszenieren ihre Herkunft aus radikalen Milieus und attackieren ihre sie zugleich bejubelnde Zunft mit inszenierten Tabubrüchen gegen vermeintliche linke Geschichtskartelle. Antiintellektualismus liiert mit intellektualistischem Jargon, antiaufklärerische Zwecke mit nominal-aufklärerischen Mitteln.

Die Wissenschaft, die einst gegen Herrschaft Freiheit intendierte und Hoffnung weckte, warnt nun vor ihr und rebelliert gegen die eigene hoffungsvolle Verheißung. Die in Alys Umwälzung der Wissenschaft offenbarte Rebellion von oben gegen ‚Pöbel' und Intellektualismus bedient sich *Wissenschaft* und *Öffentlichkeit* – als „schmetternder gallischer Hahn"[2] einstige Albträume der Herrschaft, heute zu Herrschaftstechnologie, ja Herrschaft verdreht. Nach dem geschichtspolitischen Sieg des Mythos über das Erinnern wagen beide in Deutschland, das unbewusste, nicht mehr in ‚sozialen Bewegungen' organisierte, ungerichtete Unbehagen an den Verhältnissen zur Ursache der Unmenschlichkeit überhaupt zu erklären; und verewigen zugleich jene zerstörerische Ungerichtetheit.

2 Marx: Kritik der Hegelschen Rechtsphilosophie. Einleitung, S. 391.

Literaturverzeichnis

Adorno, Theodor W.: Erziehung nach Auschwitz. In: Ders.: *Erziehung zur Mündigkeit, Vorträge und Gespräche mit Hellmuth Becker 1959–1969*. Frankfurt am Main: Suhrkamp 1970, S. 92–109.

—: Gesellschaft. In: Ders.: *Gesammelte Schriften*, Bd. 8. Frankfurt am Main: Suhrkamp 2003, S. 9–19.

—: *Minima Moralia. Reflexionen aus dem beschädigten Leben. Gesammelte Schriften*, Bd. 4. Frankfurt am Main: Suhrkamp 1984.

—: *Negative Dialektik*. Frankfurt am Main: Suhrkamp 1975.

—: Reflexionen zur Klassentheorie. In: Ders.: *Gesammelte Schriften*, Bd. 8. Frankfurt am Main: Suhrkamp 2003, S. 373–391.

—: Spätkapitalismus oder Industriegesellschaft? In: Ders.: *Gesammelte Schriften*, Bd. 8. Frankfurt am Main: Suhrkamp 2003, S. 354–370.

—: *Studien zum autoritären Charakter*. Frankfurt am Main: Suhrkamp 1973.

Adorno, Theodor W. / Max Horkheimer: *Dialektik der Aufklärung*. Frankfurt am Main: Fischer 2006.

Adorno, Theodor W. / Max Horkheimer / Eugen Kogon: Die verwaltete Welt oder: Die Krise des Individuums. Aufzeichnung eines Gesprächs im Hessischen Rundfunk am 4. September 1950. In: Max Horkheimer: *Gesammelte Schriften*. Bd. 13: Nachgelassene Schriften 1949–1972. Frankfurt am Main: Fischer 1989, S. 121–142.

Aguigah, René: Gespräch mit Götz Aly in der ZDF-Sendung *Das blaue Sofa*, 14.10.2011. http://www.deutschlandradiokultur.de/gespraeche-auf-dem-blauen-sofa.1322.de.html?dram:article_id=194682 (Zugriff am 01.10.2014).

Aguigah, René / Winfried Sträter: Der Neidkomplex. Götz Aly über sein neues Buch „Warum die Deutschen? Warum die Juden?“ (Radiointerview), 17.08.2011. Im Internet als Audio abrufbar unter: http://www.youtube.com/watch?v=0OkAPwMCx4Q (Zugriff am 19.08.2013), vgl. auch http://www.deutschlandradiokultur.de/der-neidkomplex.984.de.html?dram:article_id=153586 (Zugriff am 20.08.2014).

Ahlheim, Hannah: Das Vorurteil vom ‚raffenden Juden‘. In: Juliane Sucker / Lea Wohl von Haselberg (Hrsg.): *Bilder des Jüdischen: Selbst- und Fremdzuschreibungen im 20. und 21. Jahrhundert*. Berlin / Boston: de Gruyter 2013, S. 221–240.

Alexander, Robin: „Der Holocaust geschah zum Vorteil aller Deutschen“ [Interview mit Götz Aly]. In: *taz*, 15.01.2005. http://www.taz.de/1/archiv/?dig=2005/01/15/a0167 (Zugriff am 08.08.2014).

Aly, Götz: „Ich bin das Volk“. Alle reden von Hitler – wir reden von Hitler-Deutschland. In: *Süddeutsche Zeitung*, 01.09.2004. http://www.perlentaucher.de/essay/ich-bin-das-volk.html (Zugriff am 08.08.2014).

—: Das Prinzip Wassersuppe. In: *Berliner Zeitung*, 03.03.2000. http://www.berliner-zeitung.de/archiv/das-prinzip-wassersuppe,10810590,9765142.html (Zugriff am 04.03.2013).

—: Der 12. Dezember 1941. In: *Berliner-Zeitung*, 13.12.1997. http://www.berliner-zeitung.de/archiv/der-historiker-christian-gerlach-belegt--dass-hitler-an-diesem-tag-die-grundsatzentscheidung-zur-vernichtung-aller-europaeischen-juden-traf-der-12--dezember-1941,10810590,9374572.html (Zugriff am 04.03.2013).

—: *Hitlers Volksstaat. Raub, Rassenkrieg und nationaler Sozialismus*. Bonn: bpb 2005.

—: Rentensolidarität von Jung und Alt. In: *Berliner Zeitung*, 31.08.2010. http://www.berliner-zeitung.de/archiv/von-goetz-aly--historiker-rentensolidaritaet-von-jung-und-alt,10810590,10739634.html (Zugriff am 13.07.2013).

—: *Unser Kampf. 1968 – ein irritierender Blick zurück*. Bonn: bpb 2008.

—: *Warum die Deutschen? Warum die Juden? Gleichheit, Neid und Rassenhass*. Frankfurt am Main: Fischer 2011.

—: Wehler in der Sackgasse. In: *Frankfurter Allgemeine Zeitung*, 20.12.2011. http://www.faz.net/aktuell/feuilleton/holocaust-forschung-wehler-in-der-sackgasse-11573268.html (Zugriff am 13.06.2013).

Aly, Götz / Christian Gerlach: *Das letzte Kapitel. Der Mord an den ungarischen Juden*. Frankfurt am Main: Fischer 2004.

Amend, Christoph: Der Streit. In: *Die Zeit*, 19.05.2005. http://www.zeit.de/2005/21/Titel_2fAly_21/komplettansicht?print=true (Zugriff am 01.07.2013).

Antwort der Bundesregierung auf die Kleine Anfrage der Abgeordneten Ulrich Maurer, Sevim Dağdelen, Ulla Jelpke, weiterer Abgeordneter und der Fraktion DIE LINKE, 13.09.2007, Drucksache 16/6364. http://dipbt.bundestag.de/dip21/btd/16/063/1606364.pdf (Zugriff am 03.08.2013).

Arendt, Hannah: *Elemente und Ursprünge totaler Herrschaft*. Frankfurt am Main: Büchergilde Gutenberg 1958.

Assmann, Aleida: *Geschichte im Gedächtnis*. München: Beck 2007.

Baberowski, Jörg / Mihran Dabag / Christian Gerlach / Birthe Kundrus / Eric D. Weit: Debatte: NS-Forschung und Genozidforschung. In: *Zeithistorische Forschungen / Studies in Contemporary History* (Online-Ausgabe) 5,3 (2008). http://www.zeithistorische–forschungen.de/16126041-Debatte-3-2008 (Zugriff am 01.05.2013).

Bahners, Patrick: Ein Historiker im Kampf gegen den Egalitarismus. In: *Frankfurter Allgemeine Zeitung*, 12.09.2011. http://www.faz.net/aktuell/feuilleton/buecher/2.1719/holocaust-forschung-ein-historiker-im-kampf-gegen-den-egalitarismus-11165114.html (Zugriff am 13.07.2013).

Baring, Arnulf: Bürger auf die Barrikaden! Deutschland auf dem Weg zu einer westlichen DDR. In: *Frankfurter Allgemeine Zeitung*, 19.11.2002, S. 33.

Benjamin, Walter: Ein Außenseiter macht sich bemerkbar. Zu S. Kracauer „Die Angestellten". In: Ders.: *Gesammelte Schriften*, Bd. 3: Kritiken und Rezensionen, hrsg. v. Rolf Tiedemann / Hella Tiedemann-Bartels / Hermann Schweppenhäuser. Frankfurt am Main: Suhrkamp 1991, S. 219–225.

Benz, Wolfgang: *Was ist Antisemitismus?* Bonn: bpb 2004.

Berberich, Frank: Klasse statt Masse. Von der Hauptstadt der Transferleistungen zur Metropole der Eliten. Thilo Sarrazin im Gespräch. In: *Lettre International* 86 (2009), S. 197–201.

Berg, Nicolas: *Der Holocaust und die westdeutschen Historiker. Erforschung und Erinnerung.* Göttingen: Wallstein 2003.

Berger, Stefan: Narrating the Nation: Die Macht der Vergangenheit. In: *Aus Politik und Zeitgeschichte* 1–2/2008, S. 7–13.

Bloch, Ernst: *Das Prinzip Hoffnung*, Bd. 3. Frankfurt am Main: Suhrkamp 1959.

— : *Naturrecht und menschliche Würde*. Frankfurt am Main: Suhrkamp 1975.

Brähler, Elmar / Oliver Decker / Johannes Kiess: *Die Mitte im Umbruch. Rechtsextreme Einstellungen in Deutschland 2012*. Bonn: Dietz 2012.

Broszat, Martin / Saul Friedländer: Historisierung des Nationalsozialismus? Ein Briefwechsel. In: *Die Zeit*, 22.04.1988, S. 18–19. http://www.zeit.de/1988/17/historisierung-des-nationalsozialismus/komplettansicht (Zugriff am 01.05.2013).

Brumlik, Micha: Was wäre eine gute Religion? In: *Blätter für deutsche und internationale Politik* 58,1 (2013), S. 51–58.

Bullock, Alan: *Hitler und Stalin. Parallele Leben*. Berlin: Siedler 1999.

Bundeszentrale für politische Bildung (Hrsg.): *Informationen zur politischen Bildung* 314 (2012): Nationalsozialismus: Aufstieg und Herrschaft.

Claussen, Detlev: *Grenzen der Aufklärung. Die gesellschaftliche Genese des Antisemitismus*. Erw. Neuausgabe. Frankfurt am Main: Fischer 2005.

Courtois, Stéphane et al. (Hrsg.): *Das Schwarzbuch des Kommunismus. Unterdrückung, Verbrechen und Terror*. München: Piper 2004.

Das Gupta, Oliver: „Das ist der Widerstand einer gebildeten Mittelschicht". Claus Leggewie über Occupy Wall Street [Interview]. In: *Süddeutsche Zeitung*, 17.10.2011. http://www.sueddeutsche.de/politik/claus-leggewie-ueber-occupy-wall-street-das-ist-der-widerstand-einer-gebildeten-mittelschicht-1.1162395 (Zugriff am 01.07.2013).

Die üblen Tricks der Hartz-IV-Schmarotzer. In: *Bild*, 17.10.2005, S. 1.

Ditfurth, Jutta: *Der Baron, die Juden und die Nazis. Reise in eine Familiengeschichte*. Hamburg: Hoffmann und Campe 2013.

Echternkamp, Jörg / Sven Oliver Müller: Auswahlbibliographie: Deutscher Nationalismus vom 18. zum 20. Jahrhundert. In: Dies. (Hrsg.): *Die Politik der Nation. Deutscher Nationalismus in Krieg und Krisen 1760–1960*. München: Oldenbourg 2002, S. 271–290.

Elser, Georg: Berliner Verhörprotokoll. http://www.georg-elser-arbeitskreis.de/texts/protokoll.htm (Zugriff am 22.03.2014).

Engels, Friedrich: Herrn Eugen Dühring's Umwälzung der Wissenschaft („Anti-Dühring"). In: Ders./ Karl Marx: *MEW*, Bd. 20. Berlin: Dietz 1962, S. 16–310.

— : Marx und die „Neue Rheinische Zeitung". In: Ders./ Karl Marx: *MEW*, Bd. 21. Berlin: Dietz 1962, S. 16–24.

Ernst Nolte und Michael Paulwitz erhalten Gerhard-Löwenthal-Preis. In: *Junge Freiheit*, 19.11.2011. http://www.jungefreiheit.de/Single-News-Display-mit-Komm.154+M5f1706f02a2.0.html?PHPSESSID=31e13ff17460f6a39c08f0f2daf49f2a (Zugriff am 29.08.2013).

Flaig, Egon: Die Habermas-Methode. In: *Frankfurter Allgemeine Zeitung*, 17.07.2011. http://www.faz.net/aktuell/feuilleton/debatten/historikerstreit-die-habermas-methode-13568.html (Zugriff am 22.06.2013).

Freud, Sigmund: Das Unbehagen in der Kultur. In: Ders.: *Gesammelte Werke*, Bd. 14: Werke aus den Jahren 1925–1931. Frankfurt am Main: Fischer 1948, S. 419–506.

—: Der Mann Moses und die monotheistische Religion. In: Ders.: *Gesammelte Werke*, Bd. 16: Werke aus den Jahren 1932–1936. Frankfurt am Main: Fischer 1950, S. 101–246.

Friedrich, Carl J.: Der einzigartige Charakter der totalitären Gesellschaft. In: Bruno Seidel / Siegfried Jenker (Hrsg.): *Wege der Totalitarismusforschung*. Darmstadt: WBG 1968, S. 179–196.

Fukuyama, Francis: *The End of History and the Last Man*. New York: Free Press 2006.

Gächter, Sven: „Es gibt lediglich Dividuen". Interview mit Peter Sloterdijk. In: *Die Weltwoche*, http://www.weltwoche.ch/ausgaben/2004-29/artikel-2004-29-es-gibt-lediglic.html (Zugriff am 10.10.2013).

Gauland, Alexander: Offener Meinungskampf. Das politisch korrekte Deutschland. In: *Der Tagesspiegel*, 10.12.2012. http://www.tagesspiegel.de/meinung/offener-meinungskampf-das-politisch-korrekte-deutschland-/7498170.html (Zugriff am 05.09.2013).

Geiselberger, Heinrich: Einleitung. In: Ders. (Hrsg.): *Und jetzt? Politik, Protest und Propaganda*. Frankfurt am Main: Suhrkamp 2007, S. 7–18.

Gerlach, Christian: *Extremely Violent Societies. Mass Violence in the Twentieth-Century World*. New York: Cambridge UP 2010.

Goldhagen, Daniel Jonah: *Hitlers willige Vollstrecker. Ganz gewöhnliche Deutsche und der Holocaust*. Berlin: Siedler 1996.

—: *Worse than War: Genocide, Eliminationism, and the Ongoing Assault on Humanity*. New York: Public Affairs 2009.

Grass, Günter: Was gesagt werden muss. In: *Süddeutsche Zeitung*, 10.04.2012. http://www.sueddeutsche.de/kultur/gedicht-zum-konflikt-zwischen-israel-und-iran-was-gesagt-werden-muss-1.1325809 (Zugriff am 22.06.2013).

Hank, Rainer / Winand von Petersdorff: Raus aus dem Euro? AfD will nicht zurück zur D-Mark [Interview mit Bernd Lucke und Dennis Snower]. In: *Frankfurter Allgemeine Zeitung*, 18.05.2013. http://www.faz.net/aktuell/wirtschaft/raus-aus-dem-euro-afd-will-nicht-zurueck-zur-d-mark-12187441.html (Zugriff am 04.09.2013).

Hannemann, Raiko: Antisemitischer Antizionismus von links? – Nahost-Berichterstattung im „Neuen Deutschland" in den 1980er Jahren. Berlin: Humboldt-Universität zu Berlin, Philosophische Fakultät I, Magisterarbeit 2008. http://edoc.hu-berlin.de/master/hannemann-raiko-2008-03-27/PDF/hannemann.pdf (Zugriff am 14.07.2014).

—: Subversives Denken im sich vollendenden Kapitalismus. In: *Nebulosa* 3 (2012), S. 138–152.

Haury, Thomas: *Antisemitismus von links. Kommunistische Ideologie, Nationalismus und Antizionismus in der frühen DDR*. Hamburg: Hamburger Edition 2002.

Haus der Wannseekonferenz. Raum 7 – Der Weg zum Massenmord an den Juden Europas. http://www.ghwk.de/fileadmin/user_upload/pdf-wannsee/ausstellung/raum-7.pdf (Zugriff am 01.07.2013).

Häusler, Alexander: Die „Alternative für Deutschland" – eine neue rechtspopulistische Partei? Materialien und Deutungen zur vertiefenden Auseinandersetzung, hrsg. v. Heinrich-Böll-Stiftung NRW (10.10.2013). http://www.forena.de/2013/10/die-%E2%80%9Ealternative-fur-deutschland%E2%80%9C-eine-rechtspopulistische-partei (Zugriff am 15.10.2013).

Hawley, Charles: Allianz von Islamgegnern: Rechtspopulisten entdecken Israel als Verbündeten. In: *Der Spiegel*, 31.07.2011. http://www.spiegel.de/politik/ausland/allianz-von-islamgegnern-rechtspopulisten-entdecken-israel-als-verbuendeten-a-777210.html (Zugriff am 01.07.2013).

Heid, Ludger: *Ostjuden – Bürger, Kleinbürger, Proletarier. Geschichte einer jüdischen Minderheit im Ruhrgebiet.* Essen: Klartext 2011.

—: Sozialistischer Internationalismus, sozialistischer Zionismus und sozialistischer Antisemitismus. In: Peter Alter / Claus-Ekkehard Bärsch / Peter Berghoff (Hrsg.): *Die Konstruktion der Nation gegen die Juden.* München: Fink 1999, S. 93–117.

Heine, Heinrich: Deutschland. Ein Wintermärchen. In: Ders.: *Historisch-kritische Gesamtausgabe der Werke*, hrsg. von Manfred Windfuhr, Bd. 4: Atta Troll. Ein Sommernachtstraum / Deutschland. Ein Wintermärchen. Hamburg: Hoffmann und Campe 1995, S. 87–157.

Heinsohn, Gunnar: *Söhne und Weltmacht: Terror im Aufstieg und Fall der Nationen.* Zürich: Orell Füssli 2003.

Heise, Wolfgang: Antisemitismus und Antikommunismus. In: *Deutsche Zeitschrift für Philosophie* 9,12 (1961), S. 1423–1445.

Henkel, Hans-Olaf: Henkel trocken. God Save Europe, not the Euro! In: *Handelsblatt*, 13.08.2012. http://www.handelsblatt.com/meinung/kolumnen/kurz-und-schmerzhaft/henkel-trocken-god-save-europe-not-the-euro/6993876.html (Zugriff am 05.09.2013).

Hitler, Adolf: Reichstagsrede vom 30. Januar 1939. In: Max Domarus (Hrsg.): *Hitlers Reden und Proklamationen 1932–1945*, Bd. 2: Untergang (1939 bis 1945). Würzburg: Domarus 1963, S. 1047–1067.

Hobsbawm, Eric: *Nationen und Nationalismus. Mythos und Realität seit 1780.* Bonn: bpb 2005.

Holz, Klaus: *Nationaler Antisemitismus. Wissenssoziologie einer Weltanschauung.* Hamburg: Hamburger Edition 2001.

Horkheimer, Max: Begriff der Bildung (1952). In: Ders.: *Gesammelte Schriften*, Bd. 8: Vorträge und Aufzeichnungen 1949–1973. Frankfurt am Main: Fischer 1985, S. 409–419.

—: Die Juden und Europa. In: Ders.: *Gesammelte Schriften*, Bd. 4. Frankfurt am Main: Fischer 1988, S. 308–331.

—: Egoismus und Freiheitsbewegung. Zur Anthropologie des bürgerlichen Zeitalters. In: *Zeitschrift für Sozialforschung* 5,2 (1936), S. 161–234.

—: Traditionelle und kritische Theorie. In: Ders.: *Traditionelle und kritische Theorie. Vier Aufsätze.* Frankfurt am Main: Fischer 1968, S. 12–64.

Hugenberg, Alfred: Rundfunkansprache zur Reichstagswahl am 31. Juli 1932, 28.07.1932. http://www.dhm.de/lemo/jahreschronik/1932 (Zugriff am 01.11.2014).

Ingo_Pudding: Online-Leserkommentar zu „Judenfeinde wie wir", 12.08.2011. http://www.sueddeutsche.de/kultur/ursachen-des-holocaust-judenfeinde-wie-wir-1.1130473?commentspage=all:2:#comments (Zugriff am 03.03.2013).

Jessen, Jens: Ein Ruhestörer, der die Wahrheit ans Licht bringt. In: *Die Zeit*, 03.06.2012. http://www.zeit.de/kultur/literatur/2012-06/aly-boernepreis-laudatio/komplettansicht (Zugriff am 20.03.2014).

Karin Priester: *Rassismus. Eine Sozialgeschichte.* Leipzig: Reclam 2003.

Kautsky, Karl: *Rasse und Judentum.* Berlin: Dietz 1921.

Kempter, Klaus: Rezension zu Ralf Georg Reuth, Hitlers Judenhass. Klischee und Wirklichkeit, Piper Verlag, München / Zürich 2009. In: *Archiv für Sozialgeschichte* (Online-Ausgabe) 53 (2013). http://www.fes.de/cgi-bin/afs.cgi?id=81419 (Zugriff am 10.08.2013).

Keßler, Mario: *Zionismus und internationale Arbeiterbewegung 1897–1933.* Berlin: Akademie 1994.

Kettenacker, Lothar (Hrsg.): *Ein Volk von Opfern? Die neue Debatte um den Bombenkrieg 1940–1945.* Berlin: Rowohlt 2003.

Klare, Heiko / Bernhard Steinke / Michael Sturm: Eine „deutsche Rechte ohne Antisemitismus"?, 27.04.2011. http://www.hagalil.com/archiv/2011/04/27/pro-nrw/print (Zugriff am 01.07.2013).

Klonovsky, Michael: Die Bürger-Bewegung. In: *Focus*, 26.07.2010. http://www.focus.de/politik/deutschland/deutschland-die-buerger-bewegung_aid_534171.html (Zugriff am 03.07.2013).

Kracauer, Siegfried: *Die Angestellten. Aus dem neusten Deutschland.* Frankfurt am Main: Suhrkamp 1971.

Kurz, Robert: Weinkenner aller Länder, vereinigt euch! Postmodernismus. Lifestyle-Linke und die Ästhetisierung der Krise. In: *Krisis* 20 (1998). http://www.exit-online.org/textanz1.php?tabelle=autoren&index=22&posnr=141&backtext1=text1.php (Zugriff am 05.03.2014), S. 56–87.

Malitz, Jürgen: Klassische Philologie. In: Eckhard Wirbelauer (Hrsg.): *Die Freiburger Philosophische Fakultät 1920–1960. Mitglieder – Strukturen – Vernetzungen.* Freiburg: Alber 2006, S. 303–364.

Marquard, Odo: *Abschied vom Prinzipiellen.* Stuttgart: Reclam 1981.

Marr, Wilhelm: *Der Sieg des Judenthums über das Germanenthum.* Bern: Costenoble 1879.

Martin, Bernd: Die Universität Freiburg im Breisgau im Jahre 1933. In: *Zeitschrift für die Geschichte des Oberrheins* 136 (1988), S. 445–477.

Marx, Karl: *Das Kapital. Kritik der politischen Ökonomie. Erster Band. MEW*, Bd. 23. Berlin: Dietz 1962.

—: Der achtzehnte Brumaire des Louis Bonaparte. In: Ders. / Friedrich Engels: *MEW*, Bd. 8. Berlin: Dietz 1969, S. 111–208.

—: Zur Judenfrage. In: Ders. / Friedrich Engels: *MEW*, Bd. 1. Berlin: Dietz 1970, S. 347–377.

—: Zur Kritik der Hegelschen Rechtsphilosophie. Einleitung. In: Ders. / Friedrich Engels: *MEW*, Bd. 1. Berlin: Dietz 1970, S. 378–391.

Massing, Paul W.: *Vorgeschichte des politischen Antisemitismus*. Frankfurt am Main: EVA 1959.

Matussek, Matthias: Eingeweide des Zeitgeistes. Der Philosoph Peter Sloterdijk über seine umstrittenen Thesen zum Steuerstaat und sein Manifest für Leistungsträger. In: *Der Spiegel*, 26.10.2009, S. 172–173.

Mayer, Hans: *Außenseiter*. Frankfurt am Main: Suhrkamp 1981.

Mayer, Michael: NSDAP und Antisemitismus 1919–1933. In: *Munich Economics Discussion Papers* 5 (2002). epub.ub.uni-muenchen.de/9/1/0205_mayer.pdf (Zugriff am 04.02.2014).

Merkel kritisiert urlaubfreudige Südeuropäer. In: *Der Spiegel*, 18.05.2011. http://www.spiegel.de/politik/deutschland/euro-krise-merkel-attackiert-urlaubsfreudige-suedeuropaeer-a-763247.html (Zugriff am 03.03.2014).

Mitscherlich, Alexander / Margarete Mitscherlich: *Die Unfähigkeit zu trauern*. München: Piper 1987.

Mitscherlich, Margarete: Trauerfähigkeit der Deutschen – Illusion oder Hoffnung? In: Dies.: *Erinnerungsarbeit. Zur Psychoanalyse der Unfähigkeit zu trauern*. Frankfurt am Main: Fischer 1987, S. 13–35.

—: Vorbemerkungen – Die Diagnose gilt noch. In: Dies.: *Erinnerungsarbeit. Zur Psychoanalyse der Unfähigkeit zu trauern*. Frankfurt am Main: Fischer 1987, S. 7–12.

Mohr, Reinhard: Verwilderung der Sitten. In: *Der Spiegel*, 19.06.2000, S. 264–265.

Münkler, Herfried: *Die Deutschen und ihre Mythen*. Berlin: Rowohlt 2009.

Naumann, Matthias: Antisemitismus in der Entschädigungsdebatte Ende der 1990er Jahre, 29.08.2008. http://www.wollheim-memorial.de/de/antisemitismus_in_der_entschaedigungsdebatte_ende_der_1990er_jahre#cite_f (Zugriff am 20.03.2014).

Němeček, Ottokar: *Zur Psychologie christlicher und jüdischer Schüler*. Langensalza: Beyer 1916.

Neuerer, Dietmar: Konservativ, liberal, rechts – wohin steuert die AfD? In: *Handelsblatt*, 28.06.2013. http://www.handelsblatt.com/politik/deutschland/bundestagswahl-2013/euro-kritiker-konservativ-liberal-rechts-wohin-steuert-die-afd/v_detail_tab_print/8419392.html (Zugriff am 18.08.2013).

Neumann, Franz: *Behemoth. Struktur und Praxis des Nationalsozialismus 1933–1944*. Frankfurt am Main: Fischer 1984.

Nolte, Ernst: Vergangenheit, die nicht vergehen will. Eine Rede, die geschrieben, aber nicht gehalten werden konnte. In: *Frankfurter Allgemeine Zeitung*, 06.06.1986, S. 25.

Overy, Richard: *Die Diktatoren: Hitlers Deutschland, Stalins Russland*. München: DVA 2005.

Peukert, Helge: Röpke, Wilhelm. In: *Neue Deutsche Biographie* (Online-Fassung) 21 (2003). http://www.deutsche-biographie.de/pnd118601989.html (Zugriff am 03.08.2013), S. 734–735.

Plener, Ulla: „Sozialdemokratismus" – Instrument der SED-Führung im Kalten Krieg gegen Teile der Arbeiterbewegung (1948–1953). In: *Utopie kreativ* 161 (2004), S. 248–256.

Posener, Alan: Götz Aly über das Elend des deutschen Liberalismus. In: *Die Welt*, 05.09.2011. http://www.welt.de/kultur/history/article13555318/Goetz-Aly-ueber-das-Elend-des-deutschen-Liberalismus.html (Zugriff am 01.11.2012).

Postone, Moishe: Antisemitismus und Nationalsozialismus. In: Ders.: *Deutschland, die Linke und der Holocaust. Politische Interventionen.* Freiburg: Ça Ira 2005, S. 165–194.

Reich, Wilhelm: *Die Funktion des Orgasmus. Zur Psychopathologie und zur Soziologie des Geschlechtslebens.* Leipzig / Wien / Zürich: Internationaler Psychoanalytischer Verlag 1927.

Reich-Ranicki, Marcel: *Mein Leben.* München: dtv 2003.

Reinecke, Stefan / Christian Semler: „Die Juden waren der ideale Feind" [Interview mit Saul Friedländer]. In: *taz*, 11.10.2006. http://www.taz.de/1/archiv/archiv/?dig=2006/10/11/a0144 (Zugriff am 01.07.2013).

Reinecke, Stefan: Die Linkspartei ist das Echo des Wandels in der SPD. In: *taz*, 27.09.2008. https://www.taz.de/1/archiv/print-archiv/printressorts/digi-artikel/?ressort=sw&dig=2008%2F09%2F27%2Fa0390&cHash=63c17c540d0916801093396cc76159c1 (Zugriff am 08.08.2014).

Reuth, Ralf Georg: *Hitlers Judenhass. Klischee und Wirklichkeit.* München / Zürich: Piper 2009.

Rödder, Andreas: Der Not gehorchend? Die 68er mal in kritisch-distanzierter, mal in freudlos-orthodoxer Perspektive. In: *Frankfurter Allgemeine Zeitung*, 12.03.2008, S. L22.

Röpke, Wilhelm: *Die deutsche Frage.* University of California: Rentsch 1948.

Rühle, Jürgen: Nachwort. In: Jewgenij Samjatin: *Wir.* Köln: Kiepenheuer & Witsch 2008, S. 213–224.

Saage, Richard: *Faschismustheorien.* Beck: München 1981.

Sabrow, Martin: Die DDR erinnern. In: Ders. (Hrsg.): *Erinnerungsorte der DDR.* München: Beck 2009, S. 9–25.

Salzborn, Samuel: *Antisemitismus als negative Leitidee der Moderne. Sozialwissenschaftliche Theorien im Vergleich.* Frankfurt am Main / New York: Campus 2010.

Sarrazin, Thilo: *Deutschland schafft sich ab.* München: DVA 2010.

Sartre, Jean Paul: Die Fliegen. In: Ders.: *Zwei Dramen (Die Fliegen. Die schmutzigen Hände).* Reinbek: Rowohlt 1961, S. 5–76.

—: *Überlegungen zur Judenfrage.* Reinbek: Rowohlt 1994.

Schlomo_Goldstein: Absoluter Quatsch. Online-Leserkommentar zu „Judenfeinde wie wir", 12.08.2011. http://www.sueddeutsche.de/kultur/ursachen-des-holocaust-judenfeinde-wie-wir-1.1130473-2?commentspage=all:1:#comments (Zugriff am 29.10.2012).

Schüler-Springorum, Stefanie: Rezension zu Aly, G. Warum die Deutschen? Warum die Juden? Gleichheit, Neid und Rassenhass. Frankfurt am Main: S. Fischer, 351 Seiten. In: *Gruppenpsychotherapie und Gruppendynamik* 48,3 (2012), S. 347–349.

Schüßlburner, Josef: Der Nationalsozialismus der 68er. In: *eigentümlich frei* 53,6 (2005), S. 34–38.

—: *Roter, brauner und grüner Sozialismus.* Düsseldorf: Lichtschlag 2013.

Schuster, Jacques: Götz Aly und die Intoleranz. In: *Die Welt*, 22.03.2011. http://www.welt.de/print/die_welt/kultur/article12914846/Goetz-Aly-und-die-Intoleranz.html (Zugriff am 03.03.2013).

Schwarzer, Alice: Wie die Islamisten Deutschland unterwandern. In: *Die Welt*, 18.09.2010. http://www.welt.de/debatte/article9723059/Wie-die-Islamisten-Deutschland-unterwandern.html (Zugriff am 04.09.2013).

Seibt, Gustav: Judenfeinde wie wir. Ursachen des Holocaust. In: *Süddeutsche Zeitung*, 12.08.2011. http://www.sueddeutsche.de/kultur/ursachen-des-holocaust-judenfeinde-wie-wir-1.1130473? (Zugriff am 03.03.2013).

Silberner, Edmund: *Sozialisten zur Judenfrage*. Berlin: Colloquium 1962.

Simmel, Ernst: Antisemitismus und Massen-Psychopathologie. In: Ders. (Hrsg.): *Antisemitismus*. Frankfurt am Main: Fischer 1993, S. 58–100.

Sinn, Hans-Werner: „1929 traf es die Juden – heute die Manager". In: *Der Tagesspiegel*, 27.10.2008. http://www.tagesspiegel.de/wirtschaft/finanz/hans-werner-sinn-1929-traf-es-die-juden-heute-die-manager/1357144.html (Zugriff am 30.10.2012).

Sloterdijk, Peter: Die Revolution der gebenden Hand. In: *Frankfurter Allgemeine Zeitung*, 13.06.2009. http://www.faz.net/aktuell/feuilleton/debatten/kapitalismus/die-zukunft-des-kapitalismus-8-die-revolution-der-gebenden-hand-1812362.html (Zugriff am 10.07.2013).

—: *Du musst dein Leben ändern*. Frankfurt am Main: Suhrkamp 2009.

—: Kleptokratie des Staates. In: *Cicero*, 13.07.2009. http://www.cicero.de/weltb%C3%BChne/kleptokratie-des-staates/39837 (Zugriff am 01.07.2013).

Snyder, Timothy D.: *Bloodlands. Europe between Hitler and Stalin*. New York: Basic Books 2010.

Solchany, Jean: Vom Antimodernismus zum Antitotalitarismus. Konservative Interpretationen des Nationalsozialismus in Deutschland. 1945–1949. In: *Vierteljahrshefte für Zeitgeschichte* 44,3 (1996), S. 373–394.

Sommersemester 2011. Proseminar: „Das Dritte Reich – NS-Diktatur, Volksstaat oder Führerstaat?". http://www.ifz-muenchen.de/no_cache/das-institut/lehrveranstaltungen/sommersemester-2011/print/ja/print.html (Zugriff am 04.03.2014).

Spengler, Oswald: *Der Untergang des Abendlandes. Umrisse einer Morphologie der Weltgeschichte*, Bd. 1: Gestalt und Wirkung. München: Beck 1920.

Spoerer, Mark: Rezension zu Aly, Götz: Hitlers Volksstaat. Raub, Rassenkrieg und nationaler Sozialismus. Frankfurt am Main 2005, 26.05.2005. http://hsozkult.geschichte.hu-berlin.de/rezensionen/2005-2-143 (Zugriff am 09.07.2013).

Stalin, Josef: Zur internationalen Lage. In: Ders.: *Werke*, Bd. 6. Berlin: Dietz 1952, S. 251–269.

Steinbacher, Sybille / Fritz-Bauer-Institut (Hrsg.): *Holocaust und Völkermorde. Die Reichweite des Vergleichs* (= *Jahrbuch zur Geschichte und Wirkung des Holocaust* 16). Frankfurt am Main: Campus 2012.

Thiel, Thomas: Keine Angst vor Freiheit. In: *Frankfurter Allgemeine Zeitung*, 04.06.2012. http://www.faz.net/aktuell/feuilleton/buecher/autoren/boernepreis-fuer-goetz-aly-keine-angst-vor-freiheit-11773153.html (Zugriff am 01.11.2012).

Verhey, Jeffrey: *Der „Geist von 1914“ und die Erfindung der Volksgemeinschaft.* Hamburg: HIS 2000.

Volkov, Shulamit: *Antisemitismus als kultureller Code.* München: Beck 2000.

Wagenknecht, Sahra: Das ist ein kalter Putsch gegen das Grundgesetz! (Rede in der Bundestagsdebatte zum Europäischen Stabilitätsmechanismus ESM und zum Europäischen Fiskalpakt am 29.06.2012). http://www.linksfraktion.de/reden/das-kalter-putsch-gegen-grundgesetz (Zugriff am 01.03.2013).

Walser, Martin: Dankesrede zur Verleihung des Friedenspreises des Deutschen Buchhandels in der Frankfurter Paulskirche am 11. Oktober 1998. http://www.dhm.de/lemo/html/dokumente/WegeInDieGegenwart_redeWalserZumFriedenspreis (Zugriff am 22.06.2013).

Watson, Peter: *Der Deutsche Genius. Eine Geistes- und Kulturgeschichte von Bach bis Benedikt XVI.* München: Bertelsmann 2010.

Wehler, Hans-Ulrich: Götz Alys neuer Irrweg. In: *Frankfurter Allgemeine Zeitung*, 12.12.2011. http://www.faz.net/aktuell/feuilleton/holocaust-forschung-goetz-alys-neuer-irrweg-11560118.html (Zugriff am 13.06.2013).

Weilnböck, Harald: „Das Trauma muss dem Gedächtnis unverfügbar bleiben“. Trauma-Ontologie und anderer Miss-/Brauch von Traumakonzepten in geisteswissenschaftlichen Exkursen. In: *Mittelweg 36* 16,2 (2007), S. 2–64.

Widmann, Arno: Da gibt es diesen Unterton. In: *Berliner Zeitung*, 06.05.2005. http://www.berliner-zeitung.de/archiv/in-frankfurt-stritten-goetz-aly-und-hans-ulrich-wehler-ueber--hitlers-volksstaat--da-gibt-es-diesen-unterton,10810590,10281924,view,printVersion.html (Zugriff am 01.07.2013).

Wildt, Michael: Hybris und Simplizität einer Wissenschaft. In: *Mittelweg 36* 14,3 (2005), S. 69–80.

Wildt, Michael: Vertrautes Ressentiment. In: *Die Zeit*, 04.05.2005. http://www.zeit.de/2005/19/P-Aly (Zugriff am 30.10.2012).

Wippermann, Wolfgang: *Heilige Hetzjagd. Eine Ideologiegeschichte des Antikommunismus.* Berlin: Rotbuch 2012.

Wüllenweber, Walter: *Die Asozialen. Wie Ober- und Unterschicht unser Land ruinieren – und wer davon profitiert.* München: DVA 2012.

Zarusky, Jürgen: Timothy Snyders „Bloodlands“. Kritische Anmerkungen zur Konstruktion einer Geschichtslandschaft. In: *Vierteljahrshefte für Zeitgeschichte* 60,1 (2012), S. 1–31.

Zimmermann, Moshe: *Wilhelm Marr. The Patriarch of Anti-Semitism.* New York: Oxford UP 1986.

Zweig, Arnold: *Caliban oder Politik und Leidenschaft.* Berlin / Weimar: Aufbau 1993.